教師のための
学校カウンセリング
改訂版

小林正幸・橋本創一・松尾直博 [編]

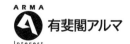

ARMA
Interest
有斐閣アルマ

　本書は，学校で行うカウンセリングの中で，教師が行うカウンセリングに特化して解説したもので，このたび13年ぶりに大幅な改訂を試みた。これから教職に就く学生が，教育現場で学校カウンセリングの即戦力となるための素養やスキルを育てるものだが，本書のレベルは高い。現役教師が読んでも，読み応えがあり，研修でも活用できるに違いない。

　本書の特徴は何か。まず，学校カウンセリングを，チームで協働して支援することを前提としてとらえたことである。そして，軽度の知的障害や発達障害を示す特別支援を必要とする子どもへの支援と，心理的な問題を示す子どもへの支援，その双方を視野に納めた。

　近年，通常学級の中で，軽度の知的障害や発達障害を示す特別支援を必要とする子どもへの支援が注目を浴びており，今回，大幅な改訂となったのはこの点である。学校内の心理的な問題や悩みなど，学校カウンセリング領域でも，個々の子どもを理解し，個別に心理的な支援計画が立てられている。障害と心理的な問題という問題の質や，専門性に違いがあっても，その方法では，両者が重なり合う。

　そして，心理的な問題であれ，障害のある場合であれ，学校の中での支援であることを忘れてはならない。子どもは，学校の中で集団生活を営んでいるのである。たとえば，学級集団が個を支え，その支えが，子どもの心理的問題の回復を促したり，障害によるさまざまな課題を乗り越える際の力になったりする。また，特定の子どもを支援するときには，その子どもを含む集団全体に働きかけることが，より効果的である。集団の互いを支え合える力を高め，個人を支援する大勢の仲間を育むことは，教師でなければできないこと

である。

　スクールカウンセラーがいても，医師が学校に入るとしても，教育の場では，教育のプロである教師が，主人公として動かねばならない。他の専門家と手を携えるためには，自分自身が教師としての高い技量をもち，自分の守備範囲を自覚せねばならない。

　本書は，大きく3つの部に分かれている。第Ⅰ部は，理論編で，学校カウンセリングの基礎・基本が書かれている。第Ⅱ部は，問題の未然防止，予防のための教育編である。学校教育やカリキュラムの中で，集団で問題を予防していく方法について述べている。第Ⅲ部は，さまざまな心理的な問題や特別支援の場での個別支援編である。個別支援をチームで支えることなどが，具体的に明らかにされる。その中では，最先端の実践や技術も数多く紹介した。本書によって，プロとしての高い意識のある教師が育つことを願うものである。

　最後に，本書の編集にあたり，ご尽力をいただいた有斐閣の中村さやか氏に深く感謝したい。中村氏の「よい本を読者に提供したい」との真摯な熱意が，怠惰になりがちな編者を突き動かす大きな原動力になったからである。

　2021年7月吉日

小　林　正　幸

橋　本　創　一

松　尾　直　博

執筆者紹介

●編者紹介（＊は執筆担当）────

小林正幸（こばやし まさゆき）

1957年生まれ，筑波大学大学院教育研究科修士課程修了（公認心理師，臨床
心理士，学校心理士，カウンセリング心理士）

現　在　東京学芸大学名誉教授

主　著　『不登校児の理解と援助──問題解決の予防とコツ』金剛出版，2003
年／『現役教師が活用する仕事術──大学では学べない教師学』（共
編）ぎょうせい，2007年／『子どもの対人スキルサポートガイド──
感情表現を豊かにするSST』（共編）金剛出版，2007年

＊第1章1〜4節，第3章2節，第4章2節（前半），第7章1〜3節，第9章
1，2節（沢宮との共著），第10章1節，第11章1〜3節，第15章

橋本創一（はしもと そういち）

1963年生まれ，筑波大学大学院教育研究科修士課程修了（博士〔教育学〕，公
認心理師，学校心理士SV，臨床発達心理士，特別支援教育士SV）

現　在　東京学芸大学特別支援教育・教育臨床サポートセンター教授

主　著　『ASIST学校適応スキルプロフィール──特別支援教育・教育相談・
障害者支援のために：適応スキル・支援ニーズのアセスメントと支援
目標の立案』（共編）福村出版，2014年／『知的障害・発達障害児に
おける実行機能に関する脳科学的研究──プランニング・注意の抑制
機能・シフティング・ワーキングメモリ・展望記憶』（編著）福村出
版，2020年

＊第1章5〜7節，第4章5節，第5章3節

松尾直博（まつお なおひろ）

1970年生まれ，筑波大学大学院心理学研究科博士課程修了（博士〔心理学〕，
学校心理士，臨床心理士，特別支援教育士SV，公認心理師）

現　在　東京学芸大学総合教育科学系教授

主　著　『子どもの福祉──発達・臨床心理学の視点から』（共著）福村出版，
1999年／『教育心理学──保育者をめざす人へ』（共編）樹村房，
2004年

＊第4章1，3節，第5章1，2節，第6章（熊谷との共著）

●執筆者紹介（＊は執筆担当）──────

市 原　学（いちはら　まなぶ）　　　　　　　　　　　　＊第2章
　現　在　都留文科大学教養学部教授

副 島 賢 和（そえじま　まさかず）　　＊第3章1節，第7章4節，Column
　現　在　昭和大学大学院保健医療学研究科准教授

田島真沙美（たじま　まさみ）　　　　　　　　＊第4章2節（後半）
　現　在　東京女子体育大学・東京女子体育短期大学准教授

原 口 政 明（はらぐち　まさあき）　　　＊第4章4節，第11章4節
　現　在　埼玉純真短期大学子ども学科准教授

早 川 惠 子（はやかわ　けいこ）　　　＊第4章「実践例」，第12章
　現　在　都留文科大学非常勤講師

熊谷扶美子（くまがい　ふみこ）　　　　　　＊第6章（松尾との共著）
　現　在　中野区立桃花小学校教諭

櫻 田　淳（さくらだ　じゅん）　　　　　　　　　　＊第8章1, 2節
　現　在　埼玉県立大学名誉教授

山 岡 雅 博（やまおか　まさひろ）　　　　　　　　　＊第8章3節
　現　在　立命館大学大学院教職研究科教授

安 永 啓 司（やすなが　ひろし）　　　　　　　　　　＊第8章4節
　現　在　名寄市立大学保健福祉学部教授

沢 宮 容 子（さわみや　ようこ）　　＊第9章1, 2節（小林との共著）
　現　在　東京成徳大学応用心理学部教授

奥 野 誠 一（おくの　せいいち）　　＊第9章3, 4節，第10章2, 3節
　現　在　立正大学心理学部准教授

鈴 木 公 基（すずき　こうき）　　　　　　　　　　　＊第13章
　現　在　関東学院大学教育学部准教授

外 山 美 樹（とやま　みき）　　　　　　　　　　　　＊第14章
　現　在　筑波大学人間系教授

腰 川 一 恵（こしかわ　かずえ）　　　　　　　　　　＊第16章
　現　在　聖徳大学大学院教職研究科教授

霜 田 浩 信（しもだ　ひろのぶ）　　　　　　　　　　＊第17章
　現　在　群馬大学共同教育学部教授

田 実　潔（たじつ　きよし）　　　　　　　　　　　＊第18章
　現　在　北星学園大学社会福祉学部教授

第4章 　学校カウンセリングの組織と連携　　54

第7章 ソーシャルスキルを育む　　　　　116

第8章　ライフスキルを育む　　　　　　　　　　139

第9章　進路を見通す　　　　　　　　　　　　　161
　　　　　　　　　　　　　　　　　　　キャリア教育

第 **III** 部
個別支援につなげる学校カウンセリング
さまざまなニーズに対応する

第 **10** 章 | 集団不適応　　　　　　　　　　　　183

第18章　*自閉スペクトラム症*　　　324

第 I 部

学校カウンセリングの
理論と担い手

　学校で必要なカウンセリングは，学校教育を支え，1 人ひとりの子どもの生活と人生を豊かにしていくためにある。そのためには，子どもにかかわる大人は，1 人ひとりの子どもについて，広く深く理解できなければならない。その子どもが何かに苦戦していたら，その理解をもとにさまざまな形で，適切に支援していかねばならないだろう。

　その担い手の中心は，教師である。教師の中にも，生徒指導主任や教育相談係や養護教諭など，立場が異なる人がいる。校医やスクールカウンセラーなどの専門家もいる。

　また，子どもの支え手には，余人に代えがたい大人として，保護者がいる。保護者の理解と協力なしに，子どもを支えられない。そして，場合によっては，さまざまな病院や相談機関などの外部の専門家の力も必要になる。これら大人たちが手を携えて，協働で子どもを支えていくのである。

　そのための理論と基礎・基本を示すのが，第 I 部である。

第 1 章

教師が行う
学校カウンセリング

個別支援で何をめざすのか

　　学校カウンセリングは，学校の中の相談活動だけを指すものではない。子どもが問題を抱える前の段階から，問題を未然に防止するために，子どもに問題を越えていく力を育むことや，学校関係者が手をつないで，さまざまな学校教育の場面で，1人ひとりの子どもを支えることで，普段から意識して行う教育活動を含むものである。

　　本章では，学校カウンセリングの基本的な考え方を示すとともに，特別支援教育との関係について考えてみたい。

1 「学校カウンセリング」と「教師のための学校カウンセリング」

　「カウンセリング」と聞くと，問題を抱えた個人の解決のために，個別に行う相談活動を思い浮かべる人が多いのではないだろうか。そのため，学校カウンセリングは，学校の中での相談活動だと思われるかもしれない。しかし，本書で扱う「学校カウンセリング」は，それよりも広い概念である。

> **学校カウンセリング**：学校教育の中で，カウンセリングに関する最新の諸科学の理論や方法論を活用することを通して，学校内の教育活動を援助し，より円滑に進めること。

　その概念は，上記の通りだが，本書は，「教師のための」学校カウンセリングの本である。後でも述べるが，教師が学校で行う学校カウンセリングを，「学校教育相談」と呼ぶ。その意味では，本書の中心は，「学校教育相談」であるといえよう。

　しかし，本書では，「学校教育相談」だけを扱うのではない。スクールカウンセラーやスクールソーシャルワーカー，特別支援教育コーディネーター，生徒指導主任，あるいは関連専門機関の専門家など，教師以外の学校教育の担い手と手を携えて，「学校カウンセリング」を推進していくことも視野に入れている。

2 類似概念との異同

　「学校カウンセリング」には，類似の言葉がある。「教育相談」

「教育カウンセリング」「学校教育相談」「スクールカウンセリング」「学生相談」などである。それらと、どのように違うのだろうか。まず、この点を整理しておきたい。

教育相談　教育相談は、教育相談室や児童相談所、矯正施設、福祉施設などで行われる教育年齢の子どもに対する専門相談機関活動を含み、広義では、次の教育カウンセリングとほぼ同じ意味・内容になる。

> **教育相談**：学校や教育関係諸機関で、教育上の諸問題を扱う場合に使われる。この場合、扱う対象は、幼児、児童、生徒、学生であり、その内容は、教育上の諸問題の解消である。最近では、学校や教育関係機関で行われている相談や指導に限定して使用される。

教育カウンセリング　教育カウンセリングは、教育相談よりは、予防的・開発的カウンセリングの視点が強調されるが、対象、内容ともに教育相談との大きな違いはない。本書の「学校カウンセリング」は、領域としては、学校の中に限定されるが、教育カウンセリングの中核に「学校カウンセリング」が位置すると考えられる。

> **教育カウンセリング**：教育領域における教育活動を援助することであり、学校教育のみならず、学齢期の子どもを中心に、幼児から大学生年齢までに、広く教育領域で行われている教育活動に、カウンセリングの理論や技法を、さまざまな形で活用していこうとするものである。

学校教育相談　学校教育相談は、「学校カウンセリング」の中核に位置する。次に述べる「スクールカウンセリング」が導入される前は、各都道府県教育委員会が、学

校の生徒指導を円滑に機能させるために，教師対象の研修を行っていた。このことで，カウンセリングの基礎知識と技量をもった教師が養成され，学校内には，教育相談係や教育相談部などの校務分掌が設けられているのが普通となっている。彼らが，学校の中での相談活動の中核を担っているといえるのである。

> **学校教育相談**：学校で教職員を中心に行われる相談活動に限定した言葉である。活動の主体が教師にあること，そのため教育活動との関連性を強く意識することに特徴がある。

スクールカウンセリング　1995年に，文部省（現・文部科学省）の調査研究委託事業として，各都道府県で中学校を中心にスクールカウンセラー制度が導入された。このスクールカウンセラーが行う支援活動を「スクールカウンセリング」と呼ぶ。

> **スクールカウンセリング**：公認心理師，臨床心理士など心理学の専門家が，学校と連携・協力しながら学校内でカウンセリングなどの専門性を活かした活動を行うことである（第4章3節も参照）。

学生相談　大学の教員と学生間や学生同士で起きるセクシュアル・ハラスメントやパワー・ハラスメントなど，学生の人権を守る視点からの人権相談活動なども，この中に含まれて考えられている。対象は，大学生や専門学校生など高等教育機関の学生である。

> **学生相談**：主として大学などの高等教育が，システムとして提供している学生に対するカウンセリングやガイダンス活動である。

以上を，図で示すと，図1-1のようになる。なお，「教育相談」

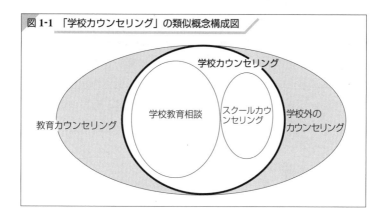

図1-1 「学校カウンセリング」の類似概念構成図

学校カウンセリング

教育カウンセリング

学校教育相談　スクールカウンセリング　学校外のカウンセリング

は「教育カウンセリング」ときわめて類似していること，また，「学生相談」は高等教育に限定されることから，この図では示していない。

3 教育領域のカウンセリングの特徴

　上記のように，学校カウンセリングは，教育カウンセリングの中核を占めているが，これらの教育領域のカウンセリングの特徴を述べておきたい（小林，1999）。

事例化する対象が子どもであること

たとえば，多動のある子どもが「授業中に席に座っていられないのです。何とかしたいのですが……」と相談に訪れることはない。子どもの抱えている問題は，主に周囲にいる教師や保護者などの大人側が見出すことが多い。誰かが問題にすることを「事例化」と呼ぶが，子ども自身が，自分のことを事例化することは少なく，保護者や教師などの周囲の大人が，問題を見出し「事例化」する場

合が多い。

　子どもは，自分自身を客観視しにくく，問題を的確に表現することも，問題を整理することもできないことが多い。また，問題が解消した体験がないだけに，問題解決で得られることの重要性についての実感もなく，将来の適応や人生設計との関連から目標設定することも難しい。それだけに，周囲の大人が願う問題解決と，子どもが「こうなりたい」と願うこととが異なることが多い。したがって，問題や問題解決でめざす目標を，子どもを含めた関係者で共有し，すり合わせる必要がある。

子どもが発達，成長していること

　成人を対象とするカウンセリングの場合では，本人がつまずきを把握して，もとの状態に戻すことを目標にすれば済むことが多い。しかし，子どもは発達，成長している年齢段階である。それだけに，先の時点までの発達，成長を見通して，支援する必要がある。また，その支援にあたり，子どもの発達・成長を阻害しないように考えねばならない。つまり，目先の問題解決にとどまらず，先々での問題の再発を予防し，将来を見通しつつ，子どもの発達・成長を促すことも，同時に意識されねばならない。

教育的望ましさの視点があること

　教育の世界では，教育上望ましいとされることや，社会通念上，大切にされる社会的価値がある。そして，学校カウンセリングは，教育上望ましいとされる価値の中でのカウンセリングである。ところが，特定の子どもの問題解決に必要な体験が，その教育的望ましさと一致するとは限らない。たとえば，「晴れた日には，休み時間は運動場で遊びましょう」というルールが学校にあるとしよう。これは，子どもたちの社会性を発達させることを意識したものかもしれない。しかし，心理的に余裕のない子どもは，静かに教室で過

Column「教師の日常から」❶ 笑　顔

　「なんでそんなにニヤニヤしているの？」と同僚の先生から言われたことがあります。笑顔をつくる練習の成果を発揮しようとしていたときです。

　笑顔には，気持ちが伴っていなくても，考え方をポジティブにしたり，気持ちを前向きにしたりする効果があるといわれています。

　子どもたちにも笑顔の大切さを伝えるとともに，自分自身も笑顔で接しようと笑顔づくりのマニュアルを見て練習をした矢先の出来事でした。

　そのときは笑顔というのは難しいなと思っただけだったのですが，あるお店の対応で店員さんの笑顔に接したときに気づきました。マニュアルからの笑顔がなぜ相手に違和感を与えてしまうのかということを。

　店員さんの笑顔はとてもすてきな笑顔でした。しかし，それは私に向けられた笑顔ではないと感じられるものだったのです。笑顔が相手に向けられたものでなく，自分の中だけのものであったとき，相手は，その笑顔に違和感を感じるのだというあたりまえのことをそこで学びました。

　悲しいから泣く。また，泣くから悲しくなるとも言われます。楽しいから笑顔になる。笑顔になるから楽しくなるということもあるでしょう。それはとても大切なことです。

　しかし，その笑顔が自分に向けられたものであるときこそ，相手の心持ちが心地よく伝わってくるように思います。

　子どもたちは，それが自分に向けられているかということにとても敏感です。子どもたちが敏感であるということに私たち大人は，特に子どもとかかわる教師は敏感でありたいと思うのです。

ごしたいかもしれない。このように，教育的価値と学校カウンセリング上で，当面めざすことが矛盾する場合が少なくない。それだけ

に，学校カウンセリングの活動では，教育的価値や社会的価値と上手に折り合いをつけていかねばならない。

4 教師が行う学校カウンセリングの特徴

個を支えることと集団による支援

さて，本書では，教師が行う「学校カウンセリング」として，特徴づけたいことがある。それは，チームで協働して支援していくことである。近年，通常学級の中で，軽度の知的発達障害や発達障害を示す特別な支援を必要とする子どもに，**個別の指導計画**（第4章5節参照）を立て，チームで支援することが求められている。学校全体で，子ども1人ひとりを理解し，子どもの状況に応じて，個別に支援する方法を共有して，教師をはじめ学校関係者が連携・協力をして支援を進めるようになった。

一方，従来の学校カウンセリング領域でも，学校の中の心理的な問題や悩みなどに対して，やはり，個々の子どもを理解し，個別に心理的な支援計画を立て，支援方法を共有し，チームで支援することが強調されている。障害と心理的な悩みという，問題の質や専門性の点では違いがあるものの，その方法では，両者が重なり合うことも多い。

心理的な問題であれ，障害のある場合であれ，学校における支援では，その子どもが，学校の中で集団生活を営んでいることを忘れてはならない。たとえば，学級集団が個を支え，その支えが，子どもの心理的問題の回復を促すことや，障害によるさまざまな課題を乗り越える際の力となる場合も少なくない。また，心理面でも障害の側面でも，特定の子どもを支援していくときには，その子どもを

含む集団全体に働きかけることで，支援そのものが，より効果的になることも多い。集団の質を高め，仲間を支援する大勢の仲間を育むことは，教師でなければできない支援方法である。

チームによる支援の種類

本書で強調するのは，特定の子どもを支援していくうえで，教師をはじめ，学校関係者が手を携えて協働で支援することである。心理的問題での支援でも，障害のある子どもへの支援でも協働での支援が重要である。このとき，子どもに直接かかわる者で，**支援チーム**を構成するようにする。

この点では同じだが，心理的な問題をもつ子どもと，障害のある子どもへの支援チームとでは，質的に異なることがある。心理的な問題の場合では，**問題解決型の支援チーム**がつくられる。基本的には，子どもや保護者に直接かかわる者と，その問題解決に間接的にかかわる者とで役割を分担しながら，臨機応変に支援計画を作成し，実行に移す。そして，子どもの行動の変化や問題解決の程度を評価し，問題の最終的な解決をめざす。子どもの心理的問題が解決してしまえば，このチームは解散していくという意味で，プロジェクト・チームであり，問題解決型のチームなのである。

これに対して，障害のある子どもへの支援でつくられるチームは，子どもに対して，息の長いかかわりを行うものである。担任が交代しても，次年度に前年度の指導の様子が申し送られていくものであり，長期の教育目標を立て，指導を積み上げていき，その子どもがその学校に在籍している限りは継続されていく。

集団守秘義務とチーム支援

チーム支援の場合，**守秘義務**をどのように保つのかは，大きな課題になる。重要な情報を，その子どもや保護者にかかわるチームのメンバー内で共有し，その情報を集団で外部にもらさないよう

にすることを,「**集団守秘義務**」と呼ぶ。学校カウンセリングは,学校内で,秘密を前提とした相談活動を含む活動である。一方で,学校は,チームで子どもたちの教育,支援を行っている場でもある。

それだけに,相談の場面など,一定の関係の中で得られた個人情報を,どのレベルの集団で共有するのかという情報共有の問題は,難しい問題をはらんでいる。たとえば,チームとして,子どもの情報を知っていても,子どもに接するときには,情報をほかから聞いたという形にはしない。そのために,「知らないことにしておく」ことで,子どもと秘密を打ち明けられたチームの教師との相談関係を守らねばならないのである。カウンセリング上の守秘義務と集団守秘義務との関連をどのようにするのかは,カウンセリングの専門家ではない教師集団と円滑な連携をしていくうえでも,チーム内でしっかりと事前に相互理解を進めておかねばならないことである。

5 特別支援教育と発達障害児

教室の中で個別支援が必要な子どもたちがいる。さまざまな支援ニーズを抱える子どもたちの中でよく見られる行動の一例として,表 1-1 に**発達障害児**の姿から目立った例を示した。

発達障害：我が国では 2004 年に成立した発達障害者支援法において（2016 年改正）「自閉症,アスペルガー症候群その他の広汎性発達障害,学習障害,注意欠陥多動性障害その他これに類する脳機能の障害」と定義されたが,DSM-5（2013）や ICD-11（2019）による医学的分類では,神経発達症群というカテゴリーにまとめられている。訳語はそれぞれ少しずつ異なるが,知的発達障害,社会的コミュニケーション障害,自閉スペクトラム症,

表 1-1　教室の中で目立つ発達障害児の行動の一例
・忘れ物が多い。整理整頓が苦手。必要な物をなくすことが多い。
・突然しゃべりだす。しゃべりすぎる。筋道の通った話ができない。
・授業中，席にじっと座っておらず，教師の指示に従えない。
・気が散りやすい。すぐあきらめる。集中力がない。
・友達とのトラブルが極端に多い。
・ルール違反などで反省はするが，同じことを繰り返す。
・個別に言われると聞き取れるが，集団場面では難しい。
・面と向かって話しかけられているのに，聞いていないように見える。
・指示に従えず，仕事や活動を最後までやり遂げられない。
・順番を待つのが難しい。
・特定の物に強い執着がある。

限局性学習症，発達性協調運動症，注意欠如・多動症，などとされている（知的発達障害が含まれることに注目する）。我が国の教育界で用いられる発達障害とは，発達障害者支援法にある障害を新しい名称に置き換えると「自閉スペクトラム症（ASD），限局性学習症（SLD），注意欠如・多動症（ADHD）など」となる（詳しくは本書の 16・17・18 章にて各々を解説しているので参照のこと）。

特別な教育的支援を要する子ども

特別な教育的ニーズのある子ども，または障害のある子どもの割合は，国によって学校教育システムの違いなどから算出法が異なるが，スウェーデン（特別支援学校児童生徒数のみ，2016 年）1.26％，韓国（2017 年）1.52％，フィンランド（2016 年）16.4％，イギリス（2017 年）16.92％，オーストラリア（ニューサウスウェールズ州のみ）（2017 年）9.77％であった。いずれの国も，通常の学級に在籍する障害のある子ども，または特別な教育的ニーズのある子どもの割合が顕著に高い。また，アメリカの IDEA（Individuals with Disabilities Education Acts：障害のある人の教育法）の 2007 年調査

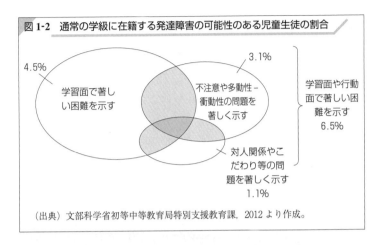

図 1-2　通常の学級に在籍する発達障害の可能性のある児童生徒の割合

4.5%
学習面で著し
い困難を示す

3.1%
不注意や多動性－
衝動性の問題を
著しく示す

対人関係やこ
だわり等の問
題を著しく示す
1.1%

学習面や行動
面で著しい困
難を示す
6.5%

（出典）文部科学省初等中等教育局特別支援教育課，2012 より作成。

報告で，障害などを原因とする発達支援サービス・特別支援教育を
受けている者は，0-2 歳が平均 2.52%，3-5 歳が平均 5.75%，6-11
歳が平均 11.31%，12-17 歳が平均 11.41%，18-21 歳が平均 1.97%
であった。また，全米を対象とした諸調査では，限局性学習症
（SLD）が約 4.78%，自閉スペクトラム症（ASD）が約 1.85%，注意
欠如・多動症（ADHD）が約 11% と示されている。

　日本において，文部科学省が 2012 年度に実施した全国調査結果
から，通常学級に在籍する児童生徒で，学習面で支援を要する子ど
もが 4.5% いることが明らかになり（図 1-2），「聞く・話す」に著
しい困難を示す者が 1.7%，「読む・書く」に著しい困難を示す者が
2.4%，「計算する・推論する」に著しい困難を示す者が 2.3% いた。
一方，行動面における支援が必要な子どもは 3.6% で，その内容は
「不注意」の問題を著しく示す者が 2.7%，「多動性－衝動性」の問
題を著しく示す者が 1.4% であった。また，「対人関係やこだわり
等」の問題を著しく示す者が 1.1% だった。知的発達に遅れはない
ものの，学習面や行動面で著しい困難があるとされる子どもの割合

は，全体で 6.5% であった。これらの子どもは，すべて発達障害と
診断されたわけではないが，そのリスクや傾向をもつ子どもがこん
なにたくさんいて，支援を求めていることが明白になった。通常学
級には，そのほかに，知的な発達に遅れのある子ども（2002 年度の
調査では 3.0% 程度いることが明らかになっている）と身体障害，身
体や精神の疾患のある子ども，不登校，被虐待，情緒不安，非行，
経済面や家庭での問題等を抱える子どもなどがいる。こうした障害
やさまざまな問題を抱えている子どもたちには，共通してみられる
特性や支援ニーズはあるものの，一方で，1 人ひとりの状況や困り
感などに大きな個人差がある。したがって，支援にあたり，こうし
た子どもにやみくもに共通した技法や方法を当てはめることはでき
ず，また集団指導の中で一律の教育支援を行うことに無理が生じる
場合がある。子どもの実態や困り感に寄り添う形で，個別に対応や
支援をしていくことが望ましい。

2007 年は「特別支援教育元年」

特別支援教育は，福祉の対象である障害だ
けでなく，知的な遅れのない発達障害も含
めて，特別な支援を必要とする幼児児童生
徒に対して，在籍するすべての学校において実施される。さらに，
「特別支援教育は，障害のある幼児児童生徒への教育にとどまらず，
障害の有無やその他の個々の違いを認識しつつ様々な人々が生き生
きと活躍できる共生社会の形成の基礎となるものであり，我が国の
現在及び将来の社会にとって重要な意味を持っている」と文部科学
省（2007）は通知している。

> **特別支援教育**：「障害のある幼児児童生徒の自立や社会参加に向
> けた主体的な取組を支援するという視点に立ち，幼児児童生徒一
> 人一人の教育的ニーズを把握し，その持てる力を高め，生活や学

習上の困難を改善又は克服するため，適切な指導及び必要な支援を行うものである」（文部科学省，2007）。2007年から，「特別支援教育」が学校教育法に位置づけられ，すべての学校（通常の学級・学校も含めて）において，障害のある幼児児童生徒の支援をさらに充実することが規定された。

6 特別な支援ニーズのある子どもへの個別支援

「個別」という言葉を聞くと，マンツーマンで行う個別支援や指導の場面を想像する人が多い。しかし，ここでは1人ひとり違う実態，環境的な状況や支援ニーズをもっている子ども，その個性や教育上のニーズなどに「個別に応える」という意味である。

支援を要する子どもと
周囲の子どもの困り感
の把握

特別支援教育や個別に支援ニーズを抱える子どもへの学校カウンセリングは，対象児の理解と支援方法の確立・導入が重要である。しかし一方では，学級の中で，対象児とほかの子どもとの関係や学級全体への理解・啓発，対象児をうまく包含した学級経営が教師にとって指導上の悩みとなっている（橋本，2007）。そうした教師の苦悩の例を表1-2に挙げる。

確かに，個別的な対応・支援と学級経営の両立の難しさはある。しかし，「教師の困り感」より，子どもの立場からみた「子どもの困り感」を理解し受けとめることのほうが問題の解決につながる。支援が必要な子どもと周囲の子どもの困り感を汲み取っていくことを考えていきたい。以下に，対象児と周囲の他児などの困り感の把握の手続きを述べる。

①　対象児自身が，「どこで」「何に」困っているか（学校生活の

表1-2　教師の苦悩の例
・その子どもに対応している間，ほかの子どもへの指導がおろそかになる。 ・友達とのトラブルが多く，ほかの子どもが不満を抱えた。 ・特別扱いしたら，ほかの子どもから「不公平だ」と主張された。 ・その子どもの問題行動をほかの子どもが模倣したり影響を受けて，学級の雰囲気が悪くなった。 ・ほかの子どもの保護者から心配やクレームがきた。 ・教師と1対1の活動はスムーズにできるが，集団になると行動がくずれる。 ・障害に起因する行動なのか，わがままなのかがわからない。

場面別に具体的な行動を整理する）。

②　対象児と周囲の子どもとの関係で，双方が，「どんなこと」で困っているか（どのような関係になりたいかをみつける）。

③　教室の環境や学級風土は対象児にとって困り感をつくりだしていないか（環境的な要因の把握，二次的な問題の予防を考える）。

　子どもの困り感，周囲の子どもの受けとめ感，保護者の困り感（気づきや理解，受容）を十分に分析・把握したうえで，それに対する具体的な支援を組み立てていきたい。

個に応じた支援と集団内配慮

　特別支援教育では，教育上の支援ニーズと個性・個人差に応じた「個別的な対応」が基本となる。一方で，障害によって個別支援のニーズがどんなに高いとしても，地域に暮らす同じ年齢集団に所属させ，その環境への適応や参加などを支援していく必要が求められる。つまり，発達の遅れがあるからといって，安易に下の学年学級に入れてしまうことや，常に集団には入れずに個別に取り出して学習させることは，逆に対象児にとって不適切な教育環境となる場合がある。子どもは集団に参加することでいろいろなことを体験し学んでいくことが多い。重要なのは，対象児の実態に応じて，個

表 1-3　支援スタイルとその主なねらい

【集団参加型教育支援（みんなと一緒の時間で活動）】
　（ねらい）
　・周囲をモデルにして言葉や運動などのさまざまな行動形成を促す。
　・他の子どもとのコミュニケーションや協同活動などにより，自立心や社会
　　性を育てる。
　・まわりの刺激から，学ぶ意欲や新しいことへのチャレンジ心をわかせる。

【個別的な支援（1人の時間をつくって活動）】
　（ねらい）
　・集団の中で，その子どもの発達状況や教育的ニーズに対応して，教師が個
　　別にかかわって支援しながら参加する（集団内の配慮支援）。
　・その子どもだけの特別な支援ニーズに応えて，子どもに合った適切な活動
　　を教師が提供する（教師と子どもの1対1の教育支援）。

別的な支援と集団で学ぶ場面の適度なバランスをつくっていくこと
である。特別支援教育で展開される集団参加と個別対応の主なねら
いについて表 1-3 にまとめた。

　発達障害児の集団参加の考え方として，障害による制約から「で
きない」ので不参加にさせるのではなく，その子どもの「できる活
動」で参加させる，または参加できる集団の環境をつくることが大
切である。したがって，障害児の「できない面（短所）」ばかりに
目を向けるのではなく，長所を生かしていくことを心がけたい。

　こうした個別支援が必要な子どもに対して，教師やスクールカウ
ンセラーは以下に挙げたような点を考えながら支援のためのヒント
を得る。

① 集団活動では，どのようなことが苦手であり，どんな活動な
　　らば参加できるだろうか。

② 集団活動で，どのくらい手伝うとよいか。どの場面で，近く
　　に行ったりするなどして寄り添って支援するか。

表 1-4　個別的な支援の内容

発達段階に応じた支援	認識面，言語コミュニケーション面，身体・運動面，社会性，生活習慣など
情緒・行動面の問題への支援	集団参加，対人関係，寡動・多動，固執，行動・情緒の問題，安全管理など
環境整備	対象児の抱える問題や支援ニーズに対応した施設整備，教室環境，学習形態，教材，学習時間など
医療・福祉などとの連携による支援	健康管理や医療的ケア，福祉的ニーズへの配慮，家庭での支援ニーズの把握，関係者や他機関との連携など

③　周囲の子どもとの差が大きかったり，活動内容や学習環境の特徴，活動量などから，他児と同じ活動は無理だろうか。その子どものめあてや達成基準を変える必要があるか。

④　子ども本人が「みんなと一緒がいい」と思うか。できない学習活動の場合，「配慮してもらいたい」と思うか。

⑤　教師と子どもの1対1の場面をつくったとしたら，何をすると効果的であるか。

7　個別支援の内容

　学校カウンセリングや特別支援教育で行われる個別的な支援の内容には，主に「発達段階に応じた支援」「情緒・行動面の問題への支援」「環境整備」「医療・福祉などとの連携による支援」の4つが考えられる（表1-4）。

　こうした支援内容の中から，学校生活における「生活指導」「学習指導」「進路指導」などに具体的に展開していく。この中で，個

別対応が求められる頻度が高いものは，①行動・情緒面，②学習面，③生活面，④対人関係面の順であろう。しかし，これらは，いずれも子どもの抱える問題として互いにリンクしていることが多い。どれも重要であるが，「あれも」「これも」……と，教師は対応していくわけにはいかないことが多い。子どもの抱える支援ニーズの中で，どれが緊急かつ重要であるかを分析しながら見極める必要がある（互いに絡み合った本人の悩みや問題の糸をほぐすようにしていく）。そして，優先される支援を1～2つ決めて，意図的・重点的に取り組んでいくことで効果をあげる。

 引用・参考文献

インクルーシブ教育システム推進センター（国際担当）・客員研究員・国別調査班（2018）「諸外国における障害のある子どもの教育——通常教育及び障害のある子どもの教育課程を中心に」『国立特別支援教育総合研究所ジャーナル』7号

国立大学教育実践研究関連センター協議会教育臨床部会／代表中野明徳・小野昌彦編（2007）『新しい実践を創造する学校カウンセリング入門』東洋館出版社

小林正幸編（1999）『実践入門教育カウンセリング——学校で生かすカウンセリングの理論と技法』川島書店

橋本創一（2007）「学校教育における集団づくりを考える——特別支援教育の実践にあたって心がけたいこと」『児童心理』（4月号臨時増刊），41-47

文部科学省（2007）「特別支援教育の推進について（通知）」19文科初第125号（平成19年4月1日）

文部科学省（2011）『生徒指導提要』教育図書

文部科学省（2017）「発達障害を含む障害のある幼児児童生徒に対する教育支援体制整備ガイドライン——発達障害等の可能性の段階から，

教育ニーズに気付き，支え，つなぐために」

文部科学省初等中等教育局特別支援教育課（2012）「通常の学級に在籍
する発達障害の可能性のある特別な教育的支援を必要とする児童生徒
に関する調査結果について」

第 2 章

子どもの理解

児童期・青年期の特徴

子どもは1人ひとり異なる個性をもつユニークな存在であり，教師は先入観にとらわれずに子どもを理解しなければならない。一方，教師の日常は多忙で，子ども1人ひとりを白紙の状態から理解することは難しい。しかし，子どもの一般傾向について知識を得て，参照すれば，子どもの個性を理解することも容易になるのではないだろうか。

本章では，児童期・青年期の一般的特徴，および子どもの個性や個人差を理解するための視座を紹介する。

18世紀にルソーは「子どもは小さな大人ではない」と述べ，大人と子どもの質的な違いを発見したといわれる。つまり，子どもには子ども独自の感じ方，考え方，ふるまい方があり，それらは大人の感じ方，考え方，ふるまい方を縮小したものではないということである。たとえば，乳幼児期の子どもは目の前に何かが置いてあれば，それを口に入れてしまう。これは対象物を理解するための乳幼児の手段であって，大人のやり方とはまったく異なる。大人であれば目の前に見知らぬ物が置いてあれば，観察したり，人に聞いたり，本で調べたりするだろう。この対象物を理解するために口に物を入れるという乳幼児のやり方は，大人にはみられないものであり，言語による対象理解は乳幼児にはみられないものである。

子どもを理解し，効果的に学校カウンセリングを進めるにあたって，大人は「子どもは未熟な大人ではなく，独自の心理的特徴をもった存在である」ということ，つまりは子どもの一般的傾向に関する理論を把握しておく必要がある。しかしそれと同時に，子どもの中にも個性・個人差があり，理論がよく当てはまる子どもとそうでない子どもがいることも忘れてはならない。したがって，個々の子どもを支援するためには，理論による客観的理解とともに，十分な観察，話し合いを通して1人の子どもの内面世界を知るといった共感的理解に根ざした学校カウンセリングを行わなければならない。

本章では発達心理学における主要な用語について解説したうえで，児童期と青年期に焦点を当てて，その心理的特徴を概説する。なお，ここでは大まかに，児童は小学生に，青年は中学生，高校生に対応すると考えていただきたい。

1 発達とは

発達の定義　人が**発達**するといった場合，それはいつか
らいつまでを指すのだろうか。『広辞苑』
（第6版）によると，発達とは「①生体が発育して完全な形態に近
づくこと。②進歩してよりすぐれた段階に向かうこと。規模が大き
くなること。③個体が時間経過に伴ってその心的・身体的機能を変
えてゆく過程。遺伝と環境とを要因として展開する」とある。①と
②の意味に従えば，発達とは成人期までの身体的・心理的な側面に
おける増大的変化を指し，成長に近い概念であるといえよう。しか
し③の意味では，成人期以後の老年期に至るまでの変化を発達とと
らえることもできる。後者の意味で発達をとらえるとき，**生涯発達**
と呼ぶこともある。一昔前であれば，成人期以後の変化は老化と呼
ばれ否定的にとらえられていた。しかし近年の研究では，課題をす
ばやく，正確に行うといった「流動性知能」は加齢に伴い低下して
いくものの，経験の積み重ねにより獲得される「結晶性知能」はか
なり高齢になるまで伸び続ける（桜井，2004）といった知見も見出
されており，成人期以後の変化を生涯発達と呼ぶことの妥当性も高
まってきているといえよう。

発達における遺伝と環境の問題　さて，人は生まれてから死ぬまでに心身両
面においてさまざまな発達を遂げていくが，
発達は何によって決められているのだろう
か。次は発達における「**遺伝**」と「**環境**」の影響についてみていき
たい。

　発達における遺伝と環境の影響について，多くの者は「両方とも

大切だ」と思うだろうが，20世紀初頭の心理学者はそうではなかった。遺伝，成熟を重視する立場を**成熟優位説**，環境，育ち，学習を重視する立場を**環境説**，**学習優位説**と呼ぶ（桜井，2004）。

　成熟優位説の立場をとる者の中から，ゴールトン（F. Galton）とゲゼル（A. L. Gesell）を紹介する。ゴールトンは1822年に生まれ，いとこに進化論の創始者ダーウィンがいた。このことから彼は「優秀な人物は優秀な家系から生まれる」と考えた。そして著名な判事や政治家，貴族，軍の指揮官，科学者，詩人，音楽家，画家，聖職者，競漕選手，格闘家の血筋を明らかにした（リドレー，2004）。しかし，彼のこのような思想は，「遺伝的に優秀な子孫を残すために，遺伝的に劣った者から子孫を残す機会を奪うべきである」という**優生学**へと結びつき，ナチズムや人種差別などが，欧米社会に暗い影を落とした。

　ゲゼルは，遺伝的にまったく同一である一卵性双生児に，時期を少しずらして階段昇りの訓練をさせた。もしも発達が学習によって決められてしまうものならば，どのような時期に始めたとしても，訓練の効率や効果に個人差はないはずである。しかし結果は，早期に訓練を開始した子どもよりも，後から訓練を開始した子どものほうが短い訓練期間で階段昇りができるようになり，さらには最終的な階段昇りのスピードも速くなったというものであった。このことから，ゲゼルはある行動ができるようになるためには，適切な時期がくるまで待つべきであるという考えをもつに至った。

　これに対して，学習優位説の代表に，ワトソン（J. B. Watson）がいる。彼はまず，生後11カ月の子どもに白いねずみを見せ，その子がねずみと楽しそうに遊ぶ姿を観察した。そして，次に子どもがねずみと遊ぼうとしたときにハンマーを叩いて大きな音を出した。この作業をしばらく繰り返すうちに子どもはねずみを見るだけで泣

き出すようになってしまった。こうしてワトソンは「何人かの健康
な赤ん坊と、その子たちを育てる特別な環境を与えられれば、医者、
法律家、芸術家、そして泥棒にさえも育ててみせる。その子の能力、
好み、祖先の職業や人種などは一切考慮する必要はない」と言って、
学習の優位性を説いた。

　ところで、遺伝と環境の問題は「どちらか」が必要なのではなく、
「どちらも」必要なことは経験的にも理解できるものである。先に
紹介した成熟優位説にしても学習優位説にしても、どのような表現
型（観察可能な行動や感情）について遺伝と環境が影響を及ぼして
いるのかという、表現型の種類については言及されていない。シュ
テルン（W. Stern）は表現型には遺伝も環境も影響を及ぼしており、
表現型が異なれば遺伝と環境の相対的重要性も変わるという**輻輳説**
を唱えた（図2-1の左図）。

　これと似た考え方に、ジェンセン（A. R. Jensen）の**環境閾値説**が
ある（図2-1の右図）。環境閾値説では、きわめて貧困な環境にあ
っても発現する表現型もあれば、よほど恵まれた環境が用意されな
ければ発現しない表現型もあると考えられている。環境閾値説は、
環境が遺伝的特性に働きかけてその強度が一定水準を超えたときに

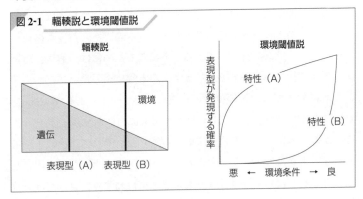

図 2-1　輻輳説と環境閾値説

はじめて表現型は発現するというように，遺伝と環境の相互作用を仮定しており，この点で遺伝と環境それぞれの独自の影響力のみを想定した輻輳説とは異なっている。

　さて，ここで分子生物学における代表的なトピックを取り上げてみよう。おそらく誰もが **DNA，ヒトゲノム**といった言葉を聞いたことがあるだろう。2000 年 6 月 26 日に，クリントン・アメリカ大統領（当時）が，「われわれは今日，神が生命創造時に使われた言葉を学びつつある」と語り，2001 年 2 月にヒトゲノムの全容が明らかにされた。ヒトゲノムとは，ヒトのゲノム，つまり人間の遺伝子のことであり，その遺伝子の全体図が明らかになったのである。これを聞いて，「やはり人間は遺伝ですべてが決まっているのだ」と思う人もいるかもしれない。しかし，ヒトゲノム解析で明らかになったのは，DNA の塩基配列であり，その塩基配列のどこがどのように，さらにはどういったタイミングで働いているのかという機能についてはまだまだわからないことのほうが多い。近年の研究では，ある表現型を担う遺伝子は多数あって，さらにはそれらの遺伝子を働かせるスイッチ遺伝子（プロモーター，エンハンサー）があり，そのスイッチ遺伝子を働かせるには一定水準以上の環境刺激が必要であることが示唆されている。このように，**ポストゲノム**（ヒトゲノムの全容が明らかになった以降の研究をこのように呼ぶ）では表現型における遺伝子単独の重要性ではなく，環境との相互作用の中で遺伝子がどのように機能しているのかを研究しており，ジェンセンの環境閾値説に通じるものがあると考えられる。発達には，遺伝も環境も重要なのであり，その仕組みについてはまだまだ未解明な部分が多い。

2 児童期の特徴

　同じ児童といっても，小学生には幼稚園，保育園を卒園したての
1年生もいれば，もうすぐ中学校に入学するという6年生もいる。
したがって，児童期の一般的傾向を見出すことは難しい。このため，
発達心理学者は児童期を2つもしくは3つの小段階に区切っている
場合が多い。ここでは代表的な児童期の発達理論である，ピアジェ
(J. Piaget) の認知発達説，コールバーグ (L. Kohlberg) の道徳性
の発達段階説を取り上げ，最後に児童期の集団の特徴を紹介する。

　ピアジェの認知発達説　　ピアジェはスイスの発達心理学者で，子ど
もが知能テストの質疑応答で犯す「誤り」
は子どもに独特だが，一貫した心の働きがあることに気づいた（リ
ドレー，2004)。そして**同化**（外界の事物を自分の認識の枠組みに照ら
し合わせて把握すること）と**調節**（外界の事物に合わせて，自分の認
識の枠組みを変えていくこと）という2つの過程を経て，認知の仕
方が段階的に変化していくという認知発達説を唱えた。

　ピアジェの認知発達説では，発達段階を**感覚運動期，前操作期，
具体的操作期，形式的操作期**に分けている。児童期はおおよそ具体
的操作期にあたり，形式的操作期とともに操作期（頭の中のイメー
ジを操作したり言語を用いることで思考できる段階）と呼ばれること
もある。たとえば，「りんごが3つ，みかんが4つあります。くだ
ものは全部でいくつですか」という問題があったとする。前操作期
の幼児の場合，実際に全部数え上げてから「7つ」と答えるが，具
体的操作期に入った児童ならば，「3+4=7だから，全部で7つ」
というように，具体的事物を離れて思考することができるようにな

る。また，具体的操作期には，**保存の概念**の成立，**自己中心性**やア
ニミズム，**実念論**からの脱却といった特徴がある。

(1) **保存の概念**

保存の概念とは，形が変化しても足したり減らしたりしなければ
数や量は変化しないということを認識することである。たとえば，
図2-2にあるように同じ形をした底が浅く口が広いコップAとB
に同量の水を入れたとする。次にコップBの水を，底が深く，口
が狭いコップCに移し替える。「AとCのどちらのほうが水がたく
さんあるか」と聞かれたときに，保存の概念が成立していなければ，
子どもは「底が深いからCのほうが多い」，または「口が広いから
Aのほうが多い」と，底の深さや口の広さのうち1つの次元にと
らわれて答えてしまう。保存の概念が成立していれば，「BからC
に水を移し替えるときに，水を足したり減らしたりしていないので，
AとCは同量」と答えることができる。

(2) **自己中心性**

自己中心性とは自分の視点から事物をとらえることであり，他者
の視点からの見え方，とらえ方が理解できないことである。自己中
心性を測定する課題としては三つ山問題（図2-3）がよく知られて
おり，十分な他者視点取得能力を獲得するのは10歳以降であるこ
とが確かめられている（新井，1997）。ただし，ここでいう自己中
心性は，他者からの事物の見え方，聞こえ方が理解できないことで
あり，「楽しい」「悲しい」といった他者の気持ちが理解できないと
いうことを指しているわけではない。他者の気持ちを理解するのは
心の理論の問題であり（第18章2節も参照），おおよそ4歳から5
歳頃にかけて成立する。

(3) **アニミズム，実念論**

アニミズムとは，すべての事物や事象にも，人と同じように生命

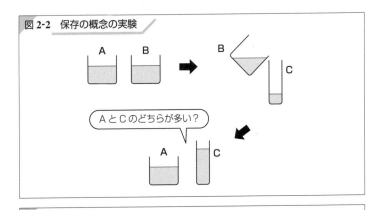

図 2-2　保存の概念の実験

A　B

B　C

AとCのどちらが多い？

A　C

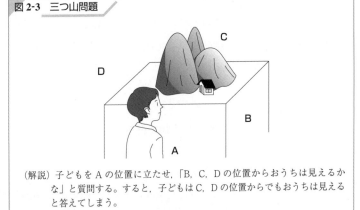

図 2-3　三つ山問題

C

D

B

A

（解説）子どもをAの位置に立たせ、「B, C, Dの位置からおうちは見えるかな」と質問する。すると、子どもはC, Dの位置からでもおうちは見えると答えてしまう。

や意識があると考える認知様式であり、実念論は心に描いたものは実在すると考える認知様式のことである。たとえば雨の日に「お空が泣いている」というのはアニミズムの例であり、夢に見たお化けが実際に存在すると信じて怖がるのは実念論の例である。

コールバーグの発達理論

コールバーグはアメリカの心理学者だが、ピアジェの認知発達説に強く影響を受けた**道徳性**の発達段階説を唱えた。コールバー

グの理論では，子どもは発達段階のそれぞれにおいて道徳的な判断の枠組みをもっており，その枠組みに従って現実をとらえたり，現実に応じて枠組みを再構築するという。そして，発達段階には罰を避け報酬を求める**前慣習的レベル**，法と秩序を絶対的なものとみなし，よい子でありたいと思う**慣習的レベル**，そして民主的な法に従い，行動の結果だけではなく動機も考慮できる**後慣習的レベル**の3つがある。児童期では慣習的レベルにある子どもが多い。では，具体的に慣習的レベルにある児童はどのような道徳的判断を下すのだろうか。例として以下のような場面を挙げる。

> 　貧しい男性には妻がいた。妻はある病気で死の床に瀕している。ところが，最近新しい薬が開発されて，その薬を服用すれば妻の病気は治るらしい。さっそく男性は薬を譲ってもらおうと病院に行ったのだが，医師は法外な値段を請求してきた。男性は必死の思いで金を集めたが，それでも薬を買えるほどではない。男性は医師に向かって，「この薬がないと妻が死んでしまう。足りない分は後で払う。頼むから薬を譲ってくれ」と懇願した。しかし，医師は「後払いは認められない」と断った。男性は思い余って，医師を殺害して薬を盗んだ。この男性のふるまいをどう判断するだろうか。

　前慣習的レベルにある子どもならば，「警察に捕まるから医師を殺害してはいけない」というように罰を避けるよう判断するだろう。ところが，慣習的レベルにある子どもは，「殺人は罪だから医師を殺害するべきではなかった」と社会的な法に照らし合わせて判断する。なお，後慣習的レベルにある子どもならば，「確かに殺人は悪いことだが，妻を救うために仕方なくやったことなのだ。情状酌量の余地はあるだろう」と，殺人を犯したという結果だけではなく，

妻のためにという動機までも考慮することができる。ただし、道徳的判断には個人の信念や信条といった要素も強く影響しており、児童期にあるからといって必ずしも慣習的レベルにあるわけではなく、子どもによっては前慣習的レベルの段階にある者もいるし、後慣習的レベルの段階に至った者もいる。

児童期における対人関係の発達

人は生まれてから死ぬまで、1人で生きていくことはない。さまざまな集団の中で他者とかかわり合い、多くのことを学び生きていく。そして発達段階に応じて他者とのかかわり方や集団のあり方も多様なものになる。乳児期には基本的には親との人間関係が中心となり、この段階で子どもは親の庇護を受けつつ、愛着関係の基礎を形成していく。そして幼児期になると同年代の子どもとの相互作用が増えてくるが、それでも**一人遊び**（他者とかかわりをもたない）、**傍観者的遊び**（他児の遊びを見ているだけ）、**平行遊び**（互いに同じ場所で遊んでいるが、かかわり合いをもたない）といった未熟なかかわり合いが多い。しかし、児童期に入り、操作能力や心の理論といった認知能力が発達してくると、子どもは木の枝を刀に見立ててチャンバラごっこをしたり、相手の考えていることの裏をかくといったこともできるようになり、遊びのバリエーションが飛躍的に増えてくる。さらに、こうした遊びの発達と連動し、集団の規模が拡大し、集団内の仲間と共に過ごす時間が増えてくる。この仲間集団に属するメンバーは互いに心理的な結びつきが強く、しかし他方で他の集団の子どもとは時にけんかしたりもするので、この時期を**ギャングエイジ（徒党時代）**と呼ぶこともある。ギャングエイジはおおよそ児童期中期、つまり小学校中学年頃にあたる。そしてギャングエイジを迎える頃から、多くは同性同士で集団を形成するようになり、以後青年期を迎えることになる。

3 青年期の特徴

青年期の範囲 青年期とは，第2次性徴が始まってからお
およそ20歳までのことをいう。かつては
青年期の終わりには**通過儀礼**（イニシエーション）が用意されてお
り，その通過儀礼を済ませると青年は成人と認められ，親の庇護か
ら離れ，独立することを求められた。現代でも成人式という通過儀
礼は確かに存在するのだが，成人式を済ませたからといって，必ず
しも親からの独立を求められるわけではない。ここでは，改正前の
民法第4条「年齢二十歳をもって，成年とする」という規定に基づ
いて（2022年4月からは18歳が成年年齢となる），青年期の終わり
を20歳ということにしておこう。

青年期における身体的 児童期の終わり頃になると，男子は声が変
特徴 わり，筋肉質な身体つきへと変化し，ひげ
が生えてくるといった変化がみられる。一
方で女子は乳房のふくらみ，丸い身体つきへの変化がみられる。こ
れらの変化は男子では精巣の発達，女子では卵巣が発達し，それぞ
れテストステロン，エストロゲンといった性ホルモンの分泌が活性
化することによって生じる。これは子どもを産み，子孫を残してい
くための準備が始まったことを意味している。またこれらの性ホル
モンは身体に対してだけではなく，精神面にも変調をきたし，特に
男性ホルモンであるテストステロンは，攻撃行動を誘発するといわ
れている。青年期に入った男子では一時的に大人に対して反抗的な
態度をとることがあるが（**第2次反抗期**），このような行動は性ホ
ルモンの影響による部分もあるのかもしれない。

さて，青年期は第2次性徴とともに始まる

> 青年期における心理的
> 特徴

のだが，心理的にはどういった特徴をもっているのだろうか。ここでは**自我同一性**（**アイデンティティ**）に関するエリクソン（E. H. Erikson）の発達段階説と，マーシャ（J. E. Marcia）の同一性地位に関する理論を取り上げる。

自我同一性とは「自分とは何か」に対する答えであり，つまり「自分らしさ」のことをいう。エリクソンは乳幼児期では母親との間で基本的信頼感を築き，児童期では学校の中で勤勉性を獲得するなど，重要な他者や環境との相互作用を経る中で発達課題を達成していき，青年期に自我同一性を確立することの重要性を説いた。そして青年期に自我同一性を確立することで，後の成人期において親密な友情や愛情を結ぶことができるようになる。このエリクソンの理論をふまえれば，青年期において試行錯誤的にさまざまなことに挑戦し，自分のできることやできないことを発見し，自分らしさを探し求めることは後の健全な発達において重要な意味をもつといえよう。

このように，青年期は自我同一性を確立する時期であり，青年は試行錯誤しながら，自分らしさや信条を獲得していく。その結果，伝統的な社会規範，慣習に対して矛盾を感じ始め，親や教師との間で心理的葛藤を生じることになる。これが第2次反抗期である。第2次反抗期を通して，青年は自分自身の信条と社会規範や慣習との間に折り合いをつけ，やがて成人期へと移行していく。

ところが，現代は進路選択や職業選択をするにも選択肢が多すぎて，青年にとって自我同一性を獲得するのは困難な課題である。他方で，「みんなが大学に行くから」といったような，他律的な理由から進路決定をする者もいる。マーシャは青年期における自我同一

図 2-4　自我同一性地位の分類

	危機：有	危機：無
コミットメント：有	同一性達成	早期完了
コミットメント：無	モラトリアム	拡散

性の状態（同一性地位）を，「危機（自分とは何かと問いかけること）の有無」，「コミットメント（心理的な傾倒）の有無」から4つに分類した（図2-4）。

　「同一性達成」は危機をすでに経験し，獲得した同一性に対して自己決定感をもった状態である。職業選択の例でいえば，「自分に合うものはどれか」「満足感を得られる職業はどれか」など，検討に検討を重ねたうえで進路決定した状態である。

　「早期完了」はコミットメントはあるのだが，危機を経験しない状態である。幼少期から，「スポーツ選手になりたい」「先生になりたい」などの目標をもち続け，その目標に向かって努力し続け，達成した場合が当てはまる。

　「モラトリアム」は，危機は経験しているのだが，コミットメントがない状態である。いわゆる「自分探し」の最中である。

　「拡散」は危機もコミットメントもない状態である。目標もない，目標を探そうともしない場合，ここに当てはまる。

　ところで，青年の自己像について，心理学からはどのような知見が得られているのだろうか。多くの研究で，児童期に比べて，青年期の自己評価は低くなっていることが示されている。たとえば，市原（2004）では小学校4年生から中学校3年生までの児童生徒を対象に，学習に対する有能感についての発達的研究を行ったところ，国語，数学，社会，理科における有能感が加齢に伴い低下する傾向があることが示されている。外山（2003）は知的能力，調和性，誠

実性，身体的望ましさといった4つの領域において，小学校4年生から成人までを対象に調査を行ったところ，知的能力，身体的望ましさの2つの領域で中学校2年生から3年生にかけて，最も自己評価が低くなり，その後上昇することを示した。こうした青年期の自己評価は，客観的な成績や他者からの評判を反映した正確なものかもしれないし，過度に控えめに見積もったものなのかもしれない。

　一般に低い自己評価は不適応の指標とされている。しかし，他者との調和を重んじる日本の文化のもとでは，他者との優劣をつけるような領域で低い自己評価を保持していたとしても，必ずしも不適応に陥るとは限らない。自己評価の低さが不適応を引き起こすか否かの問題については，文化的な文脈を抜きにしては語れない。

4 個性，個人差の問題

温かい目で子どもをみつめる

本章ではこれまでに児童期，青年期の一般的な発達的傾向について述べてきた。しかし，たとえ年齢が同じでも，子どもたちは同一時点で同じ発達課題に取り組むわけではない。発達速度の速い子もいれば，緩やかな子もいるのである。また，子どもたち1人ひとりには個性，個人差がある。たとえば，青年期に入り，反抗の度合いが強くなる子どももいれば，そうでない子どももいる。子ども1人ひとりを理解するうえで，発達理論は1つの指標となりうるが，それを杓子定規的に当てはめればよいわけではない。1人の子どもを理解するには発達理論に加えて，その子ども独自の個性というものに目を向けなければならない。ここでは**カウンセリング・マインド**を取り上げ，1人ひとりの子どもを理解するための視座を提供し

たい。

　カウンセリング・マインドとは，ロジャーズ（C. R. Rogers）の**来談者（クライエント）中心療法**を基盤にした子どもの理解のための基本姿勢であり，**積極的傾聴**による**受容**と**共感的理解**を重視する。

　まずはじめに，ロジャーズは人間を「**自己実現傾向をもつ有機体（生物）である**」と仮定した。ここで，「自己実現傾向」とは，自分をよりよいものにしていこうという欲求を指している。この点でロジャーズの人間観は性善説であるといえる。そして，自分に対する認識の仕方には，現実に体験されている自己と，こうありたい，つまり理想とする自己があり，2つの自己像が一致していない場合に心理的な問題が生じると考えた。ロジャーズによれば，ある人（ここでは来談者という）に心理的な問題が生じた場合，援助者は来談者の話に熱心に耳を傾け（積極的傾聴），その話の内容について批判したりコメントしたりせず（受容），来談者の気持ちをあたかも自分も感じているかのように理解すること（共感的理解）が重要である。こうした援助者の姿勢によって，来談者は自分の問題を明確化でき，解決することができるようになる。ここで重要なことは援助者は来談者に対して助言を与えたり，指導をしないことである。先ほど述べたように，人間には自己実現傾向があり，自分自身で問題を解決し，よりよいものへと成長していく潜在能力を備えている。援助者には，その潜在能力を信じることが要求されるのである。そのため，来談者中心療法は「非指示的カウンセリング」と呼ばれることもある。

冷静な目で子どもを理解する

　さて，ここまで子どもの個性を理解するうえでの基本姿勢となる，カウンセリング・マインドを紹介してきた。これはいわば，援助者が子どもの主観的世界を我がことのように理解することであ

　いつの頃からか,「カウンセリング・マインド」が教師の専門性の1つに入ってきたように思います。教育相談を担当している教師はもちろん,すべての教師がもつべき技量になってきているのではないでしょうか。しかし,「カウンセリング・マインド」とは何であるのかの理解は教師1人ひとり違うように感じます。ある人は,「共感的理解」であるといい,ある人は,「やさしさ」であるといいます。「受容」であるという人もいるでしょう。「すべてを認める」と考える人にとっては,学校教育において「カウンセリング・マインド」は指導をするときの障害となるものとなってしまうかもしれません。初任者研修において教育相談初級研修がほとんどの自治体で必修となっているようです。「カウンセリング・マインドを身につけましょうといわれるが,カウンセリング・マインドっていったい何？」という声を聞いたことがあります。私は,「かかわりを続けていこうとする気持ち」であると考えています。

　人とのかかわりを続けていくためにはエネルギーがいります。特に,自分に攻撃的であったり,教師自身の傷にふれてきたり,あえて距離をおこうとしたりしてくる相手とかかわりを続けていくのは,並大抵のエネルギーでは足りません。それでもかかわりを切らずに,続けていこうという気持ちをもつためにはどうしたらよいのかを考えています。1つは,こちら側のチャンネルはいつも開けておくことなのかなと思います。もう1つは,相手の文化に合わせてチューニングできるようニュートラルにしておくことではないかと思います。普段は校庭で子どもたちと走り回っている私が,朝礼台のところでぼおーっと座っていると,いつもとは違うメンバーがまわりに寄ってきたことがありました。教師側があるチャンネルで子どもとつながろうとすることも必要ですが,ニュートラルでいることで,つながることのできる相手が増える大切さを感じました。そして,その相手とのかかわりを続けていこうという気持ちで接していくこと,それが大切だなと思うのです。

り，問題の経過を正確に把握するには不向きな側面もある。援助者の多くは，保護者，教師であり，時には冷静な目をもって客観的に理解することも必要である。ある方法によって援助を行い，改善効果がないのにもかかわらず，客観的にその効果の有無を測定していないことにより無駄な援助を行い続けるのは許されないことである。客観的な子ども理解の方法には行動観察法，質問紙法，能力測定型テストなどがあり，援助方針の決定や援助による改善効果の測定において有用である。

おわりに　本章では，子どもの発達的特徴を取り上げ，その一般的傾向を紹介しつつ，個性や個人差を理解するうえでの視座を提供してきた。また，子どもを理解するうえで，カウンセリング・マインドや客観的理解の重要性を述べてきた。近年の臨床心理学ではサイエンティスト・プラクティショナー（科学者の目をもった実践家），エビデンス・ベースド・プラクティス（証拠に基づく実践）という言葉に象徴されるように，理論と実践の高いレベルでの融合がめざされている。学校カウンセリング，教育実践でも同様に，理論と実践の高いレベルでの融合が図られ，子ども理解および援助が行われることを期待してやまない。

 引用・参考文献

新井邦二郎編（1997）『図でわかる発達心理学』福村出版

市原学（2004）「学習場面における有能感と興味の発達——小学4年生から中学3年生までを対象とした横断的研究」『筑波大学心理学研究』27，43-50

桜井茂男編（2004）『たのしく学べる最新教育心理学——教職にかかわるすべての人に』図書文化社

外山美樹（2003）「大学生における自己のポジティブ・イリュージョン

に関する心理学的研究」『筑波大学博士論文』（未公刊）

ニュートンプレス（2001）『図解ヒトゲノム――激変する世界』ニュートンプレス

リドレー，M．／中村桂子・斉藤隆央訳（2004）『やわらかな遺伝子』紀伊國屋書店

第3章

教師と保護者の
コミュニケーション

　保護者に学校の方針や教師の意図を伝え，
啓発をしていくことに悩んでいる教師は多い。
お便りや保護者会などで伝えていくことが多
いが，子どもの成長する姿を見たり，感じた
りしてもらうことが何よりの啓発になると感
じている。保護者を子どもと共に歩む重要な
パートナーとして尊重することは，保護者と
チームになるために大切なことである。
　本章では教師としてのすべての保護者との
良好な関係のつくり方と，個別の支援が必要
な子どもの保護者への協力の仰ぎ方を取り上
げ，保護者とのかかわりについて考える。

1 学校における保護者とのかかわりを考える

「先生，お話があるのですが……」と保護者がいきなり学校に訪ねてきたとき，「先生，お時間をいただきたいのですが……」という電話がかかってきたとき，教師の頭の中には「何の話だろう」「うまくないことをしただろうか」「もしかして，あのことか」などの考えがめぐり，心の中では緊張や不安が大きくなってくることを感じることがある。

保護者にとって学校に連絡し，直接面談を申し出るのはそれほど簡単なことではない。最近では自分の感情をおさえきれずに突発的に学校を訪れたり，教師との関係を確かなものにしようと電話をかけたりしてくる保護者もいるが，やはり，一般的によくよく考えての申し出であることが多いだろう。

話の内容の重さにかかわらず，何か事が起きてから保護者とのかかわりを考えていては出遅れの感があることは否めない。

「保護者とチームになるため」に，**保護者との関係づくりも**，1年間を見通して，行っていく必要がある。

保護者と出会えるチャンスを生かす

4月，新しいクラスで子どもたちと出会う。出会う前から教師は，「どんな表情で接するか」「名前を間違えないように呼べるか」「はじめに何を話すか」「最初の作業は何をするか」など，この1年間のことを考え，子どもたちとの出会いの演出を工夫し準備をし，そのときに臨むのではないだろうか。

同様に，保護者とのはじめての出会いにも，エネルギーを使い，気配りをしたい。第1回の保護者会では全体会があり，学年での会

のスタッフの一員として存在し，チームで子どもや家族の支援にあたれるのであれば「家族支援」という言葉に対して，もう少し積極的な反応を得られるかもしれないが，日本の現状ではそうはいかない。しかし，担任がすべてを背負い込まない形での「家族支援」という視点や発想が学校教育の場に必要である。

　特に，教師や学校との関係がスムーズにいかない保護者ほど，実は教師や学校に支援を求めていると感じる。保護者自身も苦しんでおり，子育てや保護者同士のかかわりに対する不安や迷いでいっぱいなのではないか。

　また現在の社会では，生産性に高い価値をおき，その生産性を支えているメンテナンスの部分には価値を見出そうとしていない。そのため大部分がメンテナンスである子育てが，家族の役割として重きをおかれないものになってきている。子育てに価値がおかれなくなってきているということは，子育てにかかわる保護者の自尊感情の低下にもつながっていく。その不安や迷いが形を変えて，教師の目の前に投げ出されているのではないだろうか。もちろん，教師である自分自身の教え方やコミュニケーションについて振り返ることは必要である。加えて，感情的であったり，理不尽であったりする要求をつきつけてくる保護者の意見に耳を傾けることも大切である。しかし，教師自身の感情が揺れて，しっかりと保護者の話を聴けなくなってしまうときがある。そのようなときに，保護者の話を受けとめ，本当に伝えたいことは何なのか，言葉の後ろにはどんな気持ちがあるのかを受け取りながら話を聴くには，保護者が抱えているしんどさや不安を慮り，子どもを含めた家族を支援していくという心構えが大切になってくるのである。

> 教師を支える関係づくり

「だったら，保護者の話は全部受け入れなくてはならないのですか」「言わなければいけないことはきちんと伝えるべきではないですか」という意見を聞くことがある。まさにそのことが大切になってくるのである。

関係づくりにおいて必要なものの1つ目が，「**アサーション**」（相手を尊重しながら自分の主張をしっかり伝える）や「**ソーシャルスキル**」（第7章参照）の技法である。話を聴くということは，相手の要求をすべて承諾するということではない。相手の言葉の後ろにある気持ちを理解しながら聴くということなのである。教師自身の思いや考え，学校としての立場からの話も伝えてよいのである。むしろ伝えていかなくてはならないだろう。

ただし伝え方にはちょっとしたコツがある。はじめから結論を用意している聴き方をしたり，相手の話をさえぎってこちらの言い分を言ったりしては，関係は壊れてしまって当然である。そのときに知っていると有効なのがアサーションやソーシャルスキルなどの技法である。相手が心地よさを味わえるような話の聴き方をしたのちに，相手も自分も大切にする表現の仕方で，自分の思いや考えを伝えることができるようになる。

2つ目は，教師自身がもつ周囲からの支え，**ソーシャルサポート**である。これまで述べてきたようなことを行うには，たくさんのエネルギーが必要であり，かなりのストレスがかかる。なかなか保護者に誠意が伝わらず，教師自身の自尊感情が傷つけられることも起こりうる。そんなときに大切になってくるのが，**教師同士の人間関係**ではないだろうか。教師は「助けて」と援助要請をすることが不得手といわれている。教師自身が不満や怒りをたくさん溜め込んでいては，保護者の気持ちを聴くということは難しい。保護者を支え

　「なあ，俺，頑張れるかなぁ……」数カ月の病欠を経て，学校に
復帰した教師がぽつりと言った言葉です。教師には，頑張る人が多
いと思います。目の前の子どもたちのために，自分が思い描いてい
る学級に近づけるために，教師という仕事の理想のために，ひたす
ら頑張る人がとても多いと思います。それ自体は悪いことではない
と思っています。でも，だからこそ，立ち止まったり，やめたりす
ることができないのではないでしょうか。

　近頃，いろいろな理由で学校に行けない教師が増えています。ぎ
りぎりまで頑張った結果，薬に頼らざるをえなくなってしまった教
師は増え続けています。なぜ，そこまで頑張ってしまうのでしょう。
なぜ頑張らなければならないのでしょう。自分のプライドが傷つい
てしまうからでしょうか。同僚たちもそれぞれいっぱいいっぱいで
頑張っているからというやさしさからでしょうか。自分のつらさを
人に話しても何も変わらないと思うからでしょうか。教師は子ども
の愚痴を言うべきではないという気持ちからでしょうか。この子ど
もたちにとっては担任は自分しかいないと思うからでしょうか。教
師は，なかなか「助けて」と言えない仕事なのかもしれません。う
まくいかないのは自分のせいであると思っている人が体調をくずし
ています。だとしたら，まわりの人たちがブレーキをかけてあげた
り，「どう？」と声をかける必要があるのだろうと思います。教師
は，孤独に頑張ってしまう仕事なのかもしれません。だからこそ，
まわりの人が手をさしのべる必要があるのだろうと思います。

　また実は，頑張っている人は，まわりにも「頑張ろう！」という
メッセージを発していることが多いのではないでしょうか。これは，
追いつめられている人には，つらいメッセージとなって伝わるのか
もしれません。「あなたはうまくやっていると思っていた。だから
相談しづらかった。自分がだめだと思っていたから。あなたも大変
なんだということがわかって，つらいことを話せた」と同僚から言
われたことがありました。自分としてはそんなつもりはなかったの

ですが，そのような空気を出していたのかと反省しました。
　学校というところは，自分は1人ではないということを実感できる場であるべきだと思います。それは，子どもだけでなく，保護者や教師自身にもあてはまると思います。

るために，保護者の人的支援の環境を整えていくことはもちろんであるが，同時に，教師自身の人的支援の環境も整えていく必要があると考える。

　そして，教師自身がコミュニケーション能力を高めることに，よりいっそうの力を注いでいくことが大切になる。人と人がかかわるために大切な想像力と相手を思いやる気持ち，自分の思いや願いを上手に表現するスキルを身につけていきたい。そのことが，保護者との敵対関係を予防する有効な手だてとなっていくに違いない。

2　保護者との個別のコミュニケーション

保護者へのコンサルテーションの基本姿勢

これまでは，すべての保護者との良好な関係のつくり方について述べてきた。ここでは，学校の中で特別に配慮を要する子どもや，不適応の問題など，個別の支援が必要な子どもの保護者に協力を仰ぐ必要性が生じて，保護者と個別にコミュニケーションをとる場合に焦点を当てることにしよう。

　このときに大事なことは，保護者を子どもと共に歩む重要なパートナーとして尊重することである。**保護者面接**に臨むにあたっての基本姿勢として，表3-1のようなものが挙げられる（小林，2002）。

　概して，教師は，保護者に心情的に寄り添うことが難しい。普段，

表 3-1　保護者面接でのアドバイス
① 保護者を立て，苦労を十分に汲み取る（努力を肯定し，保護者に肩入れする）。
② 問題性を認めても，夫婦関係の問題は扱わない。
③ 親子関係ではその不一致やずれを解消しようとしすぎない（問題点の指摘にとどめるくらいでちょうどよい）。
④ 保護者がどうしても言いたいこと，したいことは，逆効果と思われることでも，効果が薄いことを伝えたうえで無理にやめさせない。
⑤ 常識にかなったことは，効果がなくても，即効性のないことを含んだうえで行わせる。
⑥ 自分の言うことが世間の常識から外れていないかを吟味する。
⑦ かかわる側自身の年齢，性別の影響をしっかり頭に入れておく。
⑧ かかわる側自身の原家族との関係性や問題を整理しておく。

子どもと接しているだけに，立場上，子どもの味方になりやすい。その分，保護者の味方になりにくいのである。子どものためと思うほど，「保護者がもう少し努力してくれればよいのに……」と，保護者に要求をしてしまいたくなる。このようなときに事態はこじれるのである。それを戒める意味でも，①は重要である。

②から⑤までは，保護者面接での一般的な技術について述べたものである。②は，あくまでも，子どもの支援のために親役割の部分にアプローチをすることを強調している。夫婦関係の問題を扱うのは，家庭裁判所や結婚カウンセリングの領域である。あくまでも子どもの「お父さん」「お母さん」の文脈で面接を行う必要がある。③は親子関係にしても，家族関係にしても，何かの問題点を見出したときに，それを改善するように指示しても，なかなかよい方向には変化していかないこと，まずは問題点の指摘にとどめておくことを指している。④⑤は，逆効果であることでも，あるいは効果がないことでも，保護者がその方法に固執している場合には，やはり，そのことを指摘はしても，法に反していない限りは，やめさせるよ

うなことはしないことの重要性を述べている。

⑥から⑧は，かかわる側について吟味をする必要性を述べている。自分の価値や体験がほかの人と同じではないことへの吟味と謙虚さが必要であるということである。ほかの家の家庭教育がどのようであるのかは，隣家でも親戚縁者でも内実を知らない。つまり，家庭については，自分が育ってきた家庭と，自分がつくりあげている家庭しか実質的に知らないのである。それゆえに，自分が生まれた家族の中でどのように育ってきたのかの吟味が必要であるし，安易に家庭教育はこのようにあるべきだと一般化して言えるものではない。また，自分が保護者からどのようにみられているのかについてもわかっておかねばならない。若い年齢の場合と，ベテランとなり自分より年下の保護者と会う場合とでは，当然，会い方は異なってくる。

保護者面接のコツ　特に重視したいのは，最初の保護者との個別面接である。最初の保護者面接で大切にしたいことは，表3-2に挙げた4点である。

特に重要なことは，①「主訴の明確化」である。必要があって保護者を呼び出す場合でも，保護者が何かを相談しにきた場合でも，保護者が何を問題としていて，その問題がどのようになったらよいと願っているのかを明確にしなければならない。そして，教師側のどのようになったらよいのかの願いとをすり合わせていくのである。特に，教師の側が問題を感じ，保護者を呼び出す場合には，問題点を伝える以上に，教師として，子どもがどのようになることを願って，保護者にご足労を願ったのかの説明を行い，そのうえで，保護者の側が願っていることを確かめていかなければならない。

②は，これまでの経緯について，保護者から話を聞くことである。この中で，保護者が子どもにどのようにかかわってきたのかを，①との関連で聞いていく。この場合，保護者のかかわり方に問題を見

> ①　主訴の明確化：何を問題としていて，どうなりたいと思っているのかの目標の共有。
> ②　今までしてきたことは何かを尋ねる。
> ③　保護者が原因と考えることを尋ねる。
> ④　広く家族を視野に入れる。

出すのではなく，むしろ，保護者のかかわりの中でよいところを見出すようにする。

③は，保護者の問題の理解の仕方の癖を見出すためである。保護者が考えている理解の仕方を少し変化させるだけで，子どもへのかかわり方が大きく変わる場合も少なくないからである。

④は，それぞれの家族が，この問題をどのようにみていて，どのようにかかわっているのかを聞くことである。家族全体のかかわりを理解しておく意義もあるが，それ以上に，今後，支援者として活用できる家族を探すという意味もここには含まれる。

Episode　5歳の兄が2歳の弟をいじめているとの母親の相談で……

　　教師は「お兄さんが弟くんに嫉妬しているようですね」と，母親の問題に対する理解の筋を少し変化させ，「それだけ，お兄さんはお母さんが大好きなんですね」と母親に語った。その言葉が，母親の「弟をいじめる悪い兄」との理解から，「母親が大好きな兄」という理解へと大きな転換をもたらしたのである。その後，母親の兄への態度が一変し，問題は解決していった。

保護者面接でのアドバイスについて

どの回でも，お土産のような形でアドバイスを述べることがあるであろう。表 3-3 にアドバイスをする場合の心得を 7 つ示しているが，この中で，一番大事なのは，①の目標の共有である。アド

表3-3　保護者へアドバイスをする場合の7つの心得
①　かかわる側が考える問題解決の目標や，少し先の見通しを伝え，話し合う。保護者の願いとの関連に注意しながら，目標の共有が図れているのかを確認する。
②　これまでのかかわりで，適切と思われることを指摘し，肯定し，それを続けるように促す。
③　過去に行っていて，現在はやめていることで，適切と思われることは再開するように促す。
④　最近の具体的なやりとりのエピソードの中から，象徴的な場面を選び，明確に映像化して理解するようにする。
⑤　指示は具体的で少しの努力でできることを選ぶ。
⑥　課題を出したら，必ずそれについてはどのように行ったか，具体的に確認する。
⑦　好転・変化がない場合には，かかわる側の責任にして謝る。

バイスとは，かかわる側が保護者に目標を示し，その目標との関連で与えていくものである。それゆえに，保護者面接の最初の段階で把握した保護者のめざす方向「どうなりたいか」と，こちらの目標とそこで示す方法とが一致するものでなければならない。

　②から⑤は，アドバイスを定めるときのアイデアや工夫であり，⑥⑦はアドバイスを与えた場合に配慮することである。

保護者からのクレーム対応での基本姿勢

クレームとは，基本的に要求，要望のことである。その中に，無理難題や難癖をつけるかのような性質のものもある。保護者と**協働**して子どもの支援をしていくためには，クレームのような敵対関係は望ましいことではない。このマイナスの関係を，どのように協働できる関係に向けていくのかが，この場合のめざす方向性である。その基本的な応じ方として，表3-4の6つが考えられる。

　以上が基本的な対応であるが，詳細な対応などについては，引用・参考文献（小林監修／早川編，2015）を参照してほしい。

表3-4　クレーム対応における基本姿勢

---

① 1人で抱え込まず，必ず責任のある人に報告し，複数の人間で一緒に事に臨む。
② 不快な感情に目を奪われず，保護者の背後にある真意を探り，要求をしっかりと把握する。
③ 保護者の心情に寄り添う——保護者の語る言葉で重要な部分を繰り返す。しかし，心情に寄り添うものの，無理難題には簡単に妥協はしない。
④ 原因の追究ではなく，子どものために問題解決に結びつくことに意識を集中する。
⑤ 仕切りなおしを試み，目標を共有することをめざす。
⑥ 学校での対応では無理と判断した場合は，専門家の力を借りる。

 引用・参考文献

小林正幸（2002）『家族へのカウンセリング』（幼児カウンセリング講座2）田中教育研究所

小林正幸監修／早川惠子編著（2015）『保護者とつながる 教師のコミュニケーション術』東洋館出版社

小林正幸・有村久春・青山洋子編（2004）『保護者との関係に困った教師のために——教師の悩みに答えます』ぎょうせい

小林正幸・大熊雅士編（2007）『現役教師が活用する仕事術——大学では学べない教師学』ぎょうせい

関根眞一（2006）『「苦情学」——クレームは顧客からの大切なプレゼント』恒文社

副島賢和（2007）「親とのかかわりを深める工夫」『児童心理』6月号，35-39

園田雅代・中釜洋子・沢崎俊之編（2002）『教師のためのアサーション』金子書房

畠中宗一（2003）『家族支援論——なぜ家族は支援を必要とするのか』世界思想社

第**4**章　学校カウンセリングの組織と連携

第**4**章

　人は数多くの人とのかかわりの中で成長する。遊んでくれる人。話を聞いてくれる人。優しく見守ってくれる人。力強く導いてくれる人。異なる個性をもった人とのふれあいの中で，子どもの豊かな心が育っていく。別々の個性をもった大人が，「子どもの健やかな成長を願う」という同じ思いでつながったとき，子どもの健やかな成長を促す最良の環境が生まれる。本章では，学校カウンセリングの組織と連携について考えていく。

1 学校カウンセリングにおける連携

連携の意義と必要性 学校カウンセリングを実施していくうえで，組織と連携はきわめて重要である。学校カウンセリングは，子どもの全人格的な成長を促進し，問題を抱えてしまった場合には多角的な視点や方法から支援する活動である。たとえば，不安症（不安障害）があるために別室登校状態に陥った中学生への支援を考えてみよう。このような場合，「投薬による不安症状の軽減」「本人の焦りやとまどいの緩和」「学校適応や仲間関係の調整」「授業欠席による学力低下への対策」「級友への説明」「身体症状が出た場合の保健室での支援」「時間差登下校などの配慮」「本人の状態と希望に基づいた進路相談」「保護者支援」などが考えられる。

このような支援を行う場合，専門性や労力から考えて学級担任だけがかかわることは不可能であり，不適切である。かかわるべき学校内の人間としては，「学級担任」「管理職」「学年主任」「副担任」「教科担任」「学年教師」「養護教諭」「生徒指導主任」「進路指導主任」「教育相談担当教師」「スクールカウンセラー」などが考えられる。また，学校外の専門家としては，診断・投薬を行う「精神科医」，心理療法を行う「臨床心理士・公認心理師」がかかわる必要があり，病院や教育相談所・児童相談所などとの連携が考えられる。

学校は，伝統的に**校務分掌**という組織形態をとる。

校務分掌：教育目標を達成するために必要な業務を所属教職員が分担・処理していくことである。学校ごとに異なり，校務分掌を

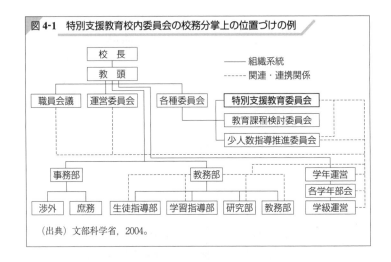

図 4-1　特別支援教育校内委員会の校務分掌上の位置づけの例

```
        ┌─校　長─┐
        ├─教　頭─┤          ── 組織系統
                             ---- 関連・連携関係
  ┌────┬────┬────┐
職員会議 運営委員会 各種委員会 ── 特別支援教育委員会
                          ├─ 教育課程検討委員会
                          └─ 少人数指導推進委員会

  ┌─事務部─┐        ┌─教務部─┐        学年運営
                                        各学年部会
  渉外  庶務  生徒指導部 学習指導部 研究部 教務部  学級運営
```

（出典）文部科学省，2004。

示す組織図が作成されていることが多い。

　こうした組織は，日常的に，あるいは緊急時に学校カウンセリングにおける連携を促すうえで，重要になる。学校組織の中にスクールカウンセラーや，特別支援教育の組織をどのように位置づけるかを工夫していく必要がある（図 4-1）。

3 段階の心理教育的援助サービスと連携

　　　　　　学校カウンセリングは，問題が起こってから対応するという活動にとどまらない。子どもがよりよく生きていくために心を育てることや，問題を積極的に予防するための活動も含まれる。日本の学校心理学においては，図 4-2 のような「**3 段階の心理教育的援助サービス**」として整理されている（学校心理士認定運営機構編，2020）。

　一次的援助サービスは，現在問題を抱えていない子どもに働きかけ，よりよい成長を促し，将来的に問題を抱えないような力を育て

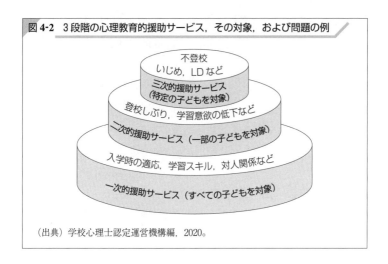

図4-2 3段階の心理教育的援助サービス，その対象，および問題の例

不登校
いじめ，LD など

三次的援助サービス
（特定の子どもを対象）

登校しぶり，学習意欲の低下など

二次的援助サービス（一部の子どもを対象）

入学時の適応，学習スキル，対人関係など

一次的援助サービス（すべての子どもを対象）

（出典）学校心理士認定運営機構編，2020。

ることが目的である。広い意味ではすべての教育活動が含まれるが，特に入学時や進級時に行われるオリエンテーション，学級づくりをめざした構成的グループエンカウンター（第6章参照），社会性の育成をめざしたソーシャルスキル教育（人とかかわる技術を獲得させることを目的として開発された教育：第7章参照）などが一次的援助サービスの代表といえる。一次的援助サービスは，学級，学年にかかわる教師同士の連携，あるいは一次的援助サービスについて専門性をもつスクールカウンセラー，外部の専門家などと連携して行うことも考えられる。

　二次的援助サービスは，問題の徴候（登校しぶり，学級での孤立など）を示していたり，今後問題を示す危険性のある子ども（転入生，家庭に困難を抱えている子どもなど）を対象とした援助サービスである。今後深刻な問題になることを予防するための，早期対応である。二次的援助サービスは，学校内にいる教師やスクールカウンセラーが主に行う。必要に応じて学校外の専門家からコンサルテーシ

ョンを受けつつ，日常的に接することが多い教職員（特別支援教育担当教員やスクールカウンセラーを含む）間の連携によって実施される。

三次的援助サービスは，特別な援助を個別に提供する必要のある特定の子ども（発達障害のある子ども，不登校状態に陥っている子どもなど）への援助サービスである。三次的援助サービスは，教師もかかわるサービスであるが，特別な援助を個別に提供する必要があるため，カウンセラー，心理士（公認心理師，臨床心理士，学校心理士，臨床発達心理士など），精神科医，作業療法士，言語療法士，児童福祉司などの専門家もかかわる必要がある場合が多い。したがって，学校外の専門機関でも継続的な支援を受けることが望ましい。学校内での連携，学校外機関・専門家との連携が活発に行われることが必要である。

2 主な連携の形態

個々の子どもは，教師が単独で支えているのではない。不登校の問題であれ，特別な支援が求められる子どもであれ，何らかの個別支援が必要な子どもが出てきた場合には，複数の人間が互いに協力をしながら，チームでかかわるほうが効果的である。チームで互いに連携しながらかかわるときの形態と，そのときに必要な力について述べておこう。

| ファシリテートする力 |

ファシリテートとは，指導者としてではなく，支援者，促進者として，仲間としてその場をつなぎ，課題や目標や解決策を引き出しつつ，役割としてではなく，共にあり続け，関係者の意思をまとめていくことである。

ファシリテートする力とは，学校内で仲間と協力関係をつくっていくうえで，特に必要とされる力であり，学校にこのような力をもつ教師が多ければ多いほど，全体が円滑に回っていく。

　必要なことは，仲間の立場を尊重しながら，他方で，問題を客観的に眺め，互いのめざす目標を共有できるように前向きな意見を的確に出していく力である。解決策を考える場合も，多くの人からアイデアを募り，また，自分もさまざまな方向から解決策を提案する柔軟な問題解決志向性が必要であるだろう。

コーディネートする力　　コーディネートする力とは，内外の人材の力を借り，協働してチームで問題解決にあたれるように全体を調節することで，さまざまな条件・要素を統合調整し，ある方向に向かって助言しながら進行させる力のことである。これは，主幹や学年主任や生徒指導主任，教育相談主任など，役割上，教員集団をまとめる役目の人や管理職に必要な力である。

コンサルテーションを受ける力／する力　　校医やスクールカウンセラー，教育委員会や教育相談室，児童相談所，警察などに子どもへの対応について助言を仰ぐコンサルテーションを受ける力が，若手教員のうちには必要となる。報告を怠らず，問題点を整理して，自分が望んでいる支えについて的確に伝える必要がある。そして，これまでの自分の努力についても簡潔にまとめておき，助言をする者の助言を的確に引き出せなければならない。

　また，ベテランになるにつれて，後輩を上手に導き，教えることや，保護者との面接でも，コンサルテーションの技量が必要になる。第3章2節の「保護者面接のコツ」や「保護者面接でのアドバイスについて」で，コンサルテーションに必要な技量を述べたので，そこを参照してほしい。助言をする相手が何を問題とし，どうなりた

いのかに意識を集中して、そこに向けてアイデアを出し続けるのが、コンサルテーションの基本である。

コンサルテーションを
受ける際の留意点

子どもの問題に直面したとき、1人で抱え込まず、助言を仰ぐことは重要である。その際、教師にも守秘義務が存在するため、原則としては、保護者の許可が必要となる。しかし実際にはそれが困難であることも多い。学校内、さらには各専門機関を含めて協力体制を形成する際には、その場で情報を共有することが不可欠となるため、そこで知り得た情報については各人が他に漏らさないという**集団守秘義務**が発生する。その点を確認し、個人情報の扱いには十分留意する必要がある（第1章4節も参照）。

また、現場で生かせる的確な助言を引き出すためには、基本的には保護者にコンサルテーションを行う際の姿勢を逆の立場から考えるとよい。対人関係面、行動面、学習面、運動面などの視点から子どもの現在の実態を把握し、「何に困っていて、どうなったらよいのか（問題と目標）」「問題はどうして起きているのか（原因）」「これまでどんな対応をして、どうなったのか（対応と変化）」を整理しておくとポイントが絞りやすい。

リファーする力

リファーする力とは、専門機関への紹介を行っていくために必要な力のことである。ここで大事なことは顔の広さである。専門機関とのかかわりがある場合には、地域の専門機関の専門家とできるだけ顔を合わせるようにしておく。顔見知りであることが、専門家との連携では、実は、一番大きな力となる。

生徒指導主任や教育相談主任などになった場合では、地域で活用できるさまざまな専門機関の一覧を作成するようにする。その作成にあたっては、直接、その専門機関に足を運ぶことや、その専門機

関の専門家と顔見知りの教師を校内で探しておくなどの工夫が必要になる。

リファーする際の配慮事項

専門機関にリファーする必要がある場合には，管理職，教育相談担当，特別支援教育コーディネーター，養護教諭，スクールカウンセラーなどと子どもの状態を十分に検討してから，適切な機関にリファーすることが重要となる。そのうえで，誰が，どのような形で，保護者と子どもに伝えるとよいのかについても検討することが求められる。

専門機関を紹介されることによって，保護者は「子どもや自分に問題がある」と指摘されているととらえ，強い抵抗感を示したり，「学校から見捨てられた」と怒りや不安が喚起されたりする場合もある。そうなると，協力しながら子どもを支援していくことが難しくなることもありうる。そのため，保護者と子どもが納得のいくような丁寧な説明が必要となる。

教師は子どものために保護者と共に歩んでいくパートナーであり，味方であるという姿勢を示し，今後も協力して取り組んでいく意思を伝えることが前提となる。そして，なぜ専門機関に行く必要があるのか，そこでどんな支援を受けることができ，どんな効果が期待できるのか，どのような専門家がいるのかなどを丁寧に説明し，少しでも不安を軽減できるよう配慮することが望まれる。保護者だけでなく，子どもにも年齢に応じた説明が必要であり，その進め方についても検討できるとよい。

医療機関や民間の相談機関などでは，費用がかかるため，家庭の経済状況によっては配慮する必要がある。また，それらを紹介する際には，1カ所だけを紹介するのではなく，いくつかを紹介し，それぞれの特徴，メリット，デメリットなどを伝え，保護者に選んで

もらうような対応ができることが望ましい。

　専門機関への申し込みは保護者が直接行うことになるが，リファー先に事前に連絡を入れておいてほしいという希望があれば，管理職を通して，そのようにすることも可能である。また，必要があれば学校と専門機関で情報交換をし，連携をとりながら進めていくこともあるが，その際には保護者の許可をとるのが原則であり，抵抗感を示す保護者もいることから，十分に配慮をする必要がある。

さまざまな専門機関

(1) 児童相談所

　児童福祉法に基づき都道府県と指定都市等に設置が義務づけられている。児童福祉司（ケースワーカー），心理職，医師などの職員がおり，18歳未満の児童の養護相談，発達・障害相談，しつけや性格・行動面の相談，非行相談などに応じる。虐待が疑われる場合，学校と措置権のある児童相談所との連携が不可欠となる。一時保護，児童養護施設への入所の検討も行う。

(2) 児童家庭支援センター（子ども家庭支援センター）

　子どもと家庭の問題に関する総合相談窓口になっており，その機能は地方自治体によって多少異なるが，虐待の通告も受け，児童相談所とも連携をとりながら支援を行う。ショートステイや一時保育，子育てサークルの支援などのほか，家庭環境が経済的に厳しい場合や保護者が病気の場合には生活保護担当のソーシャルワーカーと協力した支援や，育児支援ヘルパーの派遣などの具体的援助の検討など，地域のネットワークづくりの要になる。

(3) 教育相談センター・教育相談所（室）

　学校にとって最も身近な相談機関として，都道府県や市区町村の教育委員会が所管する。来所，電話，訪問，巡回などの相談形態があり，養育，教育，非行，性格・行動，心身の障害に関する相談などに心理職や教職経験者が応じる。継続的なカウンセリングや心理

療法を行うとともに，必要に応じて知能検査も含めた心理検査を実施し，援助に生かす。

(4) 特別支援学級・通級による指導（特別支援教室）

市区町村などの教育委員会が所管しており，特別支援教育に際して連携が必要になる。特別支援学級には，知的障害，肢体不自由などの学級があり，より手厚い支援が必要な場合に少人数で1人ひとりに応じた教育を受けられる。通級による指導では，自閉症・情緒障害，言語障害，難聴などを対象としており，児童生徒の実態に応じて，週1〜8単位時間，在籍学級から通級し，支援を受ける。自治体によっては，各校に特別支援教室という形で設置されている。いずれも，管理職，教育委員会との連携が必要になり，各自治体によってシステムが異なるため，十分に熟知しておく必要がある。

(5) 発達障害者支援センター

都道府県が設置しており，ケースワーカーや心理職などが相談にあたる。発達障害の早期発見と発達支援，保育・教育における支援，成人への就労支援や生活支援などを行う。

(6) 適応指導教室（教育支援センター）・相談学級

不登校の子どものために教育委員会が設置している学級であり，その形態や児童生徒の対象の範囲，指導内容などは地方自治体によってさまざまである。教職経験者，心理職，学生ボランティアなどが指導にあたっている。

(7) 医 療 機 関

医学的検査，診断，服薬など医療的なケアを行う。公立の病院，総合病院，民間のクリニックなど，一口に医療機関といってもさまざまであり，子どもの症状によっても，どのような科を受診すればよいかが異なる。また，医療従事者のほかに心理職，福祉職，言語聴覚士，作業療法士などの専門職が勤務する医療機関もある。

⑻　**精神保健福祉センター**

　各都道府県，指定都市に設置されており，心の健康相談，精神医療に関する相談，アルコール・薬物に関する相談，思春期精神保健相談などに応じる。

⑼　**少年サポートセンター・少年補導センター**

　各都道府県警察または各自治体に設置されており，非行や不良行為，犯罪の被害等に関する相談に応じる。

*

　詳細については，小林・嶋﨑編（2020）を参照のこと。

3 教師とスクールカウンセラーの連携

連携の前提：お互いを知る

　日本においてスクールカウンセラーが本格的に導入されたのは 1990 年代半ばである。

> **スクールカウンセラー**：公認心理師，臨床心理士，精神科医，心理学系の大学の教員など，臨床心理に関し高度に専門的な知識・経験を有する者であり，児童生徒へのカウンセリング，教職員および保護者に対する助言・援助を行う。公立中学校を中心に配置が進められ，小学校，高等学校にも広がりつつある。基本的に，週 1 日 8 時間程度の非常勤である。私立学校の場合は，学校によってさまざまな形態がある。

　不登校やいじめの問題に対応するため，当初は活用調査研究委託事業として始められたスクールカウンセラー事業だが，少しずつ日本の教育現場に定着しつつある。スクールカウンセラーが有効に機能するためには，スクールカウンセラー個人の力量だけでなく，教

師とスクールカウンセラーがどのように連携するかが鍵となる。連携のためには，まずはお互いのことをよく知らなければならない。教師の立場からは，スクールカウンセラーについて知ることが大切である。今までどのような仕事をしてきたのか，あるいは現在ほかではどのような仕事をしているのか。カウンセリングや臨床心理学の中でも，特に専門としているのはどのような領域かなどを聞いてみてもよいであろう。反対に，スクールカウンセラーに学校のことを知ってもらう必要がある。一般的な現在の学校制度や抱えている問題について知ってもらうことに加えて，その学校の特徴，歴史，抱えている問題などについて知ってもらうことも大切である。「学校要覧」「年間行事予定」「学校便り」などをスクールカウンセラーに渡すことも効果的である。

連携のポイント

(1) 連絡調整役の設定

すべての教職員とスクールカウンセラーとが自然に連携できることが理想的だが，やはり連携の中心となる連絡調整役がいたほうがよい。教育相談や生徒指導の担当教師，養護教諭，特別支援教育コーディネーターなどの中から，学校の分掌や適性に応じて連絡調整役を選択する。

(2) 宣伝と紹介

スクールカウンセラーは勤務日数も少なく，授業を担当していないため，その存在が児童生徒や保護者になかなか知れ渡らないこともある。したがって，集会でのあいさつや，学校便りや広報物などにより宣伝活動をすることが望ましい。また，教師がスクールカウンセラーを児童生徒や保護者に紹介することにより，来談しやすくなることも多い。

(3) 相談室の運営ルールの設定

相談室の運営のルールを教師とスクールカウンセラーとが協働し

てつくることが大切である。特に問題となりやすいのは，授業中の児童生徒へのカウンセリングである。学校としては，「授業中は授業を受けてほしい」「カウンセリングを言い訳に授業エスケープを認めることになるのでは」などの懸念がある。一方でスクールカウンセラーは，「場合によってはカウンセリングのほうが授業より重要である」「授業中に教室にいたくない子どもの気持ちも受けとめるべきである」などの考えをもつこともある。問題が起こる前に授業中のカウンセリングについて原則を決めると同時に，お互いの信頼関係のもと，柔軟にルールを運用していく必要がある。

(4) 守 秘 義 務

守秘義務についても，教職員とスクールカウンセラーとの考え方が一致せず，連携の妨げになることもある。学校はどちらかというと「報告義務」文化であり，できるだけ教職員で情報を共有することを望む。一方で，スクールカウンセラーは「守秘義務」文化の中で訓練や実践を積んできた人が多い。相談内容はもちろん，誰が来談したかについても他の教職員には秘密にしておきたいと考えることも少なくない。第1章4節中の「集団守秘義務とチーム支援」を参考にしつつ，子どものためには誰とどの程度情報を共有したほうがよいのか，状況に応じて考えていく必要がある。

(5) 授業参観・学校行事の参観

授業参観や行事の参観は，問題を抱えている子どもが集団の中でどのような行動をしているのか，学級・学校全体の雰囲気を把握するうえでスクールカウンセラーにとっても重要である。スクールカウンセラーのほうからは授業・行事の参観を言い出しにくい場合もあるので，教師のほうから積極的に誘ってみるのがよい。

連携のパターン

図4-3にAからFの，教師とスクールカウンセラーとの連携のパターンについて示

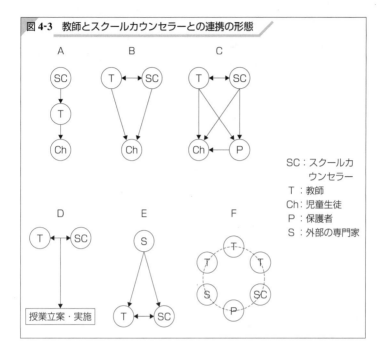

図4-3 教師とスクールカウンセラーとの連携の形態

SC：スクールカ
　　ウンセラー
T：教師
Ch：児童生徒
P：保護者
S：外部の専門家

した。

　Aは，スクールカウンセラーは児童生徒と直接かかわらず，教師にコンサルテーションを行う。

　Bは，スクールカウンセラーと教師の両者が協働して児童生徒とかかわる。同じ場，同じ時間に3者で話をする場合もあるが，それぞれが別の場所や時間に児童生徒とかかわることもある。

　Cは，スクールカウンセラーと教師が協力して，児童生徒とその保護者とかかわる。4者が同時に話し合う場合，あるいはスクールカウンセラーが子ども担当，教師が保護者担当と分担する場合などいろいろな形が考えられる。子どもと直接かかわれない場合は，この型の変形版である。

Dは，スクールカウンセラーと教師が協働して，授業を立案し，実施する。

Eは，外部の専門家（公認心理師，臨床心理士，精神科医，児童福祉司など）からスクールカウンセラーと教師が共に助言を受ける型である。

Fは，スクールカウンセラー，教師，場合によっては専門家や保護者が会議や検討会を行う。

これらの6つは，典型的なパターンであるが，これ以外にもさまざまな連携が考えられる。問題の性質などによって，効果的な連携の仕方を柔軟に考えていく必要がある。

4 教育相談・生徒指導における連携
● 不登校対策を例に

担任が孤立しない支援
チームづくり

この節では連携を意識した取り組みとして不登校対策を例に解説していく。まず，不登校への対策においては，学校全体で担任教師が孤立しないシステムをつくり，1人で抱え込まず，まわりの者と共に支え合っていくことが大切である。特に，情熱あふれる若手教師が不登校の子を担任した場合においては，若さゆえに自己の判断で対応してしまい状況を悪化させたり，保護者とのトラブルに巻き込まれたりする例が多い。不登校の子どもをはじめて担任する若手教師にとってもやさしい，「不登校への対応はチームで取り組むのがあたりまえ」という雰囲気を学校全体に醸成させたい。ピンチのときには全員で動くことのできるシステムは，日々の実践のひと工夫の積み重ねで実現できる。

朝，家庭からの欠席の連絡を受ける場合，たとえ「頭痛」「腹痛」「風邪」で病欠という報告であっても，日々の子どもの様子から，「不登校であるかもしれない」と，直感できる感性がほしい。筆者の経験では，今まで，「不登校で休みます」と朝の連絡を受けたことは一度もない。

多忙の中ではあるが，朝の子ども1人ひとりの出席状況の確認は欠かせない。「クラスで何人の欠席」でなく，「クラスの○○さんが欠席」という把握をしたい。保護者からの欠席の連絡が遅れている場合には，できるだけ早めに家庭と連絡をとって，理由を明らかにする。

休みが2日続いたら，朝保護者から連絡があったとしても，再度，放課後などに家庭と連絡をとり，さらに，休みが3日続いたら，学年の教育相談担当に報告する。家庭訪問を中心とした家庭との連携から，深刻さを感じる場合には，教育相談担当を通じて週1回開催される校内の不登校対策連絡会議で話し合ってもらう。会議で必要があると判断されれば，スクールカウンセラー，相談員などとの相談を早期に実施する。

なるべく週1回の不登校対策連絡会議を実施するとよい。この会議によって，学校全体での不登校生徒の共通理解とチーム対応の進め方を検討していく。メンバーは，校長，教頭，スクールカウンセラー，相談員，養護教諭，教育相談主任，特別支援教育コーディネーター，各学年教育相談担当などとする。毎週定期的に必ず実施するには，メンバーの時間割を週1時間同じ時間に空けて，授業時間内に会議を行うとよい。不登校対策は，校長や教頭のやる気にかかわる部分が大きいので，校長や教頭の参加は欠かせない。また，

表 4-1　校内支援チームの組織とその役割

キーパーソン ・担任 ・養護教諭など	・本人と心でつながり合う。 ・積極的にかかわる。 ・抱え込まず，常に協力を求める。 ・まとめ役への連絡を欠かさない。
まとめ役 ・教頭 ・教育相談主任 ・生徒指導主任 ・学年主任など	・チームの連絡調整をする。 ・メンバーへの助言をする。 ・心の通じ合う組織の要となる。 ・すべての情報をまとめ役に集中させる。
メンバー ・校長 ・相談員 ・部活動顧問 ・前担任など	・少人数で機動力を発揮させる。 ・日常的に連絡を取り合う。 ・個性に合った役割分担をする。 ・情報を共有し合う。

不登校と発達障害の問題をリンクさせて考えることが重要であるので，特別支援教育コーディネーターの参加も必要である（特別支援教育との連携については本章5節で詳しく述べる）。

校内支援チームの活用　不登校の早期解決には，担任が抱え込むことなく，全教職員が一丸となって適切に対応していくことが必要である。チームとして機動力を発揮させるためには，その子どもに応じた4〜5人の小チームを組織して対応していくとよい。表4-1のように担任などの「キーパーソン」，学年主任などの「まとめ役」と「メンバー」数名で支援チームを組織する。いつ，誰が，誰に，どのように対応するか，具体的に行動できるようにする。チームの動きは，学年会，職員会議などで経過報告して共通理解を図っていく。経過が良好であれば自然解散していく。

| 校内の相談室などとの連携 | 不登校児童生徒の教室復帰に向けて，スクールカウンセラーや相談員との連携は欠かせない。相談員は校内で教師と共に仕事を |

しているが，職種の違いから孤立してしまうことがある。管理職の支えのもと，会議への参加，便りの発行，担任と一緒に出かける家庭訪問の実施など，相談員のほうから教師に相談室を開いておくことが必要である。一方，担任教師のほうも，不登校などの問題が発生する前から，日常的に相談室に通うなどして交流を深めておきたい。この小さな努力が，不登校を予防していく。

また，大学の専門家や巡回相談員などの支援を受けることも考えられる。

実 践 例

▨小中連携による不登校対策事業

(1) 長期欠席出現率と不登校出現率の小中ギャップ

図 4-4 は，文部科学省の学校基本調査をもとに作成したものである。中学校の「長期欠席者」出現率と「不登校」出現率が，小学校よりも何倍多いのかを示したものである。2006 年度の長欠出現率は，中学校が 3.75％ であり，小学校の 0.86％ に比べて 4.38 倍と過去最高となった。不登校の出現率も，中学校が 2.85％ であり，小学校の 0.33％ に比べて，なんと 8.53 倍に達している。さらに近年の不登校の出現率でいえば，2016 年 6.4 倍，2017 年 6.1 倍，2018 年 5.2 倍である。このことは，小学校教育と中学校教育にギャップがあり，小・中学校間の連携がいまだうまくいっているとはいえないことを示しているのではないだろうか。このことへの対策が早急に求められている。

(2) 「小中連携支援シート」を活用した不登校予防対策事業

小学校と中学校がしっかりと連携を結ぶことができれば，小学校と中学校の教育体制のギャップを解消することができ，中学校での

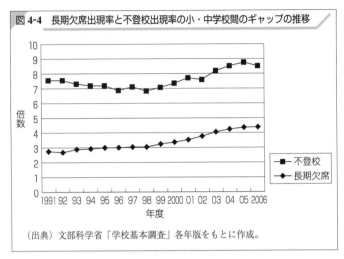

図 4-4　長期欠席出現率と不登校出現率の小・中学校間のギャップの推移

倍数

凡例：不登校、長期欠席

年度
1991 92 93 94 95 96 97 98 99 2000 01 02 03 04 05 2006

（出典）文部科学省「学校基本調査」各年版をもとに作成。

不登校者数の上昇がおさえられるはずである。具体的には，小・中学校で，不登校等の学校不適応を起こす可能性の高い児童生徒についての情報を共有し，校内の生徒指導部，教育相談部の協働のもとに，支援体制，支援方法に一貫性をもたせることができれば，不登校を未然に予防していくことが期待できる。

　そこで，筆者は，2005 年度より埼玉県下 N 市において，「小中連携支援シート」を活用した不登校予防対策事業を行った。この事業は，第 11 章の「実践例」で紹介する 2003 年度からの熊谷市の「小中連携申し送り個票」事業がもととなっている（小林・小野，2005）。熊谷市の取り組みによれば，中学校の不登校生徒の約 75％が「小中連携申し送り個票」対象の生徒であった。そこに着目し，新たに「小中連携支援シート」を開発し，提出されたシートに「紙上コンサルテーション」として対象児童 1 人ひとりについての専門家のコメントを添付し，提出先の小学校と進学先の中学校へ送るシステムをつくりあげたのである。「小中連携支援シート」の対象児童は，以下のとおりである。

　①　小学校 6 年生の 4 月から 12 月までの間に 10 日以上欠席を示した児童。

表 4-2　教育委員会より示された「小中連携支援シート」の活用法

【小学校】
　①　提出年度……シートと紙上コンサルテーションを支援の参考にする。
　②　次年度……校内研修会で紙上コンサルテーションの具体的な支援の方法を共有化。

【中学校】
　①　入学前……シート記載の支援の方法を教職員で共通理解する。
　②　3月中と4月当初に，教育相談部会や職員会議，学年会，あるいは校内研修等を通して，全教職員の共通理解が図れるようにする。
　③　シートと紙上コンサルテーションを個々の生徒への具体的な支援として随時活用する。
　④　3年間支援の参考として活用する。随時情報を加える。

【教育委員会】
　①　小中連携支援シートに挙がってきた生徒の出席状況の把握（月例調査）
　②　①以外の不登校生徒の把握（中1）
　③　中1→中2→中3　不登校増加率の調査

表 4-3　改善率が高い中学校の「小中連携支援シート」活用法

【入学前の対応】
　①　入学準備期間に新1年生の学年会議で1時間かけて全シートと紙上コンサルテーションの読み合わせをして，対応策について共通理解をした。
　②　学年担当，心理職，管理職，生徒指導，教育相談担当，養護教諭との校内連携を強化した。
　③　必要に応じて保護者面接を行い，支援方法や方針について共通理解した。
　④　シートに記述された「本人の好きな教科」の担当教師を担任にするなど配慮した。
　⑤　学級編成に生かした。

【入学後の対応】
　①　管理職が，学年の生徒全員を把握できた時点（6月頃）に再度「紙上コンサルテーション」を読み，支援について教職員と共通理解し，理解を深めた。
　②　1学期の校内研修で，全教職員で情報を共有化した。
　③　シートとコメントを個々の生徒への具体的な支援として随時活用した。

---

　②　1年生から6年生の間に年間15日以上欠席の児童。

　③　ADHD，ASD，学習障害，学業困難やその傾向のある児童。

　④　③以外で小学校に引き続き，中学校進学後に継続して個別の

支援が必要な児童。

　「小中連携支援シート」は，12月末に，小学校6年生の担任が中心となり，その児童の支援に携わったメンバーや管理職が記入する。シートには，対象児童の好きな教科や趣味，活躍の場面，小学校の教師が行った支援など，児童にとって資源となる情報を記載するようにつくられている。作成されたシートは，小学校長から教育委員会に提出され，大学に送付される。そして，専門家が書いたコメントが「紙上コンサルテーション」として，再び教育委員会を経由して，シートと共に小学校，中学校へ届けられるのである。

　なお，2016（平成28）年度から，熊谷市においては，大学の専門家の手を借りずに，市内のベテラン教師がコメントを記入するシステムを導入した。

　市の教育委員会では，表4-2のようなシートの活用法を示した。1年経過した時点で，不登校の出現率が明らかに低下した2つの中学校（1年生計約400人）では，小学校時に8人の不登校がみられたものの5人に減少し，劇的な効果がみられた（早川，2007）。これらの中学校では，表4-3のように中学入学前から対策を講じ，「小中連携支援シート」を活用したことが報告された。これに対して，小学校時よりも不登校出現率を下げることができなかった中学校では，シートは，一部の教師で読むだけにとどまり，1学期中に活用されることが少なかった。

　表4-3のように，管理職と生徒指導，教育相談担当が中心となって，中学1年生の学年担当，心理職，養護教諭らが，小学校と専門家から送られてきた情報を共通理解し，チームで支援にあたったことが，不登校予防対策に高い効果をもたらすということが明らかになった。

　「小中連携支援シート」を活用した不登校予防対策事業は，新潟市，秩父市，神奈川県南足柄市などで実施され成果を上げた。それぞれの地域の実態をふまえたうえで，それぞれに工夫が加えられた（小林監修，2009）。

5 特別支援教育における連携

　文部科学省初等中等教育局長（2007）による「特別支援教育の推進について（通知）」の中で，全校的な連携と支援体制を確立し，発達障害を含む障害のある幼児，児童生徒の実態把握や支援方策の検討を行うため，校内に「**特別支援教育委員会**」を設置し取り組むことが述べられている。また，校長は「**特別支援教育コーディネーター**」を指名し教師の校務分掌に明確に位置づけ，その役割として，各校における特別支援教育の推進のため，校内委員会・校内研修の企画・運営，関係諸機関・学校との連絡・調整，保護者からの相談窓口などを担うものとされている。

> **特別支援教育委員会（校内委員会）**：校長，教頭，特別支援教育コーディネーター，教務主任，生徒指導主事，通級指導教室担当教員，特別支援学級教員，養護教諭，対象の幼児・児童生徒の学級担任，学年主任，そのほか必要と思われる者などで構成する校内の委員会。

> **特別支援教育コーディネーター**：校内や福祉，医療などの関係機関との間の連絡・調整役として，あるいは，保護者に対する学校の窓口としてコーディネーターの役割を担う。

　一方，学校内における特別な支援を要する子ども1人ひとりの必要に応じた適切な支援を行うための「**個別の指導計画**」を作成することや，関係機関と連携を図った効果的な支援を進めるために「**個別の教育支援計画**」を策定することが明言されている。作成の中心にあたるのは担任教師である。

個別の指導計画：子ども1人ひとりの障害の状態などに応じたきめ細かな指導が行えるよう，教育課程や指導計画，対象児の個別の教育支援計画などをふまえて，より具体的に教育的ニーズに対応して指導目標や指導内容・方法などを盛り込んだもの。

個別の教育支援計画：障害のある子どもにかかわるさまざまな関係者（教育，医療，福祉等の関係機関の関係者，保護者など）が子どもの障害の状態などにかかわる情報を共有化し，教育的支援の目標や内容，関係者の役割分担などについて計画を策定する。

担任教師は，上記の支援計画を立案し，具体的な支援を実施するために，実態把握や情報収集を行う。その際に，必ず校内・校外の関係者や機関と連携していく必要がある。とかく担任教師は1人で何でもやらなければならないと考える傾向が強いが，特別支援教育を推進するにあたっては，担任教師だけの支援では限界があり，多くの関係者や機関との連携が不可欠になる。むしろ，みんなでチームを組織して行うことが大切であろう。担任教師が行う具体的な連携を以下に示す。

⑴ 校内委員会との連携

支援を要する子どもについて，特別支援教育コーディネーターの協力を得ながら，学年で協議し，校内委員会に報告し，担任を中心としたチームで対応する。場合によっては，チームティーチングなどを導入する。

⑵ 通級指導教室（特別支援教室）や教育センターなどの活用

学校のある地域に通級指導教室や教育センターがある場合は，教育相談を実施したり，障害のある子どもへの専門的な検査や指導などを実施していることがある。保護者や学校と検討し，そのようなサービスを活用するかどうかを話し合っていく。

⑶ **オープン教室や個別支援スペースの設置と活用**

学校でオープン教室を設置して，その活用を工夫することで成果を上げていく。たとえば，一斉授業ではなかなかできない個別の対応が必要な子どもがいる場合，放課後などに指導教員と一緒に学習をするという方法である。そこでは，わかりやすい学習環境を用意し，興味に合わせた学習や外部からの刺激の少ない学習用の区画をつくったり，パソコンを活用したりするなどの方法が考えられる。

⑷ **学校外と連携した支援（専門家チームや巡回相談員との相談）**

校内委員会を通して，専門家チームのメンバーや巡回相談員と，支援のあり方や個別の指導計画／教育支援計画の作成について話し合うことが考えられる。

⑸ **医療との連携**

医療的な支援を必要とする子どもは少なくない。また，医師の診断や助言などを求め，それを学校生活での支援に生かすことがある。教師や保護者のみの判断によらず，メンタル面・身体面について医師の考えを聞くことは大変重要なことである。服薬している子どもの薬効評価や影響などを情報交換することも重要であろう。

⑹ **保健や福祉の関係機関との連携**

対象児の家庭の状況によっては，コーディネーターと情報交換しつつ，保健や福祉の関係機関との連携が必要な場合がある。

⑺ **特別支援学校（盲・聾・養護学校）との連携**

特別支援学校が地域のセンター的機能の役割を担っていることから，小・中学校に向けて教育相談を積極的に実施している。

⑻ **保護者との連携**

保護者との情報交換を通してニーズを把握するとともに，支援の方法などについて保護者に説明し理解を得る。学校での支援に必要な関連情報を聴取し，対象児に応じた支援を一緒に考える。

⑼ 就学・入学前情報の必要性および引き継ぎの説明

　就学・入学した直後に個別的支援の必要性があると考えられた場合には，就学・入学前の情報が役立つ。保護者の了解を得たうえで，必要に応じて，就学前機関や入学前の学校から対象児への支援に役立つ情報を得る。

＊

　コーディネーターの協力を得て，担任教師ができる効果的な教育的支援のあり方を具体的に検討し，できることから取り組んでいくことが期待される。

 引用・参考文献

　学校心理士認定運営機構編（2020）『学校心理学ガイドブック』（第4版）風間書房

　菅野敦・宇野宏幸・橋本創一・小島道生編（2006）『特別支援教育における教育実践の方法——発達障害のある子どもへの個に応じた支援と校内・地域連携システムの構築』ナカニシヤ出版

　小林正幸監修／早川惠子・大熊雅士・副島賢和編（2009）『学校でしかできない不登校支援と未然防止——個別支援シートを用いたサポートシステムの構築』東洋館出版社

　小林正幸監修／早川惠子編著（2015）『保護者とつながる 教師のコミュニケーション術』東洋館出版社

　小林正幸・小野昌彦（2005）『教師のための不登校サポートマニュアル——不登校ゼロへの挑戦』明治図書出版

　小林正幸・嶋﨑政男編（2020）『もうひとりで悩まないで！ 教師・親のための子ども相談機関利用ガイド』（四訂版）ぎょうせい

　早川惠子（2007）「新座市における不登校対策——小中連携支援シートを中心に」埼玉県立大学教育問題公開シンポジウム「不登校半減計画の実際と成課」配布資料（8月27日埼玉県志木市）

文部科学省（2004）「小・中学校における LD（学習障害），ADHD（注意欠陥／多動性障害），高機能自閉症の児童生徒への教育支援体制の整備のためのガイドライン（試案）の公表について」

文部科学省（2006）「学校基本調査」

文部科学省（2007）「学校基本調査速報」

文部科学省（2017）「発達障害を含む障害のある幼児児童生徒に対する教育支援体制整備ガイドライン――発達障害等の可能性の段階から教育ニーズに気付き，支え，つなぐために」

文部科学省（2019）「児童生徒の問題行動・不登校等生徒指導上の諸課題に関する調査」（11 月 11 日）

文部科学省初等中等教育局長（2007）「特別支援教育の推進について（通知）」19 文科初第 125 号（4 月 1 日）

第 **II** 部

予防・開発的カウンセリング

学級集団の中で子どもたちを育てる

I

II

III

　学校カウンセリングの目的は，問題が発生した後に対応することだけではない。問題の発生自体を予防すること，よりよい心理的成長を促すことも含まれる。そしてこのような予防・開発的カウンセリングは，医療施設やクリニックでは十分には行えない，大変重要なカウンセリングである。欧米では，「ライフセーバーを増やすことと，すべての子どもに泳ぎを教えることの，どちらが事故の予防に効果的か」というたとえが使われるように，学校における予防・開発的カウンセリングは，注目を集めてきている。日本では，どちらかというと問題が起こった後のアフターケアとしてのカウンセリングが重視されてきたが，第Ⅱ部で扱うような予防・開発的なカウンセリングの試みも増えてきている。

　第Ⅱ部では，学校や学級の普段の教育活動の中でできる，予防・開発的カウンセリングの考え方や実践例について述べていく。

子どもの状態を把握する

日常的なかかわりの中でのアセスメント

　　子どもの日常の姿から困っていることをキャッチしよう。

　　本章では，学校カウンセリングにおける，子どもへの支援をスタートする前段階で，子どもの状態や環境などを正確に把握する「アセスメント」の方法について具体的に紹介する。

　　どんな姿に着眼して子どもの状態を把握すればよいのか。教師だからこそできるアセスメント法にはどんなものがあるだろうか。レッツトライ。

1 心理的問題の状態把握

状態把握の意義

問題をきちんと理解せずに，正しい答えを出すことはできない。これは数学でも，小論文の問題を解くときでもそうであり，さらには学校カウンセリングにおいても同じである。子どもや抱えている問題を正しく理解することなしに，適切な対応や支援を行うことは不可能である。「子どもが不登校になった」と聞いただけで，「とにかく学校に行かせたほうがよい」「何も言わずにそっとしておいたほうがよい」という助言をただちに行う人は，あまり信頼できない。経過や子どもの状態，性格などのきちんとした状態把握もなしに行われる支援は，独りよがりや的はずれなことも多い。小論文で設問と関係なく，持論を述べるのと同じである。したがって，子どもを「どう支援しようか」と考える前に，状態を正しく把握する必要がある。

子どもの状態把握の方法

(1) 心理検査を使用する

知能検査，性格検査，不安検査などを用いて，子どもの状態を把握する方法がある。これらの**心理検査**は，病院や教育相談所などで臨床心理士や学校心理士が用いるものであり，三次的援助サービス（第4章1節参照）のための状態把握には欠かせないアセスメント法である（後出の表5-1, 5-7参照）。

> **アセスメント**：対人援助職においては，援助対象についての情報を収集することを指す。特に心理面について情報を集める場合は，「心理アセスメント」と呼ばれる。

しかし，これらの検査を教師が学校で用いるには，いくつかの問題がある。第1に，専門性の問題である。これらの心理検査を実施し，解釈するにはかなりの訓練を受ける必要がある。第2に，倫理上の問題である。専門的な心理検査は，知能，性格のタイプ，精神疾患の可能性など，非常に重大な情報を知ることができる。したがって，検査のねらいや得られる情報などについて保護者や本人の同意なしに実施することは倫理的に問題があるが，教師という立場からは同意を得ることが難しい。第3に，心理検査の費用の問題である。検査用具を必要とするような個別式検査は1台数万円から十数万円であり，集団式の検査も学級・学年単位で行うとかなりの費用がかかる。

現実的には，専門的な心理検査が必要な場合は，学校外の専門機関で行ってもらい，教師はその結果について理解できる程度の専門性を磨くことがよいと思われる。職務上，専門的な検査を使う必要がある教師は，しっかりと訓練を受けてから実施する必要がある。

⑵ 質問紙調査・アンケートを用いる

紙に書かれた（印刷された）設問について，筆記用具で回答していく形態である**質問紙調査・アンケート**によって状態把握を行うことも，効果的な方法である。対面式でないので抵抗感が少ない，同時にたくさんの人に実施できるなどの長所がある。一方，書かれた文字によるコミュニケーションによる方法なので，文字の読み書きが可能な人にしか実施できない，言葉による反応であるため表面的になりやすいなどの短所がある。

学校カウンセリングにおいて質問紙調査・アンケートを実施する際には，**心理尺度**（心理測定尺度）が用いられることが多い。心理尺度とは，複数の項目で心理的状態や特性を測定するものである。たとえば，「あなたはうつ傾向がありますか」と尋ねるのではなく，

　この人とのかかわりを続けていきたいと思いながら接していくときに，難しいなあと思うのが，相手と自分との距離ではないでしょうか。パーソナルスペースというものがあるといわれますが，それも，自分の状態や相手によって，また場によって大きさが変わるようで，いつもこの距離でよいということはないようです。特に子どもたちは教師がもっている距離をとても敏感に感じ取ります。

　「あの先生はなんか自分勝手なんだよね。いつも自分の話ばっかりでさ」という子どもの声を聞いたことがあります。大人たちが何となく感じていたことを，その子どもは2日かかわっただけでしっかりと感じていたのです。また，子どもがもっとかかわってほしいと思っているときに別の用件や自分の心持ちや体調のせいでかかわれなかったり，今は少し離れておいてほしいと思っている子どもに教師風を吹かして，しつこくかかわってしまったりと，自分も気をつけなくてはと思うことがあります。自分と合わない子どもとはかかわらないでやっていこうということができる仕事ではありません。

　子どもたちがまわりに対して距離をもち，壁をつくるということは自己防衛が働いているのでしょう。そう考えるとその距離に無理やり入っていったり，力ずくで壁を壊すという方法は適切ではないという場合のほうが多いのではないでしょうか。「カウンセラーは耳を働かせる仕事。教師は目を働かせる仕事なんだよねぇ」とあるベテランカウンセラーの方から言われたことがあります。「だから教師は子どものことをよーく見ていないといけないんだよ」と。もちろん教師にとって耳も大切であることは十二分にわかってのことですが，いずれの立場にしても相手のことを感じる心をもっていることが大切でしょう。そうすれば，自分がかかわっている相手とのよい距離が見えてくると思うのです。

「むなしい気分になる」「何に対してもやる気がおきない」「食欲がない」などの複数の項目で質問し，その合計得点によって心理的な特性や状態を把握する。研究をもとに作成された心理尺度を使ったほうが，信頼性・妥当性の高い測定ができる。

学校カウンセリングに関する学術雑誌（『教育心理学研究』『カウンセリング研究』など）から目的に応じて心理尺度を探し，実施する。また，櫻井・松井編（2007）は，子どもを対象とした心理尺度（「自己」「パーソナリティと感情」「動機づけと学習」「家族と友人」「対人関係」「無気力と不安」「ストレス」「適応」「障害のある子どもと特別支援教育」を測定）を数多く掲載している。

(3) 観　　察

観察は，学校カウンセリングにおける状態把握の方法として，きわめて重要である。教師は子どものさまざまな側面について，自然に観察することができる立場である。授業中にどのように学習に取り組んでいるかなどの大まかな状態把握に加えて，表情，言葉づかいや声のトーン，手先の動かし方，離席行動など，目的に応じて細かな観察が可能である。また，特に細かい観察が必要な場合は，授業者と観察者・記録者が同一人物では困難な場合もある。このような場合は，授業者と観察者を分ける必要がある。さらにビデオを用いて記録して，行動の回数をカウントするなど，より細かな分析を行うこともある。

(4) 面　　接

面接は，学校カウンセリングにおける基本技法であり，きわめて重要な方法である。状態把握の方法としても重要であるが，支援の方法としても面接は中心的な技法となる。対象者の人数による分類としては，「**個別面接**」と「**集団面接**」とがある。個別面接のほうがより深い話をしやすいが，集団面接は相互のやりとりもみること

　図書室の充実を図っている学校の話です。ボランティアや委託事業で図書の専門家の方々に入っていただき，図書室が見違えるようになりました。「本を読む子どもが増えましたよ」「貸し出しの冊数が多くなりました」「休み時間に図書室にいく子どもが多くなりました」。職員室ではそんな声が聞かれるようになりました。今までの図書室がよくなかったというわけではなく，やはり人が入って手が入るということはすごいことだなあとみんなが思っています。でもそんなとき，1人の先生が言いました。「今までこっそり図書室に来ていた子たちは今どこにいるんでしょうね」と。

　教師は学校における子どもたちの生活に責任を負う立場です。休み時間は，子どもたちがさまざまに動く時間なので，1人ひとりを把握することが難しい時間でもあります。「元気に校庭に出て遊びましょう」というめあてのもとに教室が空っぽになればそれだけでほっとした気持ちになってしまうことがあります。「休み時間が一番苦痛でした。毎日20分の間学校のあちこちをふらふらしてチャイムが鳴ると教室に戻っていました」。ある女の子が同窓会で久しぶりに会ったとき話してくれたことがありました。学校を楽しいと思うかどうかは，休み時間の過ごし方に関連があるというデータもあるといいます。「そういえば，あの子は図書室に行かないで教室にいるようになっているなあ」。初任者の教師が気がついてくれました。教師は子どものことをしっかりと見られる人でなければなりません。最近学校では子どもの一挙手一投足を把握していることを要求されます。あわせて，教師以外の大人がたくさんいるようになってきた学校という場では子どもが隠れられる場所がなくなってきているように思います。だからこそ，教師は上手に見て見ぬふりを心がけたいと思います。もちろん，かかわることが嫌だから，できないからの見て見ぬふりでなく，子どもに対して責任をとる見て見ぬふりですが。

ができるという特徴がある。また，まったく自由な形式の面接と，完全に質問することを決めている「**構造化面接**」，最低限の質問の構造を決めているが，自由な話題の展開の余地がある「**半構造化面接**」とがある。

　教師の場合，日常的に面接を実施しやすいという長所がある。あらたまって「放課後に相談室で話をしよう」という形態をとることもできるし，休み時間に教室の片隅で立ち話程度に話をするという形態も可能である。時間や頻度の設定も，1時間しっかり面接を行うことも，毎日ほんの短い時間だけ面接を行うことも可能である。面接の目的や相手との関係性に応じて，最も適切な方法をとることが必要である。

⑸　保護者・周囲の人からの情報収集

　学校カウンセリングにおいては，児童生徒本人からの情報収集に加えて，保護者や周囲の人からの情報収集も重要である。発達途上の子ども，特に心理的に問題を抱えている子どもは，しばしば自分の状態について正しく把握できていないこともある。そういった場合は，本人の話，訴え，主観的な世界も大切にしつつ，周囲の人からの情報も収集し，状態把握を行う必要がある。保護者に，家庭での様子や生育歴，問題の経過などを聞くことにより，有用な情報を効果的に集めることができる。対象児童生徒の友達やクラスメイトに話を聞くことにより，教師や大人の前では見せていない姿について，知ることができる。また，前担任や部活動顧問などから情報を集めることも，有用なことが多い。

⑹　提出物・作品などを利用する

　学校という場所は，さまざまな提出物や作品の制作が求められる場所であり，状態把握の際にこうしたものが活用できる。

　作文，感想文，創作文，詩などからは，言語能力，書字能力，興

表5-1	参考になる検査法の概要
グッドイナフ人物画知能検査	描かれた人物画から知的発達を推測する検査法。描かれている顔や体の部位により得点を算出し，指数を算出する。
バウムテスト	描かれた樹木画から人格（性格）特性について分析を行う検査法。
S-HTP法	家と木と人を入れた1枚の絵を描いてもらい，人格（性格）特性について分析を行う検査法。統合型HTPともいわれる。HTPとは，House（家），Tree（木），Person（人）の頭文字。

味関心，感情状態，価値観，世界観などをある程度知ることができる。絵画などの図工，美術作品からも，子どもの精神発達，心理的な特性・状態をある程度知ることもできる。**グッドイナフ人物画知能検査**（小林，1977）を参考にすれば，人物画から知的発達を推測することができる。**バウムテスト**（カスティーラ，2002など）を参考にすれば樹木画から，**S-HTP法**（三上，1995；三沢，2002）を参考にすれば，家・木・人が含まれた絵から，子どもの心理的特性・状態について推測することができる（それぞれの検査法の概要は表5-1に紹介）。ただし，気をつけなければならないのは，正式な心理検査と学校での作品では，実施される条件が異なるので，あくまで参考程度に考える必要がある。また，特に深層心理の解釈には相当の訓練を受けることと熟達が必要とされるので，あまり安易に子どもの無意識の部分について解釈しないように気をつけなければならない。

2 学校で起きる問題の把握

● 自殺，いじめ

> 自殺の危険性を把握する

子どもの**自殺**は，学校カウンセリングが扱う問題として，最も深刻なことの1つである。学校カウンセリングの目的は，問題が起きてからの対応だけでなく，問題が起こらないように予防することにもある。自殺の問題は，起こってしまうと失われた命を取り戻すことはできない。なんとしても，未然に防がなければならない問題である。

　自殺は，突然起こるものではなく，ほとんどの場合なんらかの徴候や危険信号を発している。自殺の徴候について正しい認識がされていないために，防げる自殺が防げないことも少なくない。日本における子どもの自殺の研究は，まだ十分に行われていないが，表5-2に主に海外の研究などをもとにした，自殺の徴候・危険因子について挙げた。これらは，1つだけ該当しても，自殺の危険性が非常に高いわけではない。しかし，複数該当する，数多く該当する場合は十分に気をつけなければいけない。

> いじめの被害を把握する

いじめも学校カウンセリングが取り組むべき重大な問題である。いじめを早期に把握することは，支援においてきわめて重要である。文部科学省は2006年度より，いじめを把握するために，アンケート調査などを積極的に実施し，いじめの発見に全力をあげるように指示をしている。現在は，各自治体，学校で作成したアンケートを定期的に実施しているところも多い。

　いじめは，被害にあっている子どもがなかなか周囲に相談できな

表5-2　自殺の徴候と危険因子
・自殺をほのめかす発言（「死にたい」などの直接表現のほか，「私がいなくなっても誰も悲しまないよね」などの間接的な表現，遺書の作成なども含まれる。自殺の方法や日時を具体的に考えているときはさらに危険性が高い）
・行動が突然変化した（言動，睡眠や食事のリズムなど）
・身辺の整理をし始めた（大切な物を誰かにあげるなども含む）
・心身の不調（明らかな疾患や不定愁訴）
・気分の浮き沈みが激しい
・自暴自棄な言動
・うつの症状がある
・アルコールや薬物の使用
・自傷行為や自殺を試みた経歴がある
・親しい人を最近亡くしている
・家庭の崩壊，友達の転居などの喪失体験
・家族が危機的な状況にある（家庭内暴力，両親の不和，虐待など）
・最近悲劇的な体験をしている
・無断欠席や家出の経歴がある

い問題である。したがって，アンケート調査や本人，保護者，周囲の子どもからの相談に加えて，日常的な観察により問題を早期に発見しなければならない。定義や対応法については第12章に詳しく述べられているが，表5-3に保護者が気づくいじめ被害の徴候について示した。これらの徴候は，たとえいじめ被害にあっていなかったとしても，ほかの問題の徴候の可能性もあるので，特に敏感になっておく必要がある。

3 障害のある子どもの把握

障害の発見

子どもの発達に関する障害は，保護者や幼稚園・学校などの教師により発見されるこ

表5-3　保護者が気づくいじめの徴候（認知されやすいもの）

男　子	・学校への行き帰りを怖がる ・学校へ行きたがらなかったり，行かないことの言い訳を繰り返す ・不自然な引っかき傷，怪我をする ・困っているようなのに，その理由を言わない
女　子	・学校へ行きたがらなかったり，行かないことの言い訳を繰り返す ・急に無口になったり，引っ込み思案になる ・精神的な原因によると思われる胃痛や頭痛が発症する ・困っているようなのに，その理由を言わない
小学生	・学校へ行きたがらなかったり，行かないことの言い訳を繰り返す ・精神的な原因によると思われる胃痛や頭痛が発症する ・持ち物がなくなる ・何か隠しごとをしているようにみえる
中学生	・学校への行き帰りを怖がる ・学校へ行きたがらなかったり，行かないことの言い訳を繰り返す ・急に無口になったり，引っ込み思案になる ・困っているようなのに，その理由を言わない

（出典）森田ほか編，1999 より。

とが多い。その時期は，幼児期から児童期の広範囲にわたる。実際にはいろいろな事情から発見が遅れることがある。その理由として，「保護者が気づかない」，または気になっていても「大丈夫だ」と子どもの課題から目をそむけるケースがある。子ども本人や保護者，家族にとって，障害の診断を受けることのショックははかりしれないほど大きいものであり，それに対する心理的サポートが重要となる。障害の診断時には，親は，深い悲しみ，孤立，絶望，不安，恨みなどを抱くことが著しく多いことが指摘されている。こうした心理状態は，障害のある子どもやその家族にとって，危機的な問題に発展しかねない。こうしたとき，家族や友人の励まし，同じ障害のある子どもをもつ親たち，担任教師からの声援やアドバイスなどにより，時間をかけて立ち直っていくのである。障害告知を受けてか

ら，それを真に受容し，前向きな姿勢に至るまでには，相当な時間を要し，また個人差が大きい。障害からの逃避や他への転嫁ではなく，障害の直視，その子どもを含めた家族全体のあり方の再考，子どもの発達の可能性を信じることや，親としての人生観・価値観などの変化，子どもの生きる意欲と成長のたくましさから学ぶ喜び，ハンディキャップがありながら飛躍し続ける子どもの個性の発見などを促すカウンセリング的対応が教師には求められる。

「気づき」から「相談・把握」「理解」へ

　通常学級に在籍する発達障害が疑われる子どもを支援する場合，まずは**スクリーニング**を行う（スクリーニングとは，ふるい分け，つまり疑わしい人を見つけ出すことである）。発達障害の「気づき」から「相談・把握」，そして「医学的診断」への流れは表5-4のとおりである。

　たとえば，教師の気づきとして，「勉強が著しくできない」「全体的に意欲が感じられない」「友達とのトラブルが多い」「友達とかかわりをもちたがらない」「落ち着きがない，あるいは衝動的に行動する」「感情のコントロールができない」「指示に従わない」「集団行動についていけない」などがある。それを受けて，本人や保護者と面接相談し，スクリーニングテストを実施する。心理検査や簡易な教育臨床のためのテストを行う場合もあるが，発達障害の疑いがあるかどうか，そうした症状が認められるかどうかを**判別**するため，まずは実態把握のための観点シート（表5-5）を用いる。実際には，授業や学校生活においてみられるさまざまな特徴を把握できるような観点を設定して，各自治体の教育委員会や各校が各々で作成したものを使用している。

　学校における気づきやスクリーニングにおける判別の実施は，実は，担任教師の子どもを見て理解する力や把握する力を促すことに

> **表 5-4　発達障害の相談・支援の流れ**
>
> ① 気づき（教師や保護者などによる）
> ② 相談・把握（面接相談や校内の特別支援教育委員会など）
> ③ スクリーニングテスト（特別な教育ニーズの発見と障害判別）
> ④ アセスメント（実態把握と個別の計画立案のための情報収集）
> 　・対象児のアセスメント
> 　　　学力面（各教科），行動面，生活面，対人関係面，心理特性面（認知
> 　　　能力をとらえる知能・発達検査の実施）
> 　・環境のアセスメント
> 　　　保護者の願い，学級での受け入れ，教室環境
> ⑤ 医学的診断（医療的指針と専門的な支援の連携構築へ）

つながる。学校におけるスクリーニングは障害種別を判断するためというより，行動面や対人関係において特別な教育的支援の必要性を判断するための観点であることを認識する必要がある。それに基づき，校内委員会において，対象児にみられるさまざまな活動の実態を整理し総合的に判断する。また，注意欠如・多動症（ADHD）や自閉スペクトラム症（ASD）などの障害の医学的診断は医師が行うものであるが，教師や保護者も，学校や家庭生活の中での状態を把握しておく必要がある。

教育支援のためのアセスメント

教育支援のためのアセスメントは多面的な視点・指標を用いることが重要であるが，その一方で目的なく心理検査などを多用したり，必要以上に調査することは避けたい。そこで，担任教師を中心とした場合の「誰が／誰から」「何を」「どのように」情報を得るかを整理し，効果的・効率的な子どもの状態把握をめざしたい（表5-6）。また，支援目標を定めるためのアセスメントにとどまらず，アセスメントで得られた情報は，授業づくりにも活用できる。たとえば，教材や授業展開，指導手続き（教授法），指導上の留意点，

表5-5 実態把握のための観点シートの例

SLD（限局性学習症）
A 特異な学習困難があること
- 国語または算数（数学）の基礎的能力に著しい遅れがある（著しい遅れとは，児童生徒の学年に応じ1～2学年以上の遅れがあることをいう）。
- 全般的な知的発達の遅れがない（知能検査等で全般的な知的発達の遅れがない）。

B 他の障害や環境的な要因が直接の原因ではないこと

ADHD（注意欠如・多動症）および ASD（自閉スペクトラム症）
A 知的発達・学力の状況
- 知的発達の遅れは認められず，全体的には極端に学力が低いことはない。

B 教科指導における気づき
- 本人の興味のある教科には熱心に参加するが，そうでない教科は退屈そうにみえる。
- 本人の興味ある特定分野の知識は大人顔負けのものがある。
- 自分の考えや気持ちを，発表や作文で表現することが苦手である。
- こだわると本人が納得するまで時間をかけて作業などをすることがある。
- 教師の話や指示を聞いていないようにみえる。
- 学習のルールやその場面だけの約束ごとを理解できない。
- 1つのことに興味があると，他のことが目に入らないようにみえる。
- 場面や状況に関係ない発言をする。
- 質問の意図とずれている発表（発言）がある。
- 不注意な間違いをする。
- 必要な物をよくなくす。

C 行動上の気づき
- 学級の児童生徒全体への一斉の指示だけでは行動に移せないことがある。
- 離席がある，椅子をガタガタさせるなど，落ち着きがないようにみえる。
- 順番を待つのが難しい。
- 授業中に友達の邪魔をすることがある。
- 他の児童生徒の発言や教師の話を遮るような発言がある。
- 体育や図画工作・美術等に関する技能が苦手である。
- ルールのある競技やゲームは苦手のようにみえる。
- 集団活動やグループでの学習を逸脱することがある。
- 本人のこだわりのために，ほかの児童生徒の言動を許せないことがある。
- 係活動や当番活動は教師や友達に促されてから行うことが多い。
- 自分の持ち物等の整理整頓が難しく，机の周辺が散らかっている。
- 準備や後片付けに時間がかかり手際が悪い。
- 時間内で行動したり時間配分が適切にできない。

・掃除の仕方，衣服の選択や着脱などの基本的な日常生活の技能を習得していない。
　D　コミュニケーションや言葉づかいにおける気づき
　　　・会話が一方通行であったり，応答にならないことが多い（自分から質問をしても，相手の回答を待たずに次の話題にいくことがある）。
　　　・丁寧すぎる言葉づかい（場に合わない，友達同士でも丁寧すぎる話し方）をする。
　　　・周囲に理解できないような言葉の使い方をする。
　　　・話し方に抑揚がなく，感情が伝わらないような話し方をする。
　　　・場面や相手の感情，状況を理解しないで話すことがある。
　　　・共感する動作（「うなずく」「身振り」「微笑む」等のジェスチャー）が少ない。
　　　・人に含みのある言葉や嫌味を言われても，気づかないことがある。
　　　・場や状況に関係なく，周囲の人が困惑するようなことを言うことがある。
　　　・誰かに何かを伝える目的がなくても，場面に関係なく声を出すことや独り言が多い。
　E　対人関係における気づき
　　　・友達より教師（大人）と関係をとることを好む。
　　　・友達との関係のつくり方が下手である。
　　　・1人で遊ぶことや自分の興味で行動することがあるため，休み時間一緒に遊ぶ友達がいないようにみえる。
　　　・口ゲンカなどの友達とのトラブルが多い。
　　　・邪魔をする，相手をけなすなど，友達から嫌われてしまうようなことをする。
　　　・自分の知識をひけらかすような言動がある。
　　　・自分が非難されると過剰に反応する。
　　　・いじめを受けやすい。

（出典）文部科学省，2004 を参考にして作成。

学習集団のグルーピング化などを立案するうえでも有効な情報となる。教師自身が活用可能なものを選び（心理検査の活用も含めて），または教師自身の教科専門性や学校カウンセリングの知識・技能を生かしてアセスメントを進める。

　知能検査・発達検査は，その評価方法により2つに大別される。1つは，子どもの日常をよく知る保護者や教師の観察知識から評価するもの（質問紙法など）と，もう1つが，質問や指示を出したり，

■アセスメントの情報源（誰が実施したものか，誰から情報をもらうか）

〔担任教師〕みずからの実施による
〔他の教師〕他の教師からの意見や情報
〔保健室〕保健室に集約される健康に関する情報
〔保護者〕保護者の願いや教育観
〔医療・専門機関〕子どもにかかわる医師や専門家の所見（検査などの依頼も含む）
〔福祉機関〕福祉関係機関からの情報

■アセスメント内容（何を支援するかを特定するための情報）

・発達段階，ソーシャルスキルの到達度　　　・性格・行動特性
・教科の学習達成度　　　　　　　　　　　　・障害特性
・保護者の期待，願い　　　　　　　　　　　・生活環境
・興味・関心

■アセスメント方法（どのような方法を実施するか）

面接聴取／質問紙／心理検査／行動観察／医学的診断

表 5-7　専門機関で用いられる主な検査法

検査名	発行元
・S-M 社会生活能力検査 第 3 版	〈日本文化科学社〉
・KIDS（乳幼児発達スケール）	〈発達科学研究教育センター〉
・田中ビネー知能検査Ⅴ	〈田研出版〉
・新版 K 式発達検査 2020	〈京都国際社会福祉センター〉
・日本版 WISC-Ⅳ	〈日本文化科学社〉
・日本版 KABC-Ⅱ	〈丸善メイツ〉
・LCSA（学齢版言語・コミュニケーション発達スケール）	〈学苑社〉

検査道具や教材（反応を引き出す刺激）などを実際に子どもに与えて，言葉や動作などによる回答・応答をみるものである。いわば，間接的な評価（子どもを熟知した者が観察知識から評価する）と直接的な評価（実際の子どもの姿をみながら評価する）といえる。医療・

専門機関における発達障害のある子どものアセスメント報告書には，表5-7の検査法が用いられることが多い。

加えて，こうした検査バッテリー（テストバッテリー：第16章3節参照）の実施や評価の際には，「注意集中」「多動性」「耐性」「意欲・情緒」「固執性」「言語コミュニケーション」「対人的なかかわり」といった観点から観察し評価されて所見欄の記述がなされる。

> **アセスメント結果から支援目標を立てる**

発達障害のある子どもの場合，アセスメントを実施すると数多くの支援ニーズが明らかになる。その中から，限られた教育期間や学校生活の中で優先的・緊急性の高いものをどのように抽出するかが教師に求められる専門性であろう。本人や保護者と十分に協議し，どんな子どもに育ってほしいか（将来の展望），という生涯発達の視野に立つべきであろう。

教師には対象児の長所と短所を整理する分析と解釈が求められる。つまり，何が発達課題であり，どのような活動が苦手なのか。その逆に，全体的な発達や教科などの到達度をみて，何が良好でどのような活動が得意かを見つける。行動観察を行った場合でも，どんな活動が得意であり，どんな場面で行動上の問題が出現しているかといった，得意・苦手な行動や場面を見つけ出すことが必要となる。こうして導き出された長所についてはそれをよりいっそう促進するための支援目標と手だてを考えていき，短所はそれをいかに改善に向けて取り組めるかを考えることがアセスメントの重要な役割である。

一方，子どもの「認知の特性」を精査することも大切である。たとえば，文字を書く際に，書き順は繰り返し指導してもなかなか覚えられないが，見本を提示するとしっかり視写することができる。また，時間的な事象の説明は順を追って話すことができないのに，

1枚の絵に描かれた内容はしっかり把握して叙述することができる。こうした場合，物事を認知する処理様式として，系列化（継次性）に弱さがあり，全体を統合する力（同時性）は良好であることなどがわかる（KABC-ⅡやWISC-Ⅳの実施例は第16章図16-2参照）。このように学習課題を遂行（処理）する際に，対象児にとって課題の意図（求められていること，言語教示などの情報）が理解（入力）されやすいような手だて（認知の特性）が明らかになり，同時に，有効な支援の手がかりを得ることもできる。

　発達障害の疑いがある子どものアセスメント結果の分析は，校内の複数の教師で協議しながら進めるか，または，心理・教育アセスメントの専門家に助言を求めながら行うことが望ましい。最終的に，子どもの全体像を担任教師が分析し，実態把握することが重要である。

 引用・参考文献

　カスティーラ，D. de／阿部惠一郎訳（2002）『バウムテスト活用マニュアル——精神症状と問題行動の評価』金剛出版

　小林重雄（1977）『グッドイナフ人物画知能検査ハンドブック』三京房

　櫻井茂男・松井豊編（2007）『子どもの発達を支える「対人関係・適応」』（心理測定尺度集4）サイエンス社

　橋本創一（2006）「心理検査とアセスメント」『特別支援教育研究』58，712-716

　橋本創一ほか編（2006）『特別支援教育の基礎知識——障害児のアセスメントと支援，コーディネートのために』明治図書出版

　三上直子（1995）『S-HTP法——統合型HTP法による臨床的・発達的アプローチ』誠信書房

　三沢直子（2002）『描画テストに表れた子どもの心の危機——S-HTPにおける1981年と1997〜99年の比較』誠信書房

森田洋司ほか編（1999）『日本のいじめ——予防・対応に生かすデータ集』金子書房

文部科学省（2004）「小・中学校における LD（学習障害），ADHD（注意欠陥／多動性障害），高機能自閉症の児童生徒への教育支援体制の整備のためのガイドライン（試案）の公表について」

文部科学省（2017）「発達障害を含む障害のある幼児児童生徒に対する教育支援体制整備ガイドライン——発達障害等の可能性の段階から教育ニーズに気付き，支え，つなぐために」

第**6**章

子どもたち同士の理解を深める

構成的グループエンカウンター

　自分を理解し，自分を受け容れていくこと。他者を理解し，他者を受け容れていくこと。この営みを繰り返しながら，人は成長し，問題を乗り越えていく。こうした営みは，カウンセリングという非日常的な枠組みの中で展開されることもあれば，学校生活のような日常生活の中で自然に展開されることもある。本章では，自己理解，他者理解を通して子どもの成長を促す，構成的グループエンカウンターについて解説していく。

1 構成的グループエンカウンターとは

なぜグループエンカウ
ンターが求められるよ
うになったのか

精神的な病理の治療方法としてこれまで
「カウンセリング」の中心的な手法とされ
てきたのは，古典派と呼ばれる精神分析や，
ロジャーズらによる来談者中心療法である。これらは個人を対象と
し，個室にてカウンセラーと1対1で長い時間をかけて行われてき
た。しかし昨今，精神的に病理を抱えてしまった後の治療だけでは
なく，病理を抱えないような健康的な人格・精神の育成という予防
的視点の大切さにも目が向けられるようになってきた。人格が育つ
そのプロセスにおいて，他者とのかかわりや，自信の増大などに働
きかけるものである。その技法の1つとして，集団を対象とするこ
とができ，簡便であるという利点などからグループエンカウンター
が注目されるようになってきた。

カウンセリングがめざ
すもの

「カウンセリング」のめざすところは，症
状そのものの除去よりも，人格の変容にあ
る。子どもにおいてはまだ人格を構築する
発達過程にあり，後に人格変容を必要としないような，安定した，
しなやかな人格の形成を促すほうが，はるかに教育的価値がある。
心理的課題の中には，その人が個人的に背負っている悩みや苦悩と
いった「個体内」の問題，人とかかわっていく中で生じるストレス
やフラストレーションのような「個体間」の問題がある。子どもの
うちに，自分をみつめ，個体内の問題に対処する力を身につけさせ，
他者を信じ，個体間の心地よいかかわりをめざす働きかけができれ
ば，健全な発達を支援できると思われる。これらの支援は，教育に

携わる教師の仕事の範疇といえよう。

グループエンカウンタ
ーの位置づけ

子どもたちの健やかな人格を形成する支援方法として、「育てるカウンセリング」と呼ばれるサイコエデュケーション（心理教育）がある。育てるとは、成長を援助するということである。子どもたちは、あらゆる壁に立ち向かいながら、1つひとつを乗り越え、成長していく。子ども自身の力で解決できない場合は、大人が援助者となり、一緒に解決をめざすものである。しかし、いつまでも人の手を借りていることはできない。事象から学習し、何が問題であったのか、どうすればよかったのかよく考え、次に生かしていく能力が必要である。サイコエデュケーションは、そういった問題解決能力を育むことをねらいとしている。具体的には、行動、思考、感情の変化（拡大や修正）をめざすものである。このサイコエデュケーションの日本における代表として、「構成的グループエンカウンター」が注目されている。

構成的グループエンカ
ウンターとは

構成的グループエンカウンター（Structured Group Encounter：SGE）とは、集団を対象とした、予防・開発的カウンセリングといえる。國分・大友（2001）によれば、エンカウンターとは、日本語では出会いを意味するが、構成的グループエンカウンターでは、「自己との出会い」と「他者との出会い」の2つの「出会い」を意味している。そして、出会いとは、グループを通しての本音と本音の交流「パーソナルリレーション」である。このときの「グループ」は、人を育て癒す教育者としての役割を担う。

また、「構成的」とは、枠を設けるということである。みなさんも経験があると思われるが、子どもに作文や作品づくりを課す際に、「何でも好きなように自由にやっていいですよ」と提示するよりも、

テーマや例を与えるほうが，課題を遂行しやすいものである。

　どういった枠を設けるのかというと，以下のようなものが考えられている。「グループのルール（守秘義務やペンネームの使用）」「グループのサイズ（人数の指定）」「グループの構成員（あまり知らない人同士で，異性を含むグループ）」「時間制限（「1人1分以内で，〜してください」など）」「エクササイズをするときの条件（「無言で〜してください」など）」などである。これらの枠は，リーダーによって設定され，参加者全員で守っていくことで，心を落ち着けて，課題に臨む安全が確保される。

構成的グループエンカウンターの目的　構成的グループエンカウンターがめざす，行動・感情・思考の変化に向けた具体目標は，「自己理解」「他者理解」「自己受容」「感受性の促進」「信頼体験」「自己主張」の6つである。

　1つ目の自己理解とは，自己を省み，自分にはこんな面もあったのだ，本音ではこう思っていたのだな，といった新たな自己を発見し理解することである。自己を知らずして，能動的・選択的に人生を歩むことはできない。子どもたちもまた，自分の思っていることや本音と建前がごっちゃになって，自己のコントロールができなくなってしまい混乱することがある。子どものうちに，自分の本音，とかく意識されづらいどろどろした感情をも自分の中にあるものとして，うまく解消して付き合っていく術を学んでいくことが，大切である。

　2つ目の他者理解とは，相手を理解するということである。他者が何を思い行動しているかは，外からみているだけでは推し量りかねる。構成的グループエンカウンターを通して言葉で伝え合うことで，他者のことがわかってくるのである。

　3つ目の自己受容とは，ありのままの自己を受け容れるというこ

　子どもたちの会話の中によく出てくる言葉です。

　「空気の読めない奴」という意味です。

　場の空気を読むということは，社会性の1つとしてとても大切なことでしょう。しかし，子どもたちの様子をみていると，この空気を読むということが，異質なものを排除するという形で使われているようで，とても気になります。

　学校においても，社会においても，大人たちは，場に応じた言葉づかいや場に応じた立ち居ふるまいができることを子どもにしつけます。しかし，子どもたちの間で使われている空気を読むということはこのレベルではないようなのです。

　「空気を読めない奴」というのは一昔前でいうところの「今の雰囲気をしらけさせる奴」という感じでしょうか。そこに加えて，「この場からいなくなってほしい」というメッセージを強く感じます。「空気を読めない奴だなあ」と言うことで相手の意志を通させないようにしている場合もあるようです。確かに，雰囲気をしらけさせるくらいならこの場にいなくてもよいのにというときは少なからずあるでしょうが，そのような子どもを意図的に排除するために無理やり雰囲気をつくり出し，これに気づかないその子どもを精神的に仲間はずれにしたり，いじめの1つの形として，「空気を読めない」というレッテルを貼ったりしている姿がみられます。

　授業中におしゃべりをしていることを注意したり，仲間に加わらず学習をしたり，教師に訴えたりすることも，「空気が読めない奴」とされてしまうようなのです。グループの中で力をもっている子どものやり方にのらなかったり，よくないことを自分だけやらなかったりと，その集団のベクトルに異を唱えたり，いわゆる少数意見を述べたりすることが，空気が読めないこととなってしまうのです。とても怖いことであると思います。

　そのような意味での「空気を読む」ということは，子どもたちにとっては大問題のようです。それは裏を返すと，それだけ必死にな

って「空気の読めない奴」という立場にならないようにしていると
いうことだろうと思います。

　教室に「空気が読めるようになろう」という学級目標を掲げたク
ラスがあったとききました。担任の教師の意図は「場に応じたふる
まいや言葉づかい」のことだったり，「今何をするときかを考えよ
う」というものであったのかもしれません。しかし，子どもたちの
受け取りは教師の意図と離れているように感じます。子どもたちに
とって必要なのは，「空気を読めない」友達が存在を脅かされずに
所属することができる集団をつくり，維持する力だと思うのです。

とである。ありのままとは，嫌いな面も好きな面も全部ひっくるめ
て自己を好きになるということである。構成的グループエンカウン
ターを通して，自己を他者に受け容れてもらうという経験ができる。
他者に受容してもらってはじめて，自分でも自己を受け容れること
ができるようになるのである。

　4つ目の感受性の促進は，子どもたち1人ひとりの中にある感覚
を研ぎ澄まし，敏感にしていくことをねらう。たとえば非言語のエ
クササイズを使い，他者とのスキンシップを通して，他者とのふれ
あいを心地よいものと感じられるようになったとき，自分以外の他
者を受け容れることができるようになる。

　5つ目の信頼体験とは，他者を信用しまた自分も信用される体験
のことである。トラストウォーク（目隠しをして，ペアの相手に誘
導してもらう：後出の図6-1参照）のようなエクササイズを例にみ
ると，相手を信用しないと課題を達成できない場面において，自分
の無力さを実感するとともに，他者を頼り助けてもらう心地よさを
実感することで，信頼を寄せ合えるようになる。信頼できる相手に
対しては，より自己表現できるようになり，また相手を受け容れよ
うとする意欲も高まる。総じて，好ましい人間関係の育成に役立つ。

6つ目の自己主張は意外と思われる方もいるかもしれない。しかし現代とりわけ日本においては，この主張性はとても重要な課題である。子どもたちの中でも，なかなか自分の思いを相手に伝えることができない子どもがいるであろう。その理由には照れや恐怖など，弊害となるものがある場合が多い。そこで，主張すなわち相手に自分の思いを伝える経験を通して，主張性を養っていくという意義が構成的グループエンカウンターにはある。

2 構成的グループエンカウンターの実施方法

構成的グループエンカウンターの手順

構成的グループエンカウンターは，インストラクション，エクササイズ，シェアリングの3つの柱によって構成される。この3つを柱として，7つの手順を踏むことが原則となる。以下に，國分ほか（2000）に示されているリーダーが行う7つの手順を示す。

⑴　エクササイズのねらいの提示──エクササイズの目的の確認

何のためにエクササイズ（課題）を行うのか，その目的を板書やプレートの掲示によって示す。このとき，参加者にわかりやすい表現で示すことが大切である。

⑵　インストラクション（導入）の実施──役割遂行，自己開示の仕方の確認

実施時間やグループサイズ，注意点やルールの確認をした後，質疑の時間をとって共通理解を徹底する。

⑶　デモンストレーション（お手本）の実施

リーダーが，実際に役割遂行の手本を示すことで，交流の仕方を演じ，感情表出や自己開示の仕方も示す。本音の自己開示がしやす

いよう配慮する。

(4) **エクササイズの展開——自己開示→ふれあい，自己発見**

エクササイズを実施する段階になったら，1人ひとりの非言語の自己表現や言動に気を配りながら，エクササイズが予定通りに展開されているかどうかを，絶えず確認する。

(5) **インターベンション（介入）の実行**

子どもたちが，指示した通りにプログラムを実施していない場合は，注意を促したり，仲間にきついことを言われて，落ち込んでいる子どもがいたら，すぐその場で支持的に対応したりするのが，主たる介入場面である。

(6) **シェアリング（分かち合い）の実施——相互の自己開示→認知の修正・拡大，自己変革**

シェアリング中にメンバーが自己を語っているかどうか，感情交流をしているかどうかを巡視しながら確認する。この際，雑談になっているなどしたら，介入する。

(7) **フィードバック（定着）の実施——気づき，自己発見，自己変革の確認**

シェアリングの気づきや自己発見を発表してもらい，全体の気づきとする。メンバーの自己発見の言葉や感情表出の言葉に着目して，その内容を確認しながら本人と全体へフィードバックする。事前にフィードバック用紙（振り返りカード）を準備しておき，記入させることで定着を図るようにする。

以上7つのステップを説明したが，これらの基本原理をしっかりふまえることで構成的グループエンカウンターの効果が生まれる。慣れてきたら，自分のやりやすい方法を工夫していくことで，子どもの実態などに応じた構成的グループエンカウンターが展開できる

ようになるのである。

エクササイズとは　　上記7つのステップの中で，エクササイズは，心理的な発達を意図したゲームのような課題を，思考・感情・行動のいずれかに刺激を与えることをねらって行うものである。また，エクササイズはおもしろくて，ためになり，学問的背景があるという3拍子そろっているものが好ましい。

　エクササイズを選ぶ際には，実施する学級の子どもたちの実態を，発達段階に応じて検討し，抵抗が少なく達成しやすいものから徐々にチャレンジ精神を要するものへと配列することが望ましい。発達段階に応じて考えると，小学校低学年から中学年では言葉よりも身体を使ったエクササイズのほうがなじみやすいであろう。動きも活発なもののほうが盛り上がってよいだろう。高学年になるに従って，徐々に言語を使ったエクササイズに移行していき，中学校では身体接触よりも知的で落ち着いた言語活動のほうが，取り組みやすい。

　また，エクササイズは通常のエクササイズ（ロングエクササイズ）とショートエクササイズとに分けることができる（本章「実践例」参照)。國分監修（1999）によると，ショートエクササイズとは，3分から10分程度，長くて15分程度の実施時間で行うことのできるエクササイズである。ショートエクササイズの利点として，①テーマを明確にできること，②集中力を維持しやすいこと，③毎日朝の会や学級活動の時間などに継続してできることが挙げられる。このように，状況に応じて速やかに利用できるため，取り組みやすいと思われる。このショートエクササイズと通常のエクササイズを併用することも効果的である（國分監修，1999，12～17頁を参照)。

シェアリングとは　　シェアリングとは，エクササイズを通して「学んだこと，考えたこと，感じたこと」を振り返り，分かち合うことである。方法として①小グループのシ

ェアリング，②全体シェアリング，③フィードバック用紙（振り返りカード，気づきカード，感想カードなど）の活用がある（國分監修，1999；國分ほか，2000）。エクササイズだけで終わらせず，シェアリングによって思ったことや感じたことを言語化することで，先述した構成的グループエンカウンターがめざす6つの目標を達成しうるのである。言語表現の広がりも得られ，言葉によるコミュニケーションスキルの育成にも有効である。

　リーダーとなる教師が，エクササイズが終わってから「今どんな気持ちですか，まわりの人と話し合いをしてみましょう」と投げかける。慣れないうちは，シェアリングができなくて雑談になってしまいがちである。そこで，はじめのうちはシェアリングの時間を数分にし，徐々に長い時間をとっていくことで段階的に慣れさせていくなどの工夫をし，ただの雑談に終わらせないようにしたい。

　シェアリングがうまくいくかどうかで，構成的グループエンカウンターの効果が決まってくるといっても過言ではない。エクササイズをただのゲームや授業として終わらせないために，シェアリングが必要なのである。

リーダーが気をつけたいこと

　構成的グループエンカウンター実施の際に，リーダーとしてその場をまとめる役割を教師が担うことになる。リーダーの進め方や姿勢によって，エンカウンターの成功失敗が左右される。リーダーの好ましい姿勢として，①自己開示，②リーディング，③指示の3つに留意したい。

　まず，リーダー自身もモデルとして自己開示することが求められる。それによって，子どもが安心して自己開示できる雰囲気が生まれやすい。リーディングについては，リーダーが積極的に進行，方向づけしていく部分と，子どもに進行，方向づけを任せる部分とを

使い分ける必要がある。指示については，簡単かつ明瞭であること
が重要である（國分ほか，2000）。

　ほかにも気をつけたい事項はたくさんあるが，それらは構成的グ
ループエンカウンターの専門書に説明を任せたい。いずれにしても，
リーダー自身の研鑽と学習がダイレクトに響いてくるという点は，
普段の授業となんら変わりない。教師としての資質が構成的グルー
プエンカウンターのリーダーに通じているのである。授業づくり・
実施において気をつけていることが，そのまま構成的グループエン
カウンターにも影響してくることを念頭におきつつ，リーダーとな
る教師自身が，構成的グループエンカウンターの参加者として経験
してみることが必要であろう。

実 践 例

▨ロングエクササイズ／ショートエクササイズ

　近年，構成的グループエンカウンターの認知度が高まってきてい
る。実際に実施しているという教師の声も多く聞くようになってき
ており，各自治体単位の教師向けの研修でも構成的グループエンカ
ウンターを取り入れているところが増えてきているようである。そ
れは，実際に実施している学級の子どもの変容を，実施者である教
師が手ごたえとして感じているからではないだろうか。

　ここでは，2つのエクササイズを図6-1と図6-2で紹介する。構
成的グループエンカウンターがねらう6つの目標に即して，ロング
エクササイズとショートエクササイズに分けて紹介していく。

　実際にどのように実施しているかというと，朝の会や帰りの会で
毎日継続的に行っていたり，学級活動の時間を丸ごと使って，年単
位で計画を立てて実施している学校や，道徳の授業と構成的グルー
プエンカウンターを組み合わせて行っていたりする学校もある。道
徳の時間では，導入またはまとめの段階でショートエクササイズを
実施し，授業でねらう道徳的価値の定着を図る効果を得ているよう

図 6-1　ロングエクササイズの例

「トラストウォーク（信頼体験）」　　　　　　　　（所用時間 30 分）

　▨▨ねらい：自分を他者に委ねる体験をし，信頼感を培う。
　▨▨お勧めの使い方：学級開きのはじめのリレーションづくりとして実施。

〈準備〉　広いスペース（教室では机を寄せて通路を広くするとよい）
〈インストラクション〉
　「今日は思いやりややさしさについて体験します。人に対して自分がどんな接し方をしているかを，もう一度考えましょう」
　「2 人組をつくり，片方の人が目をつぶります。相手に身を任せてください。もう一方の人は，目をつぶった人を誘導します。時間で役割を交代します。2 人とも声を出さずにやります」
　「それではみんながやる前に，ちょっと私が目をつぶる役をしてみます。誰か誘導の役をお願いします」
　「身を任せたり任されたりという体験なので，できるだけ相手の気持ちを察し，精一杯やさしく誘導しましょう」
〈エクササイズ〉
　・2 人組をつくる。
　・動いてよい範囲を決めたり，危険な行動，誘導の仕方についての注意をする。
　・片方が目をつぶり，もう片方が声を出さずに誘導する。
　・時間で役割を交代する。
〈シェアリング〉
　「どうでしたか？　お互いに目をつぶって感じたことや，誘導して気がついたことなどの感想を言い合いましょう」
　「それでは全体で振り返りましょう」
〈介入〉
・ふざけてしまいそうな子にはその場で目を閉じさせ，不安を体験させてみる。
・状況にもよるが，時間は 3〜10 分程度に抑える。

（出典）國分・國分編，2004 より。

図 6-2　ショートエクササイズの例

「心をひとつに」　　　　　　　　　　　　　　　　　　（所用時間 15 分）

> ▨ねらい：言葉を使わない簡単なコミュニケーションを通して，自分
> が能動的になったり，受動的になったときの感情に気づく。相手も
> 自分も否定することなく，お互いの気持ちを通わせながら共に動く
> ことの心地よさを味わう。
> ▨お勧めの使い方：クラスの中で「協力してくれない」などの問題点
> が出たとき，思いやりを考えさせたいとき，グループ活動がうまく
> いかないとき。

〈準備〉　ハードカバーの絵本を 2 人に 1 冊。

〈インストラクション〉

　「みなさんの中には自分が中心になってどんどん進めていくのが好きな
　　人もいれば，自分をあまり出さずみんなについていくほうが好きだと
　　いう人もいると思います。今日はこの本を使ってその両方の気持ちを
　　味わってもらいたいと思います」

　「2 人組をつくってジャンケンしてください。2 人で絵本を持ちます。勝
　　った人は 2 分間この絵本を自由に動かしてください。本を開いてもい
　　いし，立って歩いてもいいです。負けた人は動きに逆らわないでつい
　　ていってください。絵本から手を離してはいけません。また，2 分間
　　はしゃべってはいけません。危ない動かし方はやめましょう」

〈エクササイズ〉

　・2 人組でハードカバーの絵本を一緒に持つ。
　・1 人が主になって絵本を自由に動かす。もう 1 人は相手の動きに従う。
　・役割を交代して同様に行う。時間は 3〜5 分程度。
　・2 回の動かし方の違いを話し合う。
　・相手の動きを感じとりながら，2 人にとって気持ちのいい動かし方を
　　する。

〈シェアリング〉

　「相手の動きに従っていたときと，お互いに気持ちのいい動かし方をし
　　たときとでは，どんな気持ちがしましたか？」

（出典）國分監修，1999 より。

である。

　学期のはじめには，まだ子どもたちが集団としてまとまっていないため，1人ひとりが受け容れ合えるようなロングエクササイズを選んで実施したり，また，集団がまとまってきたらより学級全体がまとまるように団結力の育成をねらったエクササイズを実施するなど，集団状況に応じて使い分けているようである。

おわりに

　構成的グループエンカウンターを実際に体験したことのない教師には，エンカウンターを取り入れることに一種の違和感を感じる人もいるようである。しかし，構成的グループエンカウンターがただのゲームではなく教育的意義があることを理解したうえで，実施上の注意に気をつけて行えば安全なものであるということを納得できれば，どの教師でも実施可能である。まずは各地で行われている研修会に参加し，自分で体験することを勧めたい。

 引用・参考文献

國分康孝監修／林伸一ほか編（1999）『エンカウンターで学級が変わるショートエクササイズ集』図書文化社

國分康孝ほか（2000）『エンカウンターとは何か——教師が学校で生かすために』図書文化社

國分康孝・大友秀人（2001）『授業に生かすカウンセリング——エンカウンターを用いた心の教育』誠信書房

國分康孝・國分久子（総編集）（2004）『構成的グループエンカウンター事典』図書文化社

第7章

ソーシャルスキルを育む

　人付き合いをしていく力の中に，ソーシャルスキルと呼ばれるものがある。これを，学校の中で教える試みとして，授業の中に取り入れられることが増えた。昔は自然に学んでいた力だが，今日では，学校教育の中で，子どもに意識して身につけさせなければならないと考えられるようになったからである。

　ソーシャルスキルを育むとはいったいどういうことなのか。これを育ませると何がよいのか。どのようにそれを行うのか。本章では，それを考える。

1 ソーシャルスキル教育とは

対人関係スキルとして
のソーシャルスキル
人の悩みは，身体の健康，学業や仕事など
の社会的な活動，そして，対人関係の3点
に集約され，子どもも例外ではない。人と
の付き合いが上手で，無用な対人関係の悪化を招かないような力が
あれば，学校での適応も良好になるし，その後の人生を豊かにして
いくこともできるだろう。

　人と付き合う力の中で，学びによって身につく部分に着眼し，教
え育てることを強調した考え方に「ソーシャルスキル（social
skills）」がある。

> ソーシャルスキル：「良好な人間関係をつくり，保つための知識
> と具体的なコツ」のこと。「ソーシャル」は「対人的なこと」あ
> るいは「人間関係に関すること」を意味する。「スキル」は，知
> 識や経験に裏打ちされた技術のことである。

　ソーシャルスキルに似た言葉に，「社会性」や「社会的能力」な
どがある。「社会性」は，もともともっている器質や性格などを含
めた考え方である。また，「社会的能力」は，知的能力などのソー
シャルスキルを学ぶための資質，能力を含めた考え方である。つま
り，ソーシャルスキルは，教育や体験で変化できるところに限定し
て使われる言葉なのである。

　「人と付き合っていく力」のうち，**知識や経験に裏打ちされる**ソー
シャルスキルに注目すれば，それは教えることができるものである
と考えられる。人と頻繁にトラブルを起こす場合や，人を避けがち

である場合の背景にあるものとして，ソーシャルスキルの不足や，これまでに誤ったソーシャルスキルを学んできたことを想定することができる。ソーシャルスキルが不足をしているのならば，教えればよい。誤った学びによるならば，修正すればよい。そう考えられるはずである。

ソーシャルスキル教育とソーシャルスキル・トレーニング

ソーシャルスキル・トレーニングは，ソーシャルスキルの考え方から，対人不安の高い神経症の人を対象として開発された方法である。現在では，精神障害者の社会への復帰訓練や特別な支援が必要な障害者の養護・訓練，非行少年や犯罪者の矯正教育などで広く用いられている。心理療法として開発された方法だけに，その効果は劇的であるので，教育界では，アメリカやカナダを中心に，1980年代から活発に用いられるようになった。

日本では，ソーシャルスキル・トレーニングを応用して，2000年頃から，**ソーシャルスキル教育**として教育界に広まってきている（國分監修，1999，小林，2005，小林・宮前編，2007）。本来，学校教育の目的の1つに，社会性を育むことがある。特別活動や学級での集団生活などは，それを意図したものである。しかし，近年，子どもたちの社会性が稚拙になってきたことを指摘する声が増え，従来の特別活動や領域だけでは不十分との認識が生まれ，教科・領域の中で，教室単位や学校全体でソーシャルスキルを積極的に教え，効果的にスキルを育てようとするようになってきたのである。

ソーシャルスキル教育の意義と理論

なぜ，子どもたちの社会性が稚拙になったのだろうか。1970年代の半ばからの社会の急激な変化に伴って，社会性を育む機会がさまざまな場面で損なわれてきたことが関連していると考えられている。ソーシャルスキルを一番獲得するのは児童期であるが，そ

の時期に，集団で遊ぶ機会がなくなったことを指摘する学者が多い。生活や遊びの中で自然に身についていたソーシャルスキルを学びにくくなったようなのである。

それでは，ソーシャルスキルは，どのように学ぶのだろうか。

⑴　獲得の段階

ソーシャルスキルは，人との付き合いのうえで，体験を通して学ぶものである。この学びの中で，大きな役割を果たすのが，モデリング学習である。

モデリング学習とは，他者を模倣することで，行動を覚えることである（バンデューラ，1975）。犬は隣の犬が何かの芸をして餌をもらうのを見ても真似をしない。しかし，人は他者が何かで称賛されたり，認められたりしている姿を見ただけで，その行動を真似ることができる。このように，モデリング学習は，人間に特に強く見られる学習メカニズムである。

たとえば，「人の振り見てわが振り直せ」「他山の石」などの言葉がある。他人の欠点や，適切ではない行動を見て，自分の行動を正す意味をもつ。このプロセスもモデリング学習である。また，しつけるつもりで，大人が強い叱責をしても，子どもがその大人の怒り方を身につける場合がある。犬を怖がる人を見て，犬への恐れをもつ。このような形での学習も，モデリング学習である。

モデリング学習では，自分と似た者（「コーピングモデル」）を真似る力のほうが，理想のモデル（「マスタリーモデル」）を真似る力よりも強い。また，実生活での生きたモデル（「ライブモデル」）のほうが，映像などの擬似モデル（「象徴モデル」）よりも真似る力が強い。

モデリング学習以外にも，言って聞かされることや，書物や報道などの情報を記憶することでも，ソーシャルスキルを獲得できる。

　みなさんは，お寺や神社や教会に行かれて，はじめてお祈りやご焼香をしないといけないときや，普段は行かないようなレストランでお食事をしたりなど，はじめての文化に出会ったり，合わせたりしないといけないとき，どうされていますか？

　「どうやればよいのですか？」と本当は，質問ができればよいのですが，それも難しいですよね。

　そんなときは，前にやっている人が，どうやっているだろうとじっと見て，そのとおりに真似をするのではないでしょうか？

　実は，子どもも同じです。成長の途中で，まだまだ経験も少なく，知らないことも多い子どもたちは，まわりのことをよく見ながら，真似て，学んでいるのです。でも，もしそこにあるのが不適切なモデルだったら，そんなモデルがまわりに多かったら……不適切な方法を学んでしまうということにほかなりません。

　友達と遊びたいから，意地悪をする。自分の考えを通したいから，大声を出す，暴力を振るう。目の前のモデルを真似してみて，それがうまくいってしまったら，子どもはその方法を学習してしまうでしょう。目の前の子どもがそのような行動をとったとしても，はたしてそれは子どもだけの責任といえるでしょうか？

　「誰かが困っていたら，手を差し伸べる子どもになってほしい」

　「あいさつができる子になってほしい」「本を読む子になってほしい」「あきらめない子になってほしい」「謝れる子になってほしい」

　子どもに求めたい姿があります。大人として当然のことです。

　だからこそ大人や教師は，子どものモデルであることを，意識する必要があるでしょう。

　子どもは，大人のことを本当によく見ていますよね。

しかし，現代ではこの形態の学習が多く，テレビやコンピュータなど映像情報が溢れ，擬似的なモデルが多く示されている。反面，実生活で，生きたライブモデルを見て学ぶ機会が減少している。現代では地縁が崩れ，子どもに影響を与える重要な大人は，家族と学校の教師などに限られている。集団で遊ぶ機会も減り，年長との遊びも少なくなった。つまり，子どもが実生活の中で，生きたモデルを見る機会が減った。そのため，ソーシャルスキルを獲得する機会は貧困になり，総じて，子どものスキルが稚拙になってきたといえるであろう。

(2) 遂行の段階

上記の「獲得の段階」で習得されたソーシャルスキルは，**行動レパートリー**として記憶される。そして，現実の場面でそれを必要としたときに，行動レパートリーに組み込まれたスキルの記憶を思い出す。そのスキルを実行に移そうとするときには，自分が選択したスキルが，目の前の状況に変化を与えるうえで適切かどうかの損得勘定をする。つまりそのスキルが自分に都合のよい結果をもたらすかどうかを考える（これを「結果予期」と呼ぶ）。また，選択したスキルを失敗なく実行に移せるのかを考える（これを「効力予期」と呼ぶ）。以上の過程を「運動再生過程」と呼ぶ。

そして，そのスキルを実行に移す。実行に移した結果が，自分にとって，よい結果をもたらせば，そのスキルは，より用いられるようになる（これを「動機づけ過程」と呼ぶ）。つまり，スキルは，実際に運用され，よい結果が得られなければ，うまく身につかない。治療場面でも，学校教育の場面でも，獲得以上に時間を費やす必要があるのは，ソーシャルスキルを身についたもの，板についたものにする遂行の段階である。

ソーシャルスキル教育
の方法と考え方

以上をふまえて，ソーシャルスキルの獲得
と運用をめざしてつくられたのが，ソーシ
ャルスキル・トレーニングである。それを
教育の場面に応用したものが，ソーシャルスキル教育である。

　いずれも，基本的に，「インストラクション（教示）」「モデリン
グ」「行動リハーサル」「フィードバック」から構成されている。詳
細は本章第3節で述べるが，このうち，「インストラクション」と
「モデリング」は，スキルの獲得のためのものである。一方，「行動
リハーサル」と「フィードバック」は，スキルの運用のためのもの
である。

> **インストラクション**：スキルの中で獲得すべきスキルやポイント
> を強調して教えることである。
> **モデリング**：目標となるモデル（マスタリーモデル）を見せるこ
> とである。このときに，駄目なモデル（コーピングモデル）を対
> 提示して，目標とするスキルを際立たせるようにする。
> **行動リハーサル**：スキルを繰り返し練習することで，スキルを身
> につけるようにするプロセスである。
> **フィードバック**：目標とするスキルの遂行の具合について評価を
> 与えることである。

　この中で，特に重要なのが「行動リハーサル」の段階である。ス
キルは，身体に身につける必要がある。極端にいえば，考えずにで
きるようになるまでに洗練されるのが理想である。そうでないと，
日常生活での応用（これを「**般化**」「**定着化**」と呼ぶ）が効かないか
らである。行動リハーサルの段階では，楽しい雰囲気の中で，ゲー
ムなどの要素を取り入れながら，繰り返しても飽きないように工夫
する。その中で，目標とするスキルを繰り返して練習し，身につく
ようにする工夫が求められる。

ソーシャルスキル教育でめざすのは，学級集団の中で，互いが互いのスキルの向上を図れるように，その学級の多くの子どもを，広くソーシャルスキルが遂行できるように導くことである。互いを認め，ほめ，助けることのできる子どもを増やし，その子どもたちが，そのスキルを身につけていない子どものモデルとなる。その結果，学級全体の子どもたちのスキルアップが果たされていくことをめざすのである。

2 学校におけるソーシャルスキル教育

「子どもの見方」を変えてみる
　「一緒に遊びたいのに仲間に入れてくれない」「けんかの仲直りをしたいのに，話を聞いてくれない」「友達が本当は何を考えているのかよくわからない」「気がつくとたたいていた」など，子どもたちの声に耳を傾けていると，学年や発達段階に応じて1人ひとりそれぞれが困っているのだということが伝わってくる。「一緒に遊びたいなら『遊ぼう』と言えばいい」「『ごめんなさい』って一言言えばいい」「人の気持ちなんてわからないのがあたりまえ」「たたくのはいけないことです」そんな言葉を返しても，子どもたちが困っていることや不安に思っていることの解決にはならない。子どもたちは，その「遊ぼう」や「ごめんなさい」の一言が言えなくて困っている。相手の気持ちや，自分のことがよくわからなくて不安になっているのである。大人たちはそんな子どもたちを見て，「あの子は引っ込み思案な子だから」「あの子は暴力的な子だから」などと，その子がもって生まれた性格のような言い方をすることがある。「だから仕方がないのだ」と済ませてしまう。

「そんな子どもの見方をちょっと変えてみませんか。そうしたら問題となっていることが解決していくかもしれません」という方法の１つが，ソーシャルスキル・トレーニングの考え方であり，学校の教育活動として意図的計画的にソーシャルスキル・トレーニングを行っていこうとするのがソーシャルスキル教育である。

学校におけるソーシャルスキルという考え方

ソーシャルスキルとは，前述したように「人間関係に関する知識と具体的な技術やコツ」のことである。このような**「人付き合いのコツ」**を私たち大人はどのようにして身につけてきたのであろうか。人は経験を通してこのことを学んできたのである。自分と他者との関係を結ぶ行動は決して生まれつきのものではなく，どこかで学んできたのである。そのような視点で子どもたちの行動を見てみると，多くの問題は，子どもたちの対人関係の調整能力の低下に起因すると考えることができる。すなわち，子どもたちは，「必要なソーシャルスキルを学んでいない」または「ソーシャルスキルは知っていても，その遂行ができない」「不適切なスキルを学んでしまった」ということが考えられる。そこで，対人関係のつくり方や保ち方を教えることが大切になってくる。対人関係上の問題を乗り越える方法や集団を楽しむ方法を学校という場で教えてみようということなのである。

ソーシャルスキルの有効性

子どもたちにソーシャルスキルが身につけば，第１に現在の適応状態を改善することができる。適応上の課題を抱えている子どもにとっては，友達や教師，保護者とどのようにかかわればよいかという，具体的な方法がわかり行動できれば，改善の手がかりとなるからである。また，現在は特に問題を抱えていない子どもにとっても，お互いの意思を的確に伝え合ったり，自分や相手のよさに気

づいたりすることができる。第2に，将来の精神面の課題に対して，予防的な効果を発揮する。特に，発達的に早い段階から人間関係に関する知識や，人とかかわるコツを学んでおけば，子どもたちが今後出会うであろうさまざまな対人葛藤やストレスに対して適切に対処できるようになるであろう。

学校でソーシャルスキルを教えよう

今までは，自然に学んでいた「ソーシャルスキル」というものが，遊び集団の変化や家族のあり方，地域の結びつきや社会の価値観の変化などにより，学べなくなってしまった。人と一緒に何かをするということは心地よいのだという体験をする機会が大きく減ってしまったのである。しかし，幸いにも学校には多くの子どもたちや大人がいる。よりよいふるまいをしている子どもたちをモデルとしたり，自分のふるまい方を確かめたりすることができる場があり，ソーシャルスキルについて考え，実践する場面がたくさんある。よって，学校は，ソーシャルスキルを学ぶ最適な場であるといえよう。

ソーシャルスキル教育で何を学ぶのか

ソーシャルスキル教育を意図的・計画的に行うにあたり，子どもたちは「何を学ぶのか」を知っておくことが大切である。第10章表10-2に学校生活で必要な基本的なソーシャルスキルの例を示したが，大きく分けると以下の4つを学ぶ。

(1) 人間関係についての基本的な知識

　　友達の遊びに加えてもらったり，仲直りをしたりするには，どうすればよいのか，などの適切な行動についての基本的な知識を学ぶ。また，人間関係に関するルールやマナーについても学ぶ。

(2) 他者の思考と感情の理解の仕方

　　他者との関係を適切にするために，ほかの人が何を考え，何を

感じているのかを相手の言葉や表情，身ぶりから読み取る方法を
学ぶ。

(3) 自分の思考と感情の伝え方

自分の考えや思いを伝えるために，まず自分が何を考え，どのように感じているかをつかみ，それを言葉，表情，身ぶりを使って適切に伝える方法を学ぶ。その際，感情のコントロールがうまくできない子どもたちはその方法も学ぶ。

(4) 人間関係の問題を解決する方法

子どもたちが出会うさまざまなトラブルや葛藤に対処できるように，対人関係の問題を解決する方法を学び，解決する能力を高める。

3 ソーシャルスキル教育の実施方法

● 計画的なソーシャルスキル教育

第1節で述べたとおり，ソーシャルスキル教育は基本的には，①**インストラクション**（子どもたちは保護者や周囲の大人から，具体的なふるまい方やルールを言葉で教えられ，それを実行することでソーシャルスキルを身につける），②**モデリング**（友達やほかの人がとった行動や反応が，どんな結果をもたらしているかを観察することで，どのように行動すればよいかを学び，またその行動を真似てみることで身につけていく），③**行動リハーサル**（場面を思い浮かべ，頭の中で反復をしたり，実際の行動の中で繰り返し行ったりしてみて，知識として覚えたことを速やかに行動に移せるようになる），④**フィードバック**（行動をしたときに周囲から認められる。その認められ方でその後，その行動を繰り返すかを決める），⑤**定着化**の5つの技法を使って行う。

ソーシャルスキル教育には大きく分けると「構成的」「非構成的」

の2つがある。その1つである構成的なソーシャルスキル教育は，意図的・計画的に場面を設定し，学習として取り組む方法である（非構成的なソーシャルスキル教育は第4節で説明する）。

この考え方を使って「上手な断り方」の学習を例に見てみる。

| 導入で |

子どもやクラスの実態と教師の願いから**目標スキル**（ターゲットスキル）を決める。それがこの学習のねらいとなる。たとえば「私の願い」という頼み方の学習後，「頼まれても，断りたいときはどうすればいいのか」という疑問がわいてきた子どもがいた。また，うまく断ることができなくて困っている子どももいる。そこで次は「上手な断り方」を目標スキルに決める。

| インストラクション |

このスキルを身につけることがなぜ必要なのかを感じさせる。「うまく断ることができなくて困っている」などの実際の例を挙げて，子どもたちがこのスキル「上手な断り方」を身につけたい，学習したいと思うように働きかけをすることが重要である。攻撃的な断り方は関係を壊してしまうことや，断ることも悪いことではなく，必要な場合があることを話す。それを身につけたら，こんなふうによいだろうなというイメージをもたせることも有効である。この段階で，いかに子どもたちのモチベーションを高めるかということがとても重要になってくる。

| モデリング |

身につけさせたいスキルのモデルを示す。身についている子どもにモデルをやってもらうのもよいし，教師自身がやってもよい。絵本や動画を使うのも有効である。子どもにモデルになってもらうためには，目標スキル「上手な断り方」が，どの子どもにどのくらい身についているかを教師が知っておくことが大切である。ただし子どもがモデルを行う

場合，配慮をしてほしいことがある。それは子どもが行ってうまくいかないときでも，その中でよいところを見つけて子どもに返すことである。また，よくない例は子どもではなく，教師がしてほしいと思う。子どもが攻撃的なよくない例をやってみて，相手が言うことを聞いてしまったとき，その行動を学習してしまい，繰り返そうとしてしまう場合があるからである。

行動リハーサル 身につけさせたいスキルを実際に繰り返し練習する。ロールプレイの技法を用いることが多い。ロールプレイを行う場合は，現実味のある具体的な場面を想定しながら行えるようにする。また小学校の低・中学年では台本を使って行ったり，スキルによってはゲーム形式にしたりするなど，子どもたちが楽しく，繰り返し行えるように工夫する必要がある。

フィードバック この学習を通して，感じたことやわかったことを言葉にして出し合ったり話し合ったりする。学習の最後に行う，振り返りとしてのフィードバックはもちろん必要であり，身体で感じたことを出し合える雰囲気をつくっておくことも大切になる。また，学習の最後だけでなく，子どもたちが学習中に示した言葉や行動の中にも，肯定的な側面を見出してそれを強調する。もしも不適切であれば，修正を加える。学習中にはたくさんのフィードバックの場面がある。教師の言葉かけや表情，うなずきやポンと肩に触れるしぐさなども，子どもたちにとっては貴重なフィードバックとなる。「実際にやれるかも」という気持ちをもたせたい。

定着化 スキルの遂行の段階でスキルを応用させることを指す。心理学でいう「般化」にあたるが，学校文化に馴染ませるよう「定着化」と呼ぶ。学んだスキル

が，日常生活において実践されるようにする。またそれは学習の中で身につかなかった子どもに対しても行わなくてはならない。ただし，同じ内容の学習を繰り返すのはあまりよい方法であるとはいえない。そこで，そのスキルを使わざるをえないようなイベントを組んでみたり，日常の子どもたちのトラブルをチャンスとしてとらえ，トピック的に扱ってみたりする。またスキルを身につけていくには，保護者の協力や他の学級や他の学年などの協力も必要である。別の場でスキルを試すことができるよう宿題を出したり，個人的にかかわったりする場合もある。スキルは使わなければ鈍っていく。しっかりと身につくように実生活の中で繰り返し行っていきたい。

*

このようなプログラムを年間にわたって組み，クラスの中で行っていくのである。

4 継続的なソーシャルスキル教育
● 日常生活における実践

ソーシャルスキル教育の大きなもう1つの柱は，非構成的とも呼ばれる，学校のあらゆる場面でソーシャルスキルを学ばせていくという方法である。

教師の意識ひとつで，学校を子どもたちがソーシャルスキルを身につける場とすることができる。ソーシャルスキルの学びは，教科書や決まった学習の形態があるわけではない。小学生にとっては遊びも含め生活すべてが，スキルを学ぶ場となる。特に，**集団遊び**の中では，たくさんのモデルが存在し，行動リハーサルの機会もたくさんある。仲間からのフィードバックもたくさんあり，子どもたちの間で感情の交流がある。スキルアップの場としては最適であると

思われる。そうやって，深く意識することなくスキルを身につけて
きた人たちも多いであろう。

　しかし，最近では，集団遊びが成立しにくくなってきた。集団で
何かを行うこと自体が困難になっている。その原因はさまざま指摘
されているが，良くも悪くも，集団という枠組みが残っている学校
という場において対策を講じていく必要があるであろう。

　教師自身がその意識をもつことで，学校のあらゆる場を子どもが
ソーシャルスキルを学んでいく場，体験する場に変えていくことが
できる。特に，「心地よさ」をキーワードにすることで，子どもの
ソーシャルスキルの向上を仕組むことができると考えている。

あいさつの心地よさ　「おはようございます」。朝，子どもたちと
　　　　　　　　　　　　の出会いがある。学校の門で，校庭で，教
室で，廊下で……あいさつの機会がある。あいさつはソーシャルス
キルの基本である。だからといって，いわゆる「元気で，明るく，
礼儀正しいあいさつ」を一方的に求めているのではない。「存在を
認める」ため，「安心を与える」ための「心地よさ」を味わえるあ
いさつを行いたい。そのためには，教師が子どもたちのあいさつか
らさまざまなものを受け取る感覚やスキルをもちたい。

　あいさつには2つのプラスαの工夫が考えられる。1つは，ポジ
ティブさ。相手が発してきたあいさつの声や表情よりもほんのちょ
っとポジティブで元気な大きなあいさつを返す。もう1つは，一言。
見てわかる子どもの様子と感情を表す言葉をそっと付け足す。「元
気そうだね。いいねえ」「調子よくないかな？　大丈夫？」など，前
の日に気になった子どもや職員室で名前が出ている子どもにも何気
なく目をかけるように意識する。わざとあいさつをしないで通って
いこうとする子にも声をかける。気にかけてもらえないのは，誰に
とってもとてもつらいことである。「心地よさ」をもって1日のス

タートをきれるように仕組みたい。

名前を呼ばれる心地よさ

朝の会での出席確認はとても大切なものである。出席確認の際に意識しておきたいことが3つある。

1つ目は，名前を大切にすること。名前を大切にすることはその人を大切にすることにも通じる。そのために，子どもの名前を間違わないように呼ぶよう，準備をしたい。子どもが自分の名前を呼ばれることに心地よさを覚えていれば，簡単に友達のことを「おい」や「おまえ」などと呼ぶことにひっかかりを感じるであろう。もしそれでも，そのような呼び方が見られるのであれば，呼ぶ側の子どもへの配慮を考えていくきっかけとなるであろう。

2つ目が，その子どもが主役の時間をつくること。教室の友達に対しても，教師に対しても1対1で向き合えるような時間と考えたい。もちろん学習の中でも子ども1人ひとりが主役になる場面を仕組むことが一番である。しかし，必ず毎日そうできるわけではない。そこで，出席の返事の後で一言付け加えてもらうとよい。1人30秒から1分間程度しかとれないが，身体の様子や心持ちを話してもらうのである。

3つ目が体調を知ること。1人ひとりが大切にされている感覚を味わえるように，身体の様子や気持ちの状態を受け取る。養護教諭との連携や，子どもへの配慮はもちろんであるが，たとえば体調がよくないときにけんかをしがちな子どもに対して，「そういうときはけんかになりやすいけど，大丈夫かな？」と一声かけておくことで，ほかの子どもたちにその子への気配りを促すことができる。そして，これらのような教師の姿をモデルとして子どもたちに見せていくことも大切な目的となっている。

　子どもたちにとって授業時間は学校生活の中での大半を占める大切な時間である。教師が一番時間や労力を使うところでもある。その内容や進め方を教師が意識すれば，教科領域等の授業時間もソーシャルスキルを学ぶ場とすることができる。1時間で完結させたりするなど，授業時間のみの取り扱いもあるかもしれないが，学校生活全体をソーシャルスキルを学ぶ場と意識することで，バラエティに富んだ取り組みが期待できるようになるだろう。いくつかの例を挙げたい。

(1)　国語：「上手な聴き方」

　話の聴き方は，「話すこと・聞くこと」として，6年間にわたって学習指導要領に出てくる内容である。それぞれの学年に応じて「大事なことを落とさない」「話の中心に気をつけて」「相手の意図をつかみながら」というポイントが出てくる。その学習の導入として，ソーシャルスキルとしての「上手な話の聴き方」を取り上げ，子どもたちが聴いてもらうことの心地よさを十分に味わってから学習につなげたい。

(2)　算数：「問題の解き方」

　「問題を考える順番」がある。①問題が何を求めているかを整理する。②わかっていることは何かの関係を図などを使って明らかにする。③予想を立てる。④計算方法を立て，計算する。⑤検算する。確かめる。この考え方は，トラブルなどの問題を解決する方法を考えるときとよく似ている。だから，覚えなさいと伝えるのではなく，やり方を教室に掲示したり，算数の問題に繰り返し取り組んだりすることで，課題に対する解決の仕方にも順番があることを体験させたい。

(3) 体育：「目と目で通じ合う」「自分や友達の身体や動きを感じよう」

　ゲーム領域やボール運動領域の学習において取り組むチームによる学習では，**集団技能**や，チーム内外のかかわり方を学ぶ機会が多い。チームを編成し，自分たちが考えるよりよいチームとしていくために，学習を進めていく。その中で，アイコンタクトを行うこと，声をかけることで，チームのめあてが実現されていく心地よさを味わっていく。学習のはじめに行うオリエンテーションでアイコンタクトについて伝え，学習の中で実践していくのである。

　また，身体ほぐしの運動では，手軽で夢中になれる運動を行い，身体を動かす楽しさや心地よさを味わうことによって，自分や仲間の身体の状態に気づき，身体の調子を整えたり，仲間と豊かに交流したりする。心や身体を「ふわー」っとリラックスさせたり，「ぴたっ」と動きを合わせたりする心地よさを味わうのである。

(4) 社会：「教えてください」

　社会科や生活科，総合的な学習では，見学や体験に行ったときに，地域や施設の方にインタビューをする機会が多い。相手に質問をするときには，質問に順番があることを伝える。質問をする役を交代して行うことで，どのように質問すれば，相手が気持ちよく答えてくれるかということを，身をもって体験していく。マイクやボイスレコーダーなどを用意して，楽しみながら取り組めるようにしていくのである。

(5) 道徳：「ありがとう」

　NHK for School の番組や絵本には，「ありがとう」の大切さ，心地よさを伝えるつくりになっているものがある。この番組や絵本を見た後，どのように言ったら「ありがとう」の気持ちがよく

伝わるか，どのように言われたら心地よいかを動作や表情も含めて練習する。子どもたちが気持ちのよい「ありがとう」の伝え方を学ぶことで，相手も自分も心地よさを味わえることを体験し，「ありがとう」の気持ちを伝えられるようにしていく。

学級活動：「自己紹介」「いいとこさがし」

子どもたちとかかわっていて，最近特に感じていることがある。それは，自己評価が低い，自尊感情が乏しいということである。自己紹介では，①名前，②特長，③今感じていること，④あいさつをするように伝えているが，②の特長がなかなか出てこない。特技や長所，頑張っていることや夢中になっていることがない，わからないというのである。恥ずかしくて言えないという子どももいるが，そればかりではないように思う。まわりの友達や大人から自分のよさを伝えてもらっていないことが大きいのではないか。そのため，席替えや学期末などにできるだけ「いいとこ探し」を行っていく。そして，機会をとらえて，それらを伝える言葉かけを体験し，より心地よさを味わえるようにしていくのである。

休み時間

休み時間は，ソーシャルスキルを身につける機会の宝庫である。道徳や学級活動の時間などで取り組んできた，仲間の誘い方「一緒に遊ぼう」や仲間への入り方「入れて！」を，実際に遂行する場面がたくさんある。しかし，実際の場面になるとうまくいかない子どもたちもいる。そんなときこそ教師の出番となる。教師自身がモデルとなるのである。あえて遅れて校庭に行き，後から仲間に加わるというシチュエーションをつくり，大きな声で，「入れて！」，入れてもらったら，「ありがとう！」と言う。また，自分が先に遊んでいた場合の，「一緒に遊ぼう！」や「いいよ」を見せる。また，休み時間には，けんかなどのトラブルはつきものである。「トラブルはチャンス」と考え，

ソーシャルスキルを身につけられるように，上手な感情の表し方や，トラブルのおさめ方などを実践し，実際の場面での有効性やうまくいったときの心地よさを味わわせたい。

縦割り活動

学校は，**異年齢の集団のかかわりを意図的**に組むことができる場である。異年齢児とのかかわりでは，同学年児同士以上に子どもたちにソーシャルスキルを身につける機会が豊富にある。ふるまい方のモデルがたくさん存在することもそうであるが，年下の子どもに対してその子ども自身が，よいモデルになろうとする瞬間が見られるからである。絵本の読み聞かせを行ったり，集会でゲームをしたり，掃除などに取り組んだりと，異年齢児とのかかわりを仕組む方法はたくさんある。幼稚園を併設している学校では，幼稚園児も巻き込むなどして，異年齢児とかかわることで得られる心地よさを体験させたい。

給食，掃除，係活動

当番活動や係活動など，学級全体で何か作業をする機会が学校にはある。そのような場では，物事を頼んだり，頼まれたりという場面が見られる。学級活動や道徳の時間に学んだ「やさしい頼み方，上手な断り方」の実践の場となる。作業中も教師は，アンテナを張り，うまくスキルを発揮している子どもに対しては，「今の頼み方上手だね。手伝いたくなるね」「そうやって断られると，OK って思うね」というようなフィードバックを返せるようにしていたい。また，教師はつい命令口調で作業を頼みがちだが，丁寧な口調でソーシャルスキルのモデルを実際に見せるとてもよい機会でもある。

帰りの会

帰りの会の時間は，とてもあわただしく，ゆったりとした時間を過ごすことが難しいのが実際であろう。しかし，明日もまたみんなで会えるようにという気持ちを込めて，1日のフィードバックを行いたい。「気をつけ

よう」というべきことは，しっかり伝えるが，あまり長くならない
ようにして，「よかったね」ということを振り返るのにゆったりと
時間をとりたい。「今日 1 日いろいろなことがあったね。1 人ひと
りに成長があったね。人とかかわることって心地よいね」というこ
とを伝えられる帰りの会になるよう工夫したい。

保護者と

子どもに教えるだけでは，ソーシャルスキ
ルは身につかない。学校という場だけでも
不十分である。保護者の協力が絶対に必要である。そのために，**保
護者会**などの機会を使って，ソーシャルスキルを身につけることの
必要性や感情を扱うことの大切さを伝えていきたい。保護者に対し
ても，1 年間をかけて，ソーシャルスキルのスキルアップ教育を仕
組んでいくのである。実際に子どもたちが行っている「上手な聴き
方」や「やさしい頼み方」などの学習を体験してもらい，保護者自
身に心地よさを味わってもらう。また，「子どもへの触れ方」や
「感情の扱い方」などを伝えて，家庭で試みてもらうのである。保
護者とつながることも，子どものスキルアップを図っていくうえで，
学校の大きな仕事であると考えている。

教職員と

小学校は，教科担任制が基本ではない。学
級担任制のため，担任教師 1 人に負うとこ
ろが大きい。しかし，子どもにとってソーシャルスキルのモデルは
複数あったほうがよい。実践の場もフィードバックも，多いほうが
よい。学校全体として 6 年間を見通し，チームを組んで取り組みた
い。そのためには，チームになれるだけのソーシャルスキルを教師
集団自身が身につける必要があるだろう。研修会で取り上げたり，
学校の特色として取り組んだりできればよいが，なかなか難しいの
が現実である。しかし，学校で起きている問題の多くに社会性の課
題があるという認識は，多くの教師がもっているだろう。ソーシャ

ルスキルについて感情のコントロールも含め教師自身がスキルアップしていかなくてはならないと考えている。

＊

　ここに挙げたものは，厳密にいうとソーシャルスキル・トレーニングとはいえないものも含まれている。しかし，子どもの**社会性**を高める，ソーシャルスキルを身につけることを視野に入れたかかわりであるとはいえるであろう。教師は，子どもや学級の実態，自分の力量に合わせて，いろいろなプログラムを取り入れる存在であってよい。ソーシャルスキルのプログラムもその１つではあるが，子どもたちの社会性や，集団がもつ社会性を育む力を考えたときに，学校という場は特に社会性を意識して動いていく必要があると感じる。これからも，人とかかわる方法は学ぶことができるという考えをもち，子どものソーシャルスキルの習得，実践を意識的に仕組み，心地よさの体験を重視したスキルアップ教育を考えていきたい。
（本章第４節は小林正幸「小学校の教育活動の中でのスキルアップ教育」〔小林・宮前編，2007〕をもとに加筆・修正したものである）

 引用・参考文献

相川充（2000）『人づきあいの技術——社会的スキルの心理学』サイエンス社

國分康孝監修／小林正幸・相川充編（1999）『ソーシャルスキル教育で子どもが変わる——楽しく身に付く学級生活の基礎・基本，小学校』図書文化社

小林正幸（2002）「ソーシャルスキルをどうやって身につけるか」『児童心理』２月臨時増刊，49-53

小林正幸（2005）『先生のためのやさしいソーシャルスキル教育』ほんの森出版

小林正幸・宮前義和編（2007）『子どもの対人スキルサポートガイド
　　――感情表現を豊かにする SST』金剛出版
バンデューラ，A.／原野広太郎・福島脩美訳（1975）『モデリングの心
　　理学――観察学習の理論と方法』金子書房

第8章

ライフスキルを育む

　　子どもたちがよりよい生き方を実現するために，学校教育は何を重視したらよいのだろうか。

　　子どもたちの非社会的な行動，反社会的な行動，薬物乱用，暴力などを予防する方法はないのだろうか。こうした問題行動の未然防止に必要なのはライフスキルの形成である。

　　ライフスキルを育むとはいったいどういうことなのか。これを育むと何がよいのか。どのようにそれを行うのか。ここでは実践例を交えて考えてみる。

1 ライフスキル教育とは

ライフスキルとは　ライフスキルとは，世界保健機関（WHO）が1993年に提唱した概念で「日常的に起こるさまざまな問題や要求に対して，より建設的かつ効果的に対応するために必要な能力」と定義している（WHO編，1997）。つまり生きる力であり技術である。WHOは青少年の健康増進をめざす中核となるスキルとして10のスキルを示している。「意思決定」「問題解決」「創造的思考」「批判的思考」「効果的コミュニケーション」「対人関係スキル」「自己意識」「共感性」「情動への対処」「ストレスへの対処」である。

この中でも，よりよく生きていくための基盤として，以下の5つのライフスキルが重要といわれている。①セルフエスティーム（健全な自尊心，つまり肯定的自己概念）の維持，②意思決定や③目標設定などの問題解決スキル，④ストレスマネジメント（ストレスへの対処スキル），⑤よいコミュニケーションスキルである。図8-1に示し

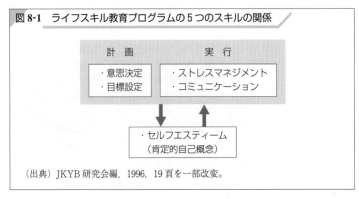

図8-1　ライフスキル教育プログラムの5つのスキルの関係

計　画

・意思決定
・目標設定

実　行

・ストレスマネジメント
・コミュニケーション

・セルフエスティーム
（肯定的自己概念）

（出典）JKYB研究会編，1996，19頁を一部改変。

たように，この5つのライフスキルの関係は，セルフエスティーム
がベースになってこそ，主体的な生き方が実現できるといえる。

　以下，この5つのライフスキルを説明する。

(1)　セルフエスティーム

　自分自身の性格，長所，短所など自身を認識できるスキルのこと
である。自分が価値ある存在であること，自分に対して肯定的な感
情をもっている場合にはセルフエスティームが高くなる。セルフエ
スティームが高ければ，将来にわたって自分を大切にする行動がで
きることになる。共感性のスキルと補完し合っている。共感性のス
キルは，まわりの人を理解し相手の価値観に共感できることで，相
手の気持ちを肯定的に受けとめることができる。自分を認識してい
ればこそ他者への共感ができるようになる。

(2)　意思決定スキル

　さまざまな選択肢の中からよりよいものを判断して選択して決め
るスキルである。問題解決スキルと補完し合っている。

(3)　問題解決スキル

　日常のさまざまな問題に対して建設的に対処するスキルである。
意思決定スキルと補完し合っている。

(4)　ストレスマネジメント

　日常生活でのストレス源を認識し，ストレスの影響を知り，スト
レスのレベルを調整できるスキルである。物理的環境やライフスタ
イルを変えることでストレス源を少なくすることができる。避けら
れないストレスによる緊張が健康問題に影響を与えないようにリラ
ックスする方法を学ぶスキルである。情動への対処スキルと補完し
合っている。

(5)　コミュニケーションスキル

　言語的にまたは非言語的に自分を表現する能力である。意見や要

望だけでなく欲求や恐れを表現できること，必要なときにはアドバイスや助けを求められるスキルである。

ライフスキルは，文化的・社会的要因で性質が規定される。そのため，ライフスキル教育の内容は，国・地域レベルで定める必要がある。諸外国のライフスキル教育については Child to Child ホームページを参照されたい。

日本の代表的な団体としては，公益社団法人日本 WHO 協会，Lions Quest による「思春期のライフスキル教育」，NPO 法人ライフスキル研究所，JKYB（Japan Know Your Body）研究会などがある。

ライフスキル教育　ライフスキル教育は，好ましい健康行動，好ましい人間関係，そして心の健康につながる心理的・社会的能力を育てる学習である。今日の急速な社会の変化に伴って，子どもの生活環境や家族関係，生活体験の希薄さによって伝統的に伝わっていた機能が役割を果たさなくなってきた。これからの社会を担う子どもたちには学校教育のさまざまな分野でライフスキル教育に取り組む必要がある。

一般的に，ライススキル教育の指導法は，他者の行動とその結果の観察学習の方法である。学習活動としては，子どもたちの主体的な参加型学習を中心にしたブレイン・ストーミング，ロールプレイ，ゲーム，ディベートなど体験や経験を通した方法を用いた実践的な形態をとる。

ライフスキル教育の確立　文部科学省が 2017（平成 29）年に告示した学習指導要領改訂の基本的な考え方や学習方法には，ライフスキルの育成に関する内容が含まれている。将来にわたる「生きる力」の育成をめざした

特別教科化など道徳教育の充実や体験活動の重視，体育・健康に関する指導の充実により，豊かな心や健やかな身体を育成することをねらいとしている。学習方法は主体的・対話的で深い学び（アクティブ・ラーニング）を取り入れた授業改善を示している。ライフスキルの育成をめざした各教科・領域を横断したカリキュラム・マネジメントの視点が期待されている。

　以下，学習指導要領に示された中から，道徳科，特別活動の領域に絞ってライフスキルの育成にかかわる内容と学習方法を述べる。

(1) 特別の教科道徳

　道徳教育は，自己の生き方を考え，主体的な判断のもとに行動し，自立した人間として他者と共によりよく生きるための基盤となる道徳性を身につけることを目標とすることとされており，ライフスキル教育がめざすものと重なる部分がある。道徳教育を進めるにあたっては，各学年を通じて，自立心や自律性，生命を尊重する心や他者を思いやる心を育てることに留意する。①第１学年および２学年はあいさつなどの基本的な生活習慣を身に付けること，善悪を判断し，してはならないことをしないこと，社会生活上のきまりを守ること。②第３学年および第４学年は身近な人々と協力し助け合うこと，集団や社会のきまりを守ること。③第５学年および第６学年においては，相手の考え方や立場を理解して支え合うこと，に留意する。

(2) 特別活動

　特別活動の目標は，「集団や社会の形成者としての見方・考え方を働かせ，様々な集団生活に自主的，実践的に取り組み，互いのよさや可能性を発揮しながら集団や自己の生活上の課題を解決することを通して，次のとおり資質・能力を育成することを目指す」である。

資質・能力は，以下の3つが挙げられている。①多様な他者と協働するうえで必要となることについて理解し，行動の仕方を身に付けるようにする。②集団や自己の生活，人間関係の課題を見出し，解決するために話し合い，合意形成を図ったり，意思決定したりすることができるようにする。③集団や社会における生活および人間関係をよりよく形成するとともに，人間としての生き方について考えを深め，自己実現を図ろうとする態度を養う。

特別活動は，実践を重視した領域独自の学習過程を特徴としている。学級活動として行う際の例として①問題の発見・確認（活動内容），②解決の方法などの話し合い，③解決方法の決定，④決めたことの実践（必要に応じて），⑤振り返り，次の課題解決へ展開する，という手順が挙げられている。ライフスキル教育の学習方法と重なっており，各学校で時間を確保して実践されることが期待される。

2 ライフスキル教育と学校保健

ライフスキル教育の目標は，ヘルスプロモーションの理論と概念に含まれる。ヘルスプロモーションとは，個人と社会の両面から健康をつくるプロセスを意味している。健康はそれ自体を目的とするのではなく，社会や個人の資源として，Quality of Life（生活の質）の向上に資するとする考えである。目標を実現するためには，政策づくり，環境づくり，地域活動の強化，個人技術の開発，ヘルスサービスの方向転換の5つの活動の有機的な連携が求められている。

健康教育　　ライフスキル教育の一環として，学校における がん教育が推進されている。背景には，日本ではがんが1981年以降死因の1位を占め，がん対策基本法（2006年）の施行により予防・医療・研究・就労・教育等総合的な推進が定められたことがある（法の3章に，がんに関する教育の推進がある）。学校教育でがんを扱う意義は，「健康と命」について児童が主体的に考え，行動する力を育成することである。がんを扱うことを通じて，ほかのさまざまな疾病の予防や望ましい生活習慣の確立を含めた健康教育の充実を図ることが期待されている（文部科学省「がん教育推進のための教材　指導参考資料」）。

　禁煙教育は，がんとの関連だけでなく，COPD（慢性閉塞性肺疾患）との関連もあり，行われている。COPDの原因の90％がタバコであり，禁煙で発生予防と進行の阻止が可能になる。

　たばこ対策として，WHO（世界保健機関）では総合的な対策を推進しているが，世界のたばこ対策の実施状況をみると，課題が多いことが示されている。日本は，健康増進法の一部を改正する法律（2020年4月全面施行）で受動喫煙対策が強化された。未成年の喫煙率は低下しているものの，加熱式タバコの喫煙率が20代，30代では5割を超えており，加熱式タバコの禁煙対策が課題となっている（厚生労働統計協会，2020）。

　学校におけるライフスキル教育は，保健と医療の動向や学校保健行政の動向をみながら，学習指導要領の改定をふまえ，学校や地域の実情に応じた実践が期待されている。

保健教育　　心身の健康保持増進とかかわりが深い教科には理科・社会科・家庭科・特別活動・道徳・総合的な学習がある。教科の特質に応じて生涯の健康・安全で活力ある生活を送る基礎が培われるように配慮することが求められ

　自分が不安になったとき，どうしていますか。その不安に直接働きかけるか，別な方法を用いて軽減させるかのどちらかと思いますが，具体的にいろいろな方法が頭の中に浮かぶことでしょう。しかし，子どもたちは不安やストレスの解消法の選択肢の幅が狭いように感じます。大人のように多くの方法を実行することを許してはもらえない立場でもあります。知らないか，知っていてもできないのです。だからこそ，ストレスマネジメント教育を行い，知らない子どもにはその対処法のレパートリーを増やしてやりたいと思います。

　院内学級という場で，子どもたちのかたわらにいると，入院をしながらの生活の中ではたくさんの不安を感じ，ストレスを受けていることを感じます。どの子どもも，自分なりの方法を見つけて対処をしています。しかし，自分の病気や怪我，治療に対する不安や治療に伴う苦痛に対して直接対処するということは難しく，時には感情を感じないようにして乗り切っている姿も見られます。「ゲームやマンガの世界に入れば，嫌なことは忘れられるよ」と明るく言ってくる子に対して，どーんと構えているのはエネルギーのいることでもありますが，「大変なんだよ！」という気持ちを学級で少しでも出してもらえたらと思っています。

　子どもたちが話してくれた対処法のポイントは次の2つです。1つは「自分は幸せなんだと思うこと」，もう1つは「自分を支えてくれる，大切に思ってくれる人たちがいるということを感じること」です。「ぼくは，ご飯が食べられても幸せだし，お家に帰ることができても幸せ。みんなが幸せと思わないことも幸せに感じられる。だから，ぼくのまわりには幸せがたくさんあるんだよ」という言葉は忘れられません。

　教師やカウンセラーという仕事もそして親という立場も，ストレスがたまったり不安を抱えやすいものです。彼ほど強くない筆者は支え合うかかわりをもつことで乗り越えていきたいと思っています。

る。ライフスキル教育に生かせる内容について以下に紹介する。

　小学校入学当初においては，生活科を中心とした合科的・関連的な指導や，弾力的な時間割の設定を行うなどの工夫をする。

【第3学年及び第4学年】　体の発育・発達においては自分と他の人では違いがあることに気付き，それらを肯定的に受け止めることが大切である。

【第4学年及び第5学年】

　心の健康について，課題を見付け，その解決を目指した活動を通して，心の発達や心と体の関係，不安や悩みへの対処法などを身に付けることができるよう指導する。

　けがの防止や病気の予防について，課題を見付けて，その解決を目指した活動を通して，喫煙，飲酒，薬物などの健康への影響を学ぶことができるよう指導する。

　ライフスキル教育については，健康教育の枠を超えて学校体育やスポーツのライフスキルプログラム開発の研究報告がある。発達障害のある子どもたちが大人になったときの「生活の質」を確保するためのライフスキルのトレーニングの実践等，集団やグループ以外に，幅広い対象年齢への応用が展開されている。

実践例①

◢児童保健委員会による喫煙防止教育

　児童保健委員会の生き生きした活動は人気がある。保健委員は1学級2名の定員で，その枠を競ってジャンケンやくじ引きで勝ちぬいた意欲満々の児童が集まる。保健委員会の雰囲気が児童や教員の健康への興味と関心を牽引して，学校の健康教育を充実させる役割を担っている。児童保健委員会の活動は，学校からの通信を通して家庭や地域へ発信され，家庭や地域の健康づくりに貢献している。

担当教員は，保健委員会の児童を保健のリーダーとして育てたいと考えている。そして，委員会活動の中で「人体と健康」「健康と環境」について学習する時間を計画している。児童が日常生活の身近にある健康問題に気づいて，その解決に向けて主体的な取り組みを行えるよう根気強く支援している。

　ここで取り上げる児童保健委員会による喫煙防止の取り組みは，児童が主体となって話し合いを重ね展開し，学校と家庭や地域の喫煙防止に寄与したといえる。以下，特別活動の手順に沿って紹介する。

1. 問題の発見・確認（活動内容）

　まずは，教師が紹介した「タバコの害」の本や画像，動画で学習した。その際，禁煙防止教育では，「喫煙」という行為を問題として扱うのであって，喫煙者やタバコを生業としている人を非難することではないことを説明した。学習した後で，児童は意見交換をした。児童が直接困っていることは家庭内の喫煙だった。「お父さんがタバコを吸うと頭が痛くなる」「お母さんがタバコを吸うから病気になるのではないか心配している」「お兄さんにタバコを止めてもらいたい」など，児童は家族の健康を心配していた。話し合いの結果，喫煙防止について取り組むことが決まった。

2. 解決の方法等の話し合い

　「タバコを好む人はどれくらいいるのか」「全校の子どもたちは本当にタバコを吸いたいと思っているのか」「きれいな広告をみるとタバコを吸いたいと思うのか」「タバコの害は実際どうなっているのか」さまざまな疑問が出た。そして，その日の下校時に通学路に設置している自動販売機の数を調べて帰宅することになった。

3. 解決方法の決定と実践

　保健委員 10 人は 4 班に分かれて活動することになり，「アンケート調査班」「実験班」「インタビュー班」「調べ学習班」のどれに属するかは児童の希望で決めた。

(1)　アンケート調査班：5〜6 年生，100 人を対象にアンケート調査を行った。タバコの広告やチラシを廊下に掲示してそれを見て回答してもらった。調査日は 1 日と決めた。質問は 3 項

目とした。1つ目は「広告の感想：あなたはタバコの広告を見てどう思いますか？①気持ちが悪い②かっこいい③吸ってみたい④その他」、2つ目は「喫煙意思：タバコを吸ってみたいと思いますか？①はい②いいえ」、3つ目は「家族内の喫煙者：家族の人はタバコを吸っていますか？①はい②いいえ」である。

(2) 実験班：イトミミズの実験に挑戦した。実験は，理科専科と担任の協力を得て行った。児童は受動喫煙に留意して隣接の準備室から観察した。実験の経過はビデオ撮影したが，イトミミズの変化が一瞬で，撮影は悪戦苦闘した。出版物や動画資料を利用してスライドをつくった。

(3) インタビュー班：小児科の医師を訪問して小学生のからだとタバコの関係について取材してきた。医師は「若いときはタバコにあこがれて吸ったことがある。しかし，お医者さんの勉強をする中で，タバコは百害あって一利なしということがわかって止めた」と答えてくれた。

(4) 調べ学習班：本や資料，動画から「タバコの害」を調べてまとめた。

4. 実践を報告・発表へ発展する

各班の報告と結果について話し合った。アンケート調査班は，アンケートの結果について，タバコの広告を見て「かっこいい」と思う人は女子のほうが多く，男子の4倍の人数だったと報告した。結果は児童集会で発表することになった。体育館の舞台に大型スクリーンを準備して，全校の児童を前に，10分間でアンケート調査結果，実験班の画像，喫煙が健康に与える影響，小児科医のインタビュー内容を発表した。会場の準備からリハーサル，本番までの一連の活動は児童が主体的に行った。

5. 振り返り次の課題解決へ展開する

発表を終えて，クラスの仲間や先生方から「よくやった」と賞賛された。児童は，発表を振り返り，さらに次々と疑問がわいてきて，活発に意見交換をした。全校の児童へ自分たちの発表を聞いて本当にわかってくれたかを聞きたいという意見が出た。そこで全校の児

童へ再度アンケート調査をすることになった。1〜6年生100人へアンケート調査をした。質問項目は，話し合って3問とした。「発表は役にたったか」「タバコがからだに与える影響がわかったか」「発表を聞いて今まで考えていたことが変化したか」。調査日を1日決めて，昼休み時間に校庭や廊下で聴き取りをした。結果は100人全員がよくわかったと回答した。結果をグラフにして廊下へ掲示した。

保健委員会の児童は，各班の工夫や頑張りを共有した。6年生の1人は，これまで人前で話すことが苦手で声が震えていたが，今回はうまく発表できたという。児童はすがすがしい表情だった。教員は，児童1人ひとりの取り組みを認めて褒めた。児童が発表後に自分たちの活動を振り返り評価したいという意見が出たこと，それほどにまで成長したことを褒めた。

保健委員会の活動は掲示して，保護者や地域の人に見てもらい，学校から配付する保健だよりでも紹介した。児童からは，家庭内で親の喫煙マナーが変わったと報告があった。学校では，5，6年の担任が保健教育の授業にこれまで以上に力を入れて教材研究するようになった。児童委員会の活動は，周囲の大人の意識を変える活動となった。

3 セルフエスティームを育成するライフスキル教育
● 中学校での実践

ライフスキル教育の究極のねらいは，子どもたちが意欲的に生きることによって，主体的に健康を維持できる子どもを育成することともいえる。つまり，身体や心を健全に育てるために，よりよい生き方のコツを身につけさせようということがライフスキル教育のねらいともいえる。そして，「よりよく生きる」ことのベースになるのが**セルフエスティーム**なのである。ここでいうセルフエスティー

ムとは，自己の尊厳を主張することにこだわるという，狭い意味での「自尊心」とは違う。自分のよいところを認め，自分を大切にできる健全な自尊心，つまり「**自己肯定能力**」に近いものと考えている。自分を大切にする心があれば，自らの健康と生命を大切にできるのである。

　以下に，このような，子どもたちのもつセルフエスティームの向上をめざした取り組みを紹介する。

実践例②

▒東京都内A中学校におけるライフスキル教育

　A中学校では2年間の区の学校保健研究協力校の委託を受け，「実践力を育てる健康教育——健全な自尊心（セルフエスティーム）の向上をめざして」という研究テーマで校内研修を始めた。このときから，ライフスキル教育を全校レベルで実践することが始まった。ここでは，セルフエスティームを単なる「自尊心」と区別する意味で「健全な自尊心」と解釈した。研究テーマ設定の理由は，以下のとおりであった。

　①　**教育目標と取り組みの重点として**——A中学校の教育目標に，「心身ともにたくましい生徒を育てる」が掲げられた。単なる「健康教育」ではなく，意欲的に生活できる生徒の育成を重視した。セルフエスティームの向上こそ，心身の健康に直結するからである。

　②　**社会的な子どもたちの状況から**——社会的にも問題になっている「不登校」は，A中学校でも例外ではなく，毎年複数の不登校生徒がいた。子どもたちは人間関係を築くことが苦手になっており，不登校問題の要因の1つが「人間関係」ではないかと考えられた。ライフスキル教育を通して，人間関係を円滑に進めるスキルを身につけさせ，セルフエスティームを向上させることが，これらの問題の克服につながると考えた。

　③　**ライフスキル教育を軸に研究を進める**——生徒の発達段階に応じた適当なスキルを使いこなせるようになることを実践力の向上

ととらえた。ライフスキル教育は，意思決定，目標設定，コミュニケーション，ストレス対処などのスキルの獲得を通し，健全な自尊の感情を育成することをめざしている。生徒が心身ともにたくましく健康に育ち，他者と円滑にかかわり，よりよい人生を送るために，1つひとつのスキルの習得を通して人の命の重さや，自分自身がかけがえのない大切な存在であることを，心の深部でわからせたいと考えた。

*

　以上の観点から，A中学校では自分自身を大切にする心，この心を「健全な自尊心（セルフエスティーム）」と呼び，生徒の健全な自尊心の向上を図らせることが実践力育成のもととなると考え，この主題の設定に至った。

(1) ライフスキル教育の授業

　単元によって，クラスごとに担任と副担任とでチームティーチングで授業をしたり，学年教師全員でのロールプレイを生徒たちに見せたり，毎年授業方法を工夫して学年ごとに取り組んだ。

　生徒には，「**ブレイン・ストーミング**」という方法で話し合わせる。班ごとに思い浮かぶキーワードをどんどん出させ，そのキーワードを班員みんなで分類させて，考えをまとめさせるのである。「最近の子どもは話し合いができない」とよくいわれる。話し合いのスキルも授業の中でトレーニングすることができる。

　たとえば，中学1年生のプログラムには「本当の自信とコミュニケーションスキルの形成」という単元を設定している。友達に対して「**賞賛の気持ち**を表現する」ために，1週間以上前から「友達観察」を始めさせる。何か特別なことをしてくれたことへの感謝，優れたことへの賞賛，本人が気づいていない長所などをメモしておくように子どもたちに言っておく。その後，ライフスキルの授業の中で，そのメモをもとに，互いに伝えたい人の背中に貼ってある手のひら型などの「賞賛シート」に賞賛のメッセージを書いてあげるのである。直接，背中に書き込むことで，仲間意識が膨らみ，「何を書いてくれたのか」と期待が大きくなる。そして，授業の最後に背中のシートをはがし，メッセージを読み，発表し合う。個々人のス

キルアップにとどまらず，友達に認められたうれしさと安心感で，学級全体が温かい雰囲気に包まれていく。そういう意味で，学級づくりにも効果的である。

3年生では，受験期を乗り越えるために，「ストレスマネジメント」をトレーニングするライフスキル教育の授業を行う。忠実にプログラムを全部こなしていくというより，必要に応じて学年ごとに工夫するという方法で実践を進めた。

(2) セルフエスティームの測定

ライフスキル教育を実施し始めたときから，全生徒対象に1人ひとりのセルフエスティームを測定するアンケート調査を実施している。研究実践校での分析結果をまとめると以下のような結果となった。

一般的に，安定した少年期に続く中学1年生のセルフエスティームの得点は高く，上級生になり自我意識が強くなっていくと，低くなっていくといわれている。さらに，男子より女子のほうがセルフエスティームは低くなる傾向がある。調査の結果，全国平均に比べて，A中学校の生徒のセルフエスティームは高くなっていた。特に，2年生男子は3年生になった次年度，全国平均では低下するにもかかわらず，1ポイント以上も上昇していたのである。セルフエスティームの向上は，この2年間の学校保健の取り組みと，行事・授業・クラブ活動などでの達成感や感動体験との相乗効果があったのではないかと考えられた。「3年生を見習おう」という指導ができるほど，上級生の成長は著しい。自他ともに認める「自信」の現れは，セルフエスティームの向上につながったといえるだろう。

(3) セルフエスティーム向上のポイント

「家族の項目」「学年」「性別」「クラブ活動」「学習結果（定期テストの合計点）」と，セルフエスティームとの関係を分析した（「クラブ活動」とは何クラブに参加しているかということである）。「家族の項目」から見られる「家庭環境が良好」な状況とは，家庭内に子どもの居場所があり，親からも期待されているような場合である。その結果，セルフエスティームに大きく関係するのは「家族の項目」「性別」「クラブ活動」で，「学習結果」とのかかわりは，統計

上は認められなかった。成績のよい生徒が，必ずしもセルフエスティームが高いとは言い切れないことが明らかになったのである。

　また，どのような生徒のセルフエスティームが高くなるかを分析した結果は，一番大きく影響するのが「家族の項目」で，次に「性別」で男子が高く，最後は「クラブ活動」で，内容としては運動部が高くなっていた。

　まとめると，「家族の項目」の得点が高い「家庭環境が良好」な3年生の男子運動部員のセルフエスティームが最も高いということである。年齢が低いほど，子どもたちの「セルフエスティーム」は「家族の項目」の影響が強く，学校での影響は比較的に弱いといわれている。しかし，A中学校の調査結果では，たとえ「家庭環境が良好」ではなくても，「自分に満足できる」と答えた子どもはセルフエスティームを高くすることができる可能性があり，「自分は人の役に立たない」という自己否定感をもたせなければ，セルフエスティームを低くさせずにすむ可能性もみえてきた。

　具体的な事例として，もともと「家庭環境が良好」ではなく，セルフエスティームの得点が低かった1年生男子生徒は，入学後まもなく不登校の傾向が現れ，登校をしぶり始めた。ところが，ライフスキルの授業が進み，運動会，文化祭などの行事を終えた12月には，大変元気になっていった。12月のアンケート調査の結果でもセルフエスティームの合計得点の上昇はなかったのだが，アンケート項目の「自分に満足できる」や「自分のよい面に目を向けられる」などの得点が向上していたのである。たとえ「家庭環境が良好」ではなくとも，ライフスキル教育を含んだ学校教育の充実で，子どもたちに健全な自尊心を育てられる可能性があるようである。ただし，組織的な教育相談体制が充実しているかどうかも重要なポイントである。この生徒の場合，養護教諭や担任らが中心になり，保護者に対しても組織的に支援してきた。何が効果があったというのではなく，それぞれが，相乗効果をもたらしたのではないかと考えられる。

長期的な取り組みとして

生活経験が乏しく，人間関係に臆病になりがちな今の子どもたちにとって，ライフスキルをトレーニングすることは重要である。しかしそれは「トレーニング」であり，子どもたちの真剣勝負の「生活」で使い回されてはじめて力になっていく。特に，感動体験や達成感が伴うような「学校生活」で，道具としてライフスキルが使われていったときに，そのスキルが身につき，セルフエスティームが高くなるはずである。

実践例②のA中学校の場合も，「上級生を手本に頑張ろう」という雰囲気ができていた。授業態度はいうまでもないが，運動会や文化祭などの取り組みでは，上級生ほどチームワークもよく，完成されたものの質も高い。彼らの多くが学校行事でみずからの取り組みに涙を流すほど感動する姿も見られる。どの程度「ライフスキル教育」の効果があったか明確にはできないが，スキルの獲得とともに，徐々に効果が現れてくるものと考えられる。

4 ライフスキルと発達障害

特別支援教育とライフスキル

小・中学校の通常の学級に2〜3人は在籍するであろうといわれている限局性学習症（SLD），注意欠如・多動症（ADHD），自閉スペクトラム症（ASD）等の発達障害のある子どもたちにとっても，ライフスキルは重要な意味をもっている。近年，特別支援教育が本格的に実施されるようになり，学校では発達障害のある子どもに対して1人ひとりの教育的ニーズに応じた個別の指導計画が作成されるようになってきているが，その課題や目標には，各種のライフス

キルに相当する内容が挙げられることが少なくない。これは，発達障害のある子どもたちが，日常的に学校や地域でさまざまな困難に直面し，しかも，それらの多くにうまく対処できずにいることを予想させる。

発達障害のある子どもが直面する困難のメカニズムを考え，それらに対処する個別の支援を講じることは，多くの子どもたちへのライフスキル教育の共通のプログラムを考案するうえでも大変意義のあることと考える。彼らには，学習や生活上の各種能力に不均衡があるように，ライフスキルにおける獲得レベルの不均衡が，彼らの問題をいっそう難解にしていると想像できる。各種のライフスキルの中にも，彼らが学びやすいものとそうでないものがあるのかもしれない。

そこで，発達障害のある子どもたちへの発達支援という立場からライフスキル間の関係の重要性について考えてみたい。

ライフスキル間の関係性

世界保健機関（WHO）が提唱する 10 のライフスキルは第 1 節で挙げた通りだが，これらのスキルの関係性については，表 8-1 に示した相互補完的なライフスキルをペアにした 5 組の主領域に区分する案も参考となる。

次に，その 5 組の主領域のうち，ライフスキル教育がめざす主体的なあり方や生き方に最も直接的に影響を及ぼすと考えられる「意

表8-1　相互補完的なライフスキルの組み合わせ

1	2	3	4	5
意思決定 ＋ 問題解決	創造的思考 ＋ 批判的思考	効果的コミュニケーション ＋ 対人関係スキル	自己意識 ＋ 共感性	情動への対処 ＋ ストレスへの対処

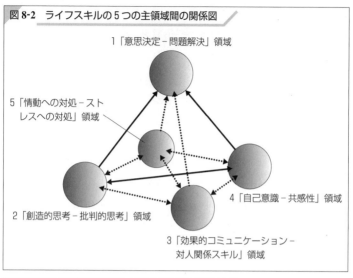

図 8-2　ライフスキルの 5 つの主領域間の関係図

1「意思決定‐問題解決」領域

5「情動への対処‐スト
レスへの対処」領域

4「自己意識‐共感性」領域

2「創造的思考‐批判的思考」領域

3「効果的コミュニケーション‐
対人関係スキル」領域

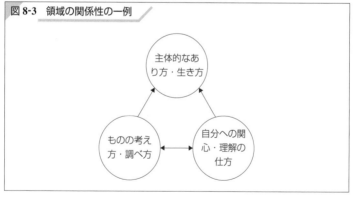

図 8-3　領域の関係性の一例

主体的なあ
り方・生き方

ものの考え
方・調べ方

自分への関
心・理解の
仕方

思決定‐問題解決」領域を頂点に据えて，ほかの 4 領域が四方から
支える四角錐型の関係図を想定してみた（図 8-2）。この図の水平
な双方向の矢印は，ほかの 4 領域が相互に建設的な関係を高めなが
ら，上位の意思決定と問題解決の両スキルを助ける関係にあること

を表している。すると，この構造には，主体的なあり方や生き方を頂点とした3領域の関係を表す三角形が，6通り存在することになる。

それらの三角形の一例が図8-3である。本図は，創造的思考－批判的思考のペアと，自己意識－共感性のペアと，意思決定－問題解決のペアの各領域を，それぞれ「ものの考え方・調べ方」「自分への関心・理解の仕方」「主体的なあり方・生き方」となるべく一般的な表現に置き換えてわかりやすくしたものである。この図は，実生活における主体的な意思決定や問題解決が，ものごとの状況の的確な評価とそれにかかわる自分自身の適正な理解の相互作用のレベルによって規定されるということを示している。これを，発達障害のある子どもの行動や生活に照らしてみると，彼らに生じている困難や問題点が理解しやすくなる。

ライフスキル教育による発達支援

発達障害のある子どもの中には，しばしば，知的機能が比較的高く，ものごとを客観的に分析したり論理的に批評したりするなどのライフスキルの1つ，批判的思考に長けた者もいる。しかし，その他のライフスキルとの間の不均衡が大きいと，その能力は，時に，他者の意見や行為を容赦なく批判したり否定したりすることに作用して人間関係を悪化させているケースも見受けられる。

Episode の A 児の事例も，スキル間の不均衡に一因があると思われる。A 児には，批判的思考スキルのレベルに見合うほどに創造的思考や自己意識，共感性のスキルが及んでいないと推測される。創造的思考は，ものの考え方の修正や変更などに柔軟に適応することを助けるとされ，自己意識は，行動の計画性や自分自身の管理能力に強く影響を与えると考えられている。

A 児の場合，作品の設計図を描く段階で，自分があまり器用で

　A児は，小学4年生の男児で，自閉スペクトラム症との診断
を受けていた。ある日，学校の授業でモーターを使った車を作る
ことになり，まず，車の完成予想と必要な材料や部品の説明が記
された設計図を描いた。A児は，車が大好きだったので意欲的
に製作にもとりかかったが，手先が不器用で作業スピードが遅く，
思うとおりに進まなかった。A児は，気に入らない箇所を何度
もやり直そうとしていたが，とうとう時間切れになったと知ると，
怒って自分の車とそばにあった友達の車を壁に投げつけて壊して
しまった。

はないということや作業にはある程度時間がかかるということを本
人なりに理解していたならば，それほど大きな問題にはならなかっ
たかもしれない。もちろん，欠点ばかりを理解させようとする試み
だけでは，よりよい効果は期待できない。あくまでも，自分をあり
のままに理解するための手だてとして，得意なことや好きな点など
と対にして苦手なことや嫌いな点についても考えさせる時間や機会
をつくるように進めていくことが肝心である。そのような試みが日
常的に施されていれば，Episodeの授業で設計図を描く際に，自分
にできる範囲の工夫をすることや与えられた時間の中で可能な作業
スケジュールを立てるなどのアドバイスが有効となるのである。よ
り早く仕上げることができれば，その分遊ぶ時間ができるというよ
うな，具体的で肯定的な結果を連想させるような創造的思考への援
助が，発達障害のある子どもの場合には，より効果的となろう。発
達障害のある子どもの社会的発達へのアプローチには，相互関係の
バランスの回復を促す援助が適しているのである。

　図8-3のようなライフスキルにおける3領域の関係性の考え方は，

ほかにも「金銭の管理」や「進路の決定」など，自己の行動管理や人生設計に関するいろいろな指導場面にも適用できよう。ライフスキルは，日常の生活の中で地道に育む必要があるものであるが，それは，時として，子ども1人ひとりの生き方に影響を与えたり，あるいは，命を救ったりすることのできる能力を秘めたものなのである。

　以上，ライフスキル間の関係性に注目して発達障害のある子どもの生活や行動における困難性を例に，発達支援としてのライフスキル教育の重要性を検討した。心理社会的能力育成のためのライフスキル教育によるアプローチは，特別支援教育の観点からもあらためて注目されている。

 引用・参考文献

学校保健・安全実務研究会編著（2020）『新訂版　学校保健実務必携（第5次改訂版）』第一法規

厚生労働統計協会（2020）『国民衛生の動向 2020／2021』

平岩幹男（2015）『発達障害児へのライフスキルトレーニング：LST ——学校・家庭・医療機関でできる練習法』合同出版

文部科学省「学習指導要領（平成29年告示）」ホームページ

Child-to-Child（2000）*Child-to-Child Newsletter*, Short Courses at the Institute of Education, University of London.
（https://child-to-child. org/）

JKYB編（1996）「ライフスキル（生きる力）の形成を目指す」（第5回 JKYB健康教育ワークショップ報告書）

JKYB研究会編（1996）『「健康教育とライフスキル学習」理論と方法』（総合的学習への提言：教科をクロスする授業 4）明治図書出版

WHO編／川畑徹朗ほか監訳／JKYB研究会訳（1997）『WHO・ライフスキル教育プログラム』大修館書店

第9章　進路を見通す

キャリア教育

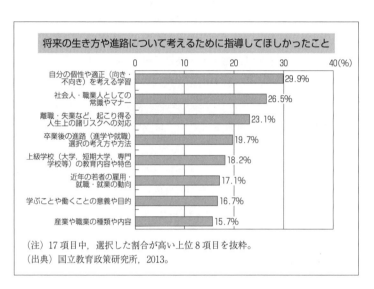

将来の生き方や進路について考えるために指導してほしかったこと

項目	割合
自分の個性や適正（向き・不向き）を考える学習	29.9%
社会人・職業人としての常識やマナー	26.5%
離職・失業など，起こり得る人生上の諸リスクへの対応	23.1%
卒業後の進路（進学や就職）選択の考え方や方法	19.7%
上級学校（大学，短期大学，専門学校等）の教育内容や特色	18.2%
近年の若者の雇用・就職・就業の動向	17.1%
学ぶことや働くことの意義や目的	16.7%
産業や職業の種類や内容	15.7%

（注）17項目中，選択した割合が高い上位8項目を抜粋。
（出典）国立教育政策研究所，2013。

　　上のグラフは，「将来の生き方や進路について考えるために指導してほしかったこと」は何かを示したものである。子どもたちは進路について，教師たちにどんな指導を望んでいるのだろうか。そして，私たちはそんな子どもたちの期待に，どう応えていったらよいのだろうか。

　　本章では，子どもたちの進路選択や人生設計をサポートするためのキャリア教育について解説する。

1 なぜキャリア教育が必要なのか

2017年の小・中学校，2018年の高等学校の学習指導要領の総則で，児童生徒が「学ぶことと自己の将来とのつながりを見通しながら，社会的・職業的自立に向けて必要な基盤となる資質・能力を身に付けていくことができるよう，特別活動を要としつつ各教科等の特質に応じて，キャリア教育の充実を図ること」と明記された。

今ではこのように重視される**キャリア教育**だが，この文言は，1999年12月の中央教育審議会答申「初等中等教育と高等教育の接続の改善について」ではじめて提唱された。そこでは，子どもたちが学校から社会へ生活の場を移す際に直面する厳しい状況を乗り越えるのに必要な意欲・態度・能力を，彼らの発達段階に応じて育成することが目的とされ，小学校段階から発達段階に応じて実施すること，家庭や地域と連携して体験的な学習を重視すること，教育課程に位置づけて計画的に行うことなど，今後のキャリア教育についての改善点が示された。

2002年11月に設置された「キャリア教育の推進に関する総合的調査研究協力者会議」では，その意義や内容が検討され，2004年1月に「報告書」（以下「キャリア教育報告書」という）としてまとめられた。

キャリア教育報告書では，キャリア教育が必要とされる背景として，次の4点を挙げている（図9-1参照）。

第1に，産業・経済の構造的変化や雇用の多様化・流動化など，子どもたちの「就職・就業をめぐる環境の激変」。第2に，若者の勤労観・職業観の未熟さなど，「若者自身の資質等をめぐる課題」。

図9-1 キャリア教育（背景と内容）

学校から社会への移行をめぐるさまざまな課題		子どもたちの生活・意識の変容	
就職・就業を めぐる環境の激変	若者自身の資質等 能力をめぐる課題	子どもたちの成長・ 発達上の課題	高学歴社会における モラトリアム傾向

学校のすべての教育活動を通したキャリア教育の推進が必要

各学校において活動相互の関連性や系統性に留意しながら，
発達段階に応じた教育活動を展開していくことが必要

キャリア教育とは……児童生徒1人ひとりの勤労観，職業観を育てる教育

（出典）キャリア教育の推進に関する総合的調査研究協力者会議，2004。

この2点は「学校から社会への移行をめぐるさまざまな課題」として分類されている。

　第3に，身体的な早熟傾向に比べて精神的・社会的自立が遅れる傾向など，「子どもたちの成長・発達上の課題」。第4は，職業の選択・決定を先送りにするなど「高学歴社会におけるモラトリアム傾向」の高まり。この2点は「子どもたちの生活・意識の変容」として分類されている。

　「学校から社会への移行をめぐるさまざまな課題」も「子どもたちの生活・意識の変容」も，従来の学校教育では対応の難しい新しい課題であることから，その解決に向けた対応策としてキャリア教育が提唱されたのである。

　以上のように，キャリア教育は，より包括的で積極的な意味をもって導入されたといえよう。

2 キャリア教育とは

キャリア教育の定義　さて，キャリアとは何であろうか。先述の「キャリア教育報告書」は，キャリアを次のように定義し，現在も踏襲されている。

> **キャリア**：個々人が生涯にわたって遂行するさまざまな立場や役割の連鎖およびその過程における自己と働くこととの関係づけや価値づけの累積。

この定義から読み取れるポイントは3点ある。

第1は，キャリアとは，一生涯のスパンで構成するものであるということ。第2は，キャリアとは，「個人」と「働くこと」との関係のうえに成立する概念であるということ。第3は，キャリアとは，学校・職業・家庭・市民生活等のすべての生活の中で個人が経験するさまざまな立場や役割を遂行する活動として幅広くとらえる必要があるということである。

その後，2011年になると，中央教育審議会から「今後の学校教育におけるキャリア教育・職業教育の在り方について（答申）」が出され，そこではキャリア教育を以下のように定義している。

> **キャリア教育**：1人ひとりの社会的・職業的自立に向け，必要な基盤となる能力や態度を育てることを通して，キャリア発達を促す教育。

なお，「キャリア発達」とは，「社会の中で自分の役割を果たしながら，自分らしい生き方を実現していく過程」（中央教育審議会，2011）とされている。

したがって，キャリア教育とは，単に労働や職業について教育することではない。子どもたちに**職業体験**をさせることでもない。学校と社会および学校間の円滑な接続を図るためのものであり，児童生徒の人生にかかわる教育なのである（三村，2004）。

すなわち，キャリア教育とは，「働く」ということを軸にしながら，子どもたちの「生きる力」を育む教育（渡辺，2004）であり，生涯を通して人生を豊かにしていくという「**生き方教育**」でもある。そのため，学校のすべての教育活動を通してキャリア教育を推進する必要がある（前節図 9-1 参照）。

キャリア教育と進路指導

では，キャリア教育と，従来の**進路指導**との違いは何だろうか。「キャリア教育報告書」では，進路指導について，以下のように述べている。

> **進路指導**：キャリア教育の中核。しかし，従来の進路指導においては，「進路決定の指導」や生徒 1 人ひとりの適性と進路や職業・職種との適合を主眼とした指導が中心。

キャリア教育は，これまで教師が取り組んできた進路指導を否定し，これに代わるものではない。ただし，従来の進路指導と大きく異なる点が 2 点ある。

第 1 は，今まで進路指導とは無縁だった小学校においても，教育活動として新たな位置づけを得たということである。従来の進路指導にはなかった重要な役割を担うようになった。

第 2 は，「キャリア発達を促す指導」と「進路決定のための指導」とを系統的に調和させながら展開する必要があることである。従来の進路指導では，「進路決定のための指導」，いわゆる「出口指導」に重点がおかれがちであった。しかし，キャリア教育では，将来の

社会適応にかかわって伸ばすべき基礎的で応用の利く幅広い能力があるとされ，その能力形成を支援することが重視されるようになった。

3 キャリア教育の内容とポイント

キャリア教育で育てる力

2004年の「キャリア教育報告書」では，子どもの**職業観・勤労観**を中心とした意欲，態度，関心を育てるための能力が例示され，のちに，表9-1に挙げられた基礎的・汎用的能力の育成が必要なものとして，まとめられた（文部科学省，2011a，2011b，2012）。

「基礎的・汎用的能力」は，「人間関係形成・社会形成能力」「自己理解・自己管理能力」「課題対応能力」「キャリアプランニング能力」の4つの能力から構成される。

これは，広く「仕事をするうえでのさまざまな課題を発見・分析し，適切な計画を立ててその課題を処理し，解決することができる力」の育成を前面に出したもので，「基礎的・汎用的能力」は，「自己管理」の側面を重視し，よりいっそう現実に即して，社会的・職業的に自立するために必要な能力を育成しようとするものであるとした。今はこれをふまえた実践の改善が求められている（文部科学省，2011a）。

これらの能力は，1つひとつが独立しているわけではなく，各領域同士がそれぞれ関係している。そのため，あらゆる教育活動を通して総合的に伸ばしていく必要がある。

これらの能力を育てるために，地域の特徴をふまえたうえで，子どもの実態に合わせ，小・中・高校を通して連続性をもたせた教育

表 9-1　キャリア発達にかかわる基礎的・汎用的能力

能力	能力説明	具体的な要素の例
人間関係形成・社会形成能力	多様な他者の考えや立場を理解し，相手の意見を聴いて自分の考えを正確に伝えることができるとともに，自分のおかれている状況を受け止め，役割を果たしつつ他者と協力・協働して社会に参画し，今後の社会を積極的に形成することができる力	他者の個性を理解する力，他者に働きかける力，コミュニケーション・スキル，チームワーク，リーダーシップ等
自己理解・自己管理能力	自分が「できること」「意義を感じること」「したいこと」について，社会との相互関係を保ちつつ，今後の自分自身の可能性を含めた肯定的な理解に基づき主体的に行動すると同時に，自らの思考や感情を律し，かつ，今後の成長のために進んで学ぼうとする力	自己の役割の理解，前向きに考える力，自己の動機づけ，忍耐力，ストレスマネジメント，主体的行動等
課題対応能力	仕事をするうえでのさまざまな課題を発見・分析し，適切な計画を立ててその課題を処理し，解決することができる力	情報の理解・選択・処理等，本質の理解，原因の追究，課題発見，計画立案，実行力，評価・改善等
キャリアプランニング能力	「働くこと」の意義を理解し，みずからが果たすべきさまざまな情報を適切に取捨選択・活用しながら，みずから主体的に判断してキャリアを形成していく力	学ぶこと・働くことの意義や役割の理解，多様性の理解，将来設計，選択，行動と改善等

（出典）文部科学省，2011a，2011b，2012 をもとに作成。

を行うことが重要である。キャリア教育は，活動内容自体はこれまでに行われていた教育と変わらなくても，**キャリア発達**と**個の自立**という視点を導入し，活動の意義をとらえ直す必要があろう。したがって，キャリア教育は，基本的には学校全体で組織的・計画的に取り組む一方で，教師 1 人ひとりがキャリア教育の視点に立つことが求められている。学校・学年単位での活動だけでなく，普段からキャリア発達や自立を意識して個別に子どもとかかわる中で，教師 1 人ひとりが実践するのである。

発達段階に応じた支援　　キャリア教育では，キャリアの発達段階や各段階における課題について理解し，それに応じたキャリア発達支援を行う。小学校から高等学校まで，表9-2のような**キャリア発達段階**および**キャリア発達課題**があるとされている。

　表9-2をみると，各段階の課題を通して，職業観を確立し，社会に移行する方向に向かっている。キャリア発達を支援するためには，この視点を教育活動に取り入れることが重要となる。

　これらの発達段階や発達課題には個人差があり，あくまでも目安である。しかし，発達の順序性はほぼ同じであろう。所属する学校段階よりも下の段階の発達課題が達成されていない場合には，その個人に合った発達課題を目標にする必要がある。

　なお，キャリア発達の視点を生かしたプログラムに関しては，さまざまな書籍が出版されている（詳細は亀井・鹿嶋，2006；児島・

表9-2　キャリア発達段階およびキャリア発達課題

	キャリア発達段階	キャリア発達課題
小学校	進路の探索・選択にかかる基盤形成の時期	・自己および他者への積極的関心の形成・発展 ・身のまわりの仕事や環境への関心・意欲の向上 ・夢や希望，憧れる自己イメージの獲得 ・勤労を重んじ目標へ向かって努力する態度の形成
中学校	現実的探索と暫定的選択の時期	・肯定的自己理解と自己有用感の獲得 ・興味・関心等に基づく職業観・勤労観の形成 ・進路計画の立案と暫定的選択 ・生き方や進路に関する現実的探索
高　校	現実的探索・試行と社会的移行準備の時期	・自己理解の深化と自己受容 ・選択基準としての職業観・勤労観の確立 ・将来設計の立案と社会的移行の準備 ・進路の現実吟味と試行的参加

（出典）国立教育政策研究所生徒指導研究センター，2002より。

三村，2006；桑原，2006；松井編，2007；諸富，2007を参照）。ソーシャルスキル教育（第7章参照）や構成的グループエンカウンター（第6章参照）のプログラムとプログラム自体は似ているものも多い。従来行われているプログラムにキャリア教育の視点を取り入れながら活用することもできるであろう。

　次に，各学校段階で，特に配慮したい点について述べる。ただし，先にも述べたように，育てたい能力はそれぞれ密接に関係することに留意する必要がある。

小学校でのキャリア教育は，将来，子どもが自分で自分の生き方を決定し，行動できるための基礎となる能力を育むことが主なねらいである。

　小学校では，特に，人間関係形成能力，勤労観，自己肯定感（自己有用感）の3点を育むことが重要であろう。

(1) 人間関係形成能力

　内閣府（2018）によれば，若者が初職を離職した理由に，人間関係を挙げたものは23.7％と全体の2番目に多い。近年，子どもは人との付き合い方を学ぶ機会が減少している（第7章参照）。このような社会的状況は，人間関係の不調による退職者の増加と関連していると思われる。早期から，人付き合いの仕方を学び，自分に不利な場合や，トラブルにあった場合に，自力で解決していくためのスキルを身につけることは重要である。キャリア教育の観点からとらえることで，ソーシャルスキル教育の意義がより明確になるであろう。なお，学校生活で身につけさせたいソーシャルスキルは第10章の表10-2に挙げた。

(2) 勤労観

　三村（2004）は，勤労観を「日常生活の中での役割の理解や考え

方と役割を果たそうとする態度，および役割を果たす意味やその内容についての考え方（価値観）」と定義している。

日常生活の中で，このような態度や考え方を学ぶことは重要である。勤労観と後述する職業観とは二層構造となっており，勤労観は職業観が形成される基礎となる。勤労観は，家事手伝いや，学校での係活動・清掃などの役割を負う活動を通して育成することができる。その中で，自分のよさや得意なことに気づく過程も重要であろう。

(3) 自己肯定感（自己有用感）

自己肯定感が高いと，将来に夢や希望をもちやすくなる。小学校段階で夢をもつことは，自分なりの観点から，課題を見つけ，取り組む能力の基礎となる。そのため，身近な大人たちと接触する機会では，その人たちの職業や仕事内容を知り，将来の生き方や職業に対する夢や希望をもてるよう支援することも必要である。

また，自己肯定感は，さまざまな**体験**の中から，自分の長所などを発見することとも関係する。中学校段階以降で，適切な**自己理解**を促すための基盤となるため，子どもが自己肯定感をもてるようにすることは重要である。

中学校・高校でのキャリア教育

中学校では，多くの生徒にとって人生における最初の大きな進路選択を行うこととなる。したがって，中学校のキャリア教育では，小学校で育んだものをより現実的なレベルで検討・選択できるよう支援することがねらいとなる。

中学校段階は，自我が目覚め始め，情緒が不安定になりやすい時期である。その中で，自分の当面の進路と将来の生き方について考え，**暫定的な人生設計**の支援をする。

そのために，小学校から継続して基礎的な能力の育成を行うとと

もに，**職場体験**などを通して，自分の興味・関心をもとにより現実的なレベルで進路選択ができるようにする。

中学校では，基礎的な能力に加えて，自己理解，職業観の形成，暫定的な意思決定の3点について支援することが特に重要である。

⑴　自　己　理　解

生徒が他者との比較の中で，自分の長所や興味・関心・特技などの特徴や，能力・適性を認識することが必要である。自己肯定感が高い場合には，肯定的な自己理解を得やすい。

⑵　職業観の形成

三村（2004）は，職業観を「職業についての理解や考え方と職業に就こうとする態度，および職業をとおして果たす役割の意味やその内容についての考え方（価値観）」と定義している。

小学校段階で勤労観が育成されていれば，中学校での職場体験を効果的に進めることができる。職場体験活動などを通して，働く喜びや苦労を体験することは，社会の役に立つ自分を認識するという点でも重要である。

⑶　暫定的な意思決定

就職や進学する意味を考え，希望する進路先の情報を入手して理解を深めることを通して，自覚をもって進路を選択することができるように援助する。**意思決定**は表9-3に示した7つのステップを経る。教師は，このプロセスを念頭におきながら，生徒が選択できるよう支援する。

なお，「暫定的」という言葉は重要である。さまざまな分野の成功者を対象とした研究では，計画通りの人生を送っている者は約2割であり，残りの8割は予想もしていなかった仕事に就いていることが示されている（計画された偶発性理論）。必ずしも，当初の希望通りの仕事をしていなくても，就いた仕事に満足感を得ることはで

表9-3　意思決定のプロセス

ステップ1	明確な目標を設定する
ステップ2	情報を収集する
ステップ3	選択肢を複数挙げる
ステップ4	各選択肢のメリット・デメリットを整理する
ステップ5	選択肢の中から1つを選択する
ステップ6	実行する
ステップ7	結果を検討する

きる。計画通りに進まなくても，そのつど判断できるための素養を身につけることが重要である。

　高校段階は，社会的移行の準備期にあたり，より現実的なレベルで今後の生き方の選択を迫られる時期である。体験活動を通して，さまざまな職種の社会的意義とともに，表面には見えてこない苦労などにも目を向けさせ，進路選択を促すことが重要となる。入学試験・就職試験に合格することだけをめざすのではなく，自己の特徴や将来設計をふまえて，さまざまな職種のやりがいと苦労などを整理して意思決定をするよう支援することが必要であろう。

キャリアカウンセリングの役割

　宮城（2002）によれば，キャリア教育のすべてのプロセスにおいて，**キャリアカウンセリング（進路相談）**を行うことが重要である。そして，キャリア教育におけるキャリアカウンセリングの役割として，①自己概念の明確化と職業役割の明確化，②自己指導能力，主体的な進路選択能力の開発，③自己の能力，適応，興味・関心，希望進路を総合的に考え，進路を選択できる能力の育成の3点を挙げている。

　キャリアカウンセリングには，全員を対象とした定期的な相談機会を設けたり，子どものニーズに応じてそのつど行ったりといった

表9-4 キャリアカウンセリングの進め方

ステップ1	信頼関係（ラポール）の構築
ステップ2	キャリア情報の収集
ステップ3	アセスメント（自己分析，正しい自己理解）
ステップ4	目標の設定
ステップ5	目標達成のための課題の設定
ステップ6	目標達成へ向けた行動計画
ステップ7	フォローアップ，カウンセリングの評価，関係の終了

さまざまな形態がある。個々のキャリアカウンセリングの進め方には，表9-4に示した7つのステップが挙げられ，各ステップを意識しながら，適切な時期に情報を提供することも重要である。

以上のように，教師は，キャリアカウンセリングを適宜行い，子どもが自己理解を促進し，自分と進路情報を関連づけながら，みずから進路選択を行えるように支援する。

4 進路選択でハンディを負いやすい子どもへの情報提供

不登校生徒の進路選択

中学校では，人生で最初の大きな進路選択が行われるが，不登校を経験した生徒は，中学卒業時の進路選択において，ハンディを負いやすい。

現代教育研究会（2001）は，不登校経験者を対象として中学校卒業後の追跡調査を行った。この結果からは，キャリア形成の問題を解決している場合には，心の問題も解決される傾向にあることが読み取れる（森田編，2003）。実際に，教育相談現場で面接を行っていると，対象となる子どものさまざまな状態が改善する過程で，子どもが自分や周囲の環境に対して内省を深め，**生き方**そのものにま

で考えをめぐらせていることを実感する。子どもだけでなく，保護者自身もこれまでの生き方を振り返り，今後の生き方を設計し直していくことも多い。

不登校経験者の中学卒業後のキャリアの形成

先の追跡調査において，調査時点で自分に肯定的な評価をしている人は，信頼できる人との出会いを経験したり，自分に自信をもてたり，自分に合う職場や学校に所属したりといったことを経験していることが示されている。

また，「中学卒業時」「過去5年間で最も長く続いた状態」「20歳現在の状態」の3段階で，キャリアの推移パターンを分析している。

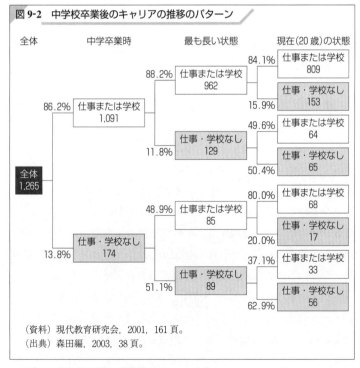

図9-2　中学校卒業後のキャリアの推移のパターン

（資料）現代教育研究会，2001，161頁。
（出典）森田編，2003，38頁。

その結果が図9-2である。

　中学校卒業後に，ある時点で職場または学校に所属していた場合には，次の段階で約8割が職場または学校に所属していた。反対に，ある時点でどこにも所属がなかった者は，次の段階でも約5割は所属がない状態であった。

　この結果が示すように，職場や学校という場につながり，人とつながりをもてば，その後の生活でも社会との接点を保ち，社会的な場での自分なりの位置をもち続ける確率が高くなる。子どもに所属先を提供することは，子どもが生き方や心の問題を解決するきっかけを与える可能性を高くする。あくまでも本人の意思を確認しながら進めることになるが，不登校を経験した生徒にとって，居場所となりうる場所に関する情報をもっていることは，キャリアカウンセリングを行ううえで重要である。

多様な個性を受け入れる学びの場

　ここでは，現在，不登校を示す中学生の選択先になる主な学校の種類について紹介する。各機関の特徴を表9-5にまとめた。

(1) 全日制高校

　全日制高校は，公立では，入試時に出席日数不足のために不合格とされることは少なくなっている。私立でも同様の傾向になりつつある。そのため，入試で合格ラインの点数をとれれば，合格可能である。基礎学力のある生徒の場合には，全日制高校に入学していくことも多い。その一方で，**入学後の心理的支援体制が整備されていない学校も多い**ため，個別フォローの方法についても考えておく必要がある。

(2) 通信制高校

　通信制高校は，自習が主な活動となるため，学習方略などが身についており，継続的に学習できるタイプの生徒に向いている。また，

表 9-5　多様な学校の種類

種　類	特　徴	出　席
全日制高校	・午前から午後の間に教育を行う。 ・毎日通学し，定期試験を受け，合格することで単位を認定する。	必要
通信制高校 （学年制／ 単位制）	・通信による教育を行う。 ・在宅での自習を中心とし，レポート課題を提出し，試験を受けるというシステムからなる。 ・スクーリングの負担が少ない広域通信制高校（3つ以上の都道府県在住・在勤の生徒を募集対象とした学校）もある。	月に数回の スクーリング
通信制サポート校	・通信制高校に在籍する生徒の学習・人間関係づくり・生活のサポートを行う。 ・学校行事やクラブ活動もある。 ・サポート校に通学し，通信制高校にレポートを提出し，試験を受ける。 ・学校生活はサポート校で送り，通信制高校の卒業資格を得ることができる。	週の通学日数は選択可能な学校が多い
定時制高校 （昼間／夜間）	・1日に決められた時間（4時間程度），授業を行う。学習時間以外は，全日制高校と同様である。 ・従来型の夜間コースだけでなく，午前コース・昼間コースなどもある。	必要

登校回数が少なく，対人緊張の強い子どもにとっては，緊張を感じる機会は比較的少なくなるであろう。その反面，登校回数が少ないため，対人関係面での学習機会は少なくなる。こうした点を補うために，サポート校や技能連携校（学校教育法第55条〔最終改正：2019年6月26日〕に基づいて，都道府県教育委員会により指定された技能教育のための施設）と提携している学校も多い。

　広域通信制高校（全国あるいは3つ以上の都道府県在住・在勤の者を募集対象とした学校）の中には，各地に分校や学習センターを設置したり，e-ラーニング等による授業を導入したり，**スクーリング**

の負担が多少軽くなるタイプの学校もある。

(3) 通信制サポート校

通信制サポート校は，不登校経験者を積極的に受け入れているところが多い。個別支援などのフォロー体制が充実している学校も多い。最近では，**発達障害傾向の生徒**を積極的に受け入れる学校も増えている。さまざまな子どものニーズに対応するために，アセスメントを実施しながら，専門的な指導を行うところもある。

(4) 定時制高校

定時制高校は，1日の学習時間が少なく設定されていることが特徴である。最近は，全日制の高校になじめない生徒たちを受け入れる傾向もあり，生徒層は幅広い。

以上のように，不登校を経験した中学校生徒の代表的な進路先についてふれたが，ここに挙げたものはごく一部であり，ほかにも多くの種類がある。また，実際に進路として考える場合には，当該校と調整し，入試時の出席の扱いや入学後のフォロー体制などについて確認することは必須である。出版物やセミナーも増えているため，実際に参加し，情報収集をしてみるとより具体的な情報を得ることができるであろう。

 引用・参考文献

亀井浩明・鹿嶋研之助編著 (2006)『小中学校のキャリア教育実践プログラム──「自分発見」にチャレンジ』ぎょうせい

キャリア教育の推進に関する総合的調査研究協力者会議 (2004)「報告書──児童生徒一人一人の勤労観，職業観を育てるために」

桑原憲一編 (2006)『キャリア教育の進路指導資料集』(中学校1年・中

学校 2 年・中学校 3 年)明治図書出版

現代教育研究会／森田洋司代表 (2001)「不登校に関する実態調査」(平成 5 年度不登校生徒追跡調査報告書) 文部科学省委託研究

厚生労働省 (2003)「若者の未来のキャリアを育むために——若年者キャリア支援政策の展開」(若年者キャリア支援研究会報告書)
 (https://www.mhlw.go.jp/houdou/2003/09/h0919-5e.html)

国立教育政策研究所生徒指導研究センター (2002)「児童生徒の職業観・勤労観を育む教育の推進について」
 (https://www.nier.go.jp/shido/centerhp/sinro/1hobun.pdf)

国立教育政策研究所生徒指導・進路指導研究センター (2013)「キャリア教育・進路指導に関する総合的実態調査第一次報告書」

児島邦宏・三村隆男編 (2006)『小学校・キャリア教育のカリキュラムと展開案』(現代の教育課題に応える 1) 明治図書出版

中央教育審議会 (2011)「今後の学校におけるキャリア教育・職業教育の在り方について (答申)」文部科学省

内閣府 (2018)『平成 30 年版 子供・若者白書』

松井賢二編 (2007)『ワークシートで創る！中学校 3 年間のキャリア教育・進路指導』東洋館出版社

三村隆男 (2004)『キャリア教育入門——その理論と実践のために』実業之日本社

宮城まり子 (2002)『キャリアカウンセリング』駿河台出版社

森田洋司編 (2003)『不登校－その後——不登校経験者が語る心理と行動の軌跡』教育開発研究所

諸富祥彦 (2007)『「7 つの力」を育てるキャリア教育——小学校から中学・高校まで』図書文化社

文部科学省 (2011a)『小学校キャリア教育の手引き (改訂版)』教育出版

文部科学省 (2011b)『中学校キャリア教育の手引き』教育出版

文部科学省 (2012)『高等学校キャリア教育の手引き』教育出版

文部省 (1999)「公立中学校 3 年生について抽出調査」(中学校における進路指導に関する総合的実態調査報告書〔平成 11 年 3 月〕)

渡辺三枝子（2004）「キャリア教育を考える視点」『月刊高校教育』2004
　年6月号

第 III 部

個別支援につなげる
学校カウンセリング
さまざまなニーズに対応する

I

II

III

　子どもたちは誰でも，学校生活の中でなんらかの悩みや問題を抱えている。そんなとき，子どもによっては，さまざまな原因から不適応を起こしてしまう。家庭・学校や生活環境により生じた問題，周囲の友達との関係から生じたトラブル，ストレスから生じた行動上の問題，生育環境により偏った個性の子ども，発達障害児などが，どの地域にも，どの学校にも，どのクラスにも……いる。そして，すべての子どもが，こうした不適応で悩むリスクをもちうるのだということを，教師や保護者は念頭においていなければならない。その数は，クラスに1～3割くらいとも指摘されている。こうした子どもたちへの対応は，「病院に連れていって診断してもらう，治してもらう」ばかりではなく，教師と保護者が協働しながら，うまく適応させていくことが優先される。第Ⅲ部は，こうしたさまざまなニーズについて紹介していく。

第**10**章 | 集団不適応

　仮に，何かで世界一になったとしても，誰にも注目を浴びず，喜びを分かち合う人がいなければ……寂しい。学校は集団で付き合う力を育てる場なのだが，そこで集団と合わないことは……苦しい。なぜ，そのようなことになるのか。集団に合わない子どもがいたとしたら，教師はどうやって支えればよいのだろうか。

　本章では集団に合わない現象，集団不適応の問題を取り上げ，集団に合わない子どもの支援について考える。

1 集団不適応とは

適応と不適応
日常会話で「適応」と聞くと，環境に人が合わせていくイメージが強い。しかし，心理学では，環境に人や生物を合わせることは「順応」と呼び，適応と区別している。たとえば，明るい場所から暗闇に入ると，最初のうちは何も見えない。けれども，時間が経過すると，瞳孔が開き，夜目が効くようになる。この現象を「暗順応」と呼ぶ。眼球が周囲の暗闇に合わせる働きが，「順応」なのである。では，適応とは何だろうか。

> 適応：人や生物の個体が，環境に合わせることや，環境に働きかけ，変化させることで，環境と快適な相互作用を形成するプロセスや，環境と相互作用を快適に保つこと。

つまり，「適応」は，環境に合わせるだけではなく，環境に変化を与えることで，環境を自分に都合がよいように変えていくことも含めた考え方である。

したがって，不適応とは，次のように考えることができる。

> 不適応：人や生物の個体が，環境に合わせていくことも，環境に働きかけ，快適にするように変化させることもできず，環境と快適な相互作用をつくれないこと，あるいは，その不快な相互作用が継続していること。

学校不適応と集団不適応
(1) 学校不適応
子どもたちにとって，日常生活の多くの時間を過ごす社会的な場は学校である。その

ような社会的な場としての学校で，適応が良好かどうかは，最も重要なことであろう。上記の適応の概念に合わせるならば，「学校適応」とは，「学校環境と子どもが快適な相互作用を行っている」ことである。したがって，「学校不適応」とは，「子どもが学校環境に合わせることも，学校環境に働きかけ，快適にすることもできず，学校環境と快適な相互作用をもてないこと」である。

これを大きく分けると，対人関係面での不適応と，学校内の活動面での不適応が挙げられる。対人関係面での不適応は，さらに，学級などの仲間集団や級友と合わない集団不適応と，対教師関係での不適応が考えられる。「集団不適応」の代表的なものとしては，孤立，友達関係上のトラブル，いじめ・いじめられ問題，生徒間暴力などがある。「対教師不適応」の代表的なものでは，対教師暴力，教師への反発からの授業放棄，授業不参加などがある。

また，学校内の活動面での不適応では，学業困難，過適応による疲弊，規則違反，特別活動面での不適応（部活動での不適応）などが，その代表であろう。

これらの学校不適応が契機となって，学校不適応の状態が本格化して，顕著にみられるようになったものが不登校であり，非行やさまざまな逸脱行動である。

(2) 集団不適応

学校生活の中だけに限定すれば，集団不適応は，学校不適応の一部ということになる。しかし，集団は学校だけで形成されるものではなく，塾や地域でのスポーツ集団，遊び仲間など，公式，非公式を問わず，日常生活のさまざまな場面にある。学校内でも学級集団が，集団の代表ではあるが，小さいところでは，学習班単位の集団がある。学校の休み時間に遊ぶ仲間集団，登下校の仲間集団，親しい仲間など，非公式ではあっても，子どもの学校全体での適応を左

右するような小集団もある。

これらの集団で，集団不適応であるという場合，これは，「その子どもが集団に合わない」ことであるが，他方で，「集団がその子どもに合わない」という問題でもある。教師は，集団不適応を起こしている個人にもかかわれるし，他方で，特定の個人を受け入れがたくなっている集団にも働きかけることができる。それだけに，集団不適応では，個人をみるのと同時に，集団全体に働きかける必要があることも忘れてはならない。

(3) 非社会的行動と反社会的行動

集団不適応に子どもが陥っている場合では，そのふるまいをみていると，**非社会的行動**と**反社会的行動**の 2 種類に大別される。

非社会的行動（asocial behaviors）とは，集団から距離を取り，集団を避け，集団に所属しようとしない場合や，集団の中にいても，コミュニケーションをしないことなど，社会的な相互作用を自発的に行おうとしないことや，コミュニケーションや社会的な相互作用を必要最小限のものにとどめているような場合である。集団場面で不安や緊張が高いことが，これらの問題の背景にあることが多い。

これに対して，反社会的行動（anti-social behaviors）とは，社会的な規範や集団の規範やルールを無視することや，それに背き，逸脱をすることである。

表 10-1 に，両者の代表例を挙げた。生育歴上，他者から大切に扱ってもらった経験の少なさや，周囲を敵とみなす傾向の強さ，怒りや悲しみなどの不快な感情を上手に扱うことができないことによる場合が多い。

なお，非行では，性非行や窃盗，万引きなどの場合があるが，対人関係を結ぶことを苦手とする非社会的行動の意味合いが強くみられる場合も少なくない。

表 10-1　集団不適応行動の代表例

非社会的行動の例

- ・引っ込み思案：集団の中にいるものの，消極的でかかわろうとしない。
- ・孤立：仲間集団に所属せず，1人でいる。
- ・緘黙：会話をまったくしないこと。学校では話さず，家庭では話すように，特定の場面で会話がない場合を「場面緘黙」と呼ぶ。
- ・対人恐怖：集団場面に恐怖を感じる。特に他者が自分のことをどのように思っているのかを不安に思い，集団場面を苦手にする。

反社会的行動の例

- ・攻撃行動：粗暴，けんか，いじめなど，対人関係トラブルが多い。
- ・逸脱行動：法律，校則や社会的なルールの軽視，無視，逸脱。
- ・感情コントロールの問題：怒りや悲しみなどの感情のコントロールを苦手とする。

2 集団不適応の理解と支援

　集団不適応の問題は，ソーシャルスキル（第7章参照）の観点から考えることが指導上，有用である。学校生活を快適に送るうえで必要と思われるソーシャルスキルを，表10-2に示した。ここでは，このような観点から，非社会的行動と反社会的行動の理解と支援について述べる。ただし，反社会的行動の背景に，非社会性の問題を抱え，両者の区別が不明確になっている側面もある。なお，前述のように，非社会的行動および反社会的行動には複数の種類があるが，ここでは共通する基本的な理解と支援について述べる。

非社会的行動の理解　非社会的行動を示す子どもは，表面上はおとなしく，周囲に迷惑をかけることは少ない。しかし，不適応感や孤立感を抱いていることが多い。非社会的

表 10-2　学校生活で必要な基本的ソーシャルスキル

スキルの種類	スキルの内容	スキルの特徴
ⅰ）感情コントロールスキル	気持ちのコントロール	他のスキルを適切に学習したり，遂行する際に必要になる
ⅱ）基本的かかわりスキル	あいさつ，自己紹介，話のきき方	人間関係の開始から維持・発展まで，人間関係全般にかかわる
ⅲ）仲間関係維持・発展スキル	質問の仕方，仲間の誘い方，仲間への入り方	人間関係を維持したり，新たな人間関係をつくりだしていく
ⅳ）共感スキル	ほめ方，励まし方，相手の立場に立った思考	他者との親密な人間関係を形成・維持する
ⅴ）主張行動スキル	頼み方，断り方，謝り方	周囲との調和をとりながら，自分の権利を確保する
ⅵ）問題解決スキル	解決策の考え方	さまざまなトラブルを処理する

（出典）奥野，2020。

行動は，非社会的行動自体が問題なのではなく，非社会的行動をとることで，子どもが不利益を被ることが問題となる。

　非社会的行動の背景要因には，人とかかわる場面での過度の不安・緊張，ソーシャルスキルの獲得と遂行の機会の不足の2点が挙げられる。

(1)　人とかかわる場面での過度の不安・緊張

　非社会的行動を示す子どもには，過去に人とかかわる場面で，「うまくふるまえなかった」「恥ずかしい思いをした」といった不快な体験があることが多い。そのため，人とかかわる場面で，「また，失敗したらどうしよう」「どうしたらよいだろうか」「うまくできるだろうか」「○○したら，どんな（否定的な）評価をされるだろうか」といった不安を抱くようになる。

　非社会的行動は，このような不安から逃れるために人とかかわる場面を避けることで形成される。不安な場面を避けると，安堵感が

生じる。これを繰り返すことで，さらに不安な場面を避ける傾向が強まる。このようにして非社会的行動が強化され，固定化されていく。その結果，人と接する経験が少なくなり，ソーシャルスキルを遂行する機会が減る。同時に，適切なモデルを見る機会も不足し，スキルを学習する機会も得にくくなる。

(2) ソーシャルスキルの獲得と遂行の機会の不足

しかし，子どもがソーシャルスキルを**獲得**していても，ソーシャルスキルを用いようとする動機づけが低い場合には，ソーシャルスキルを**遂行**する機会は減る。ソーシャルスキルを遂行しなくても，誰かが代わりに物事を調整してくれたり，子どもにとって肯定的な評価が与えられたりする場合などである。

ソーシャルスキルは，スキルを用いたときに，周囲からフィードバックを受けて調整することで磨かれていく。したがって，ソーシャルスキルを遂行する機会が少なくなると，周囲からフィードバックを受ける機会も減り，スキルの遂行が不器用になる。すると，スキルの遂行が必要な場面におかれたときに失敗経験を導くことにもつながりやすくなる。

以上のように，非社会的行動は，人とかかわる場面を避けることで，ソーシャルスキルを向上させる機会と，新たなスキルを学習する機会を減少させる。

非社会的行動の問題への支援

非社会的行動への支援の最終目標は，人とかかわる場面で不利益を被らない程度に，ふるまえるようにすることである。そのために，ソーシャルスキルを遂行する機会を増やし，肯定的なフィードバックを与える必要がある。

支援の要点は，不安・緊張を緩和する，本人にソーシャルスキルを教え，練習させる，まわりの子どもたちにソーシャルスキルを教

えるの3点が挙げられる。

(1) 不安・緊張を緩和する

　過度の不安や緊張の問題を抱える場合には，この問題を優先的に扱うことが必要である。過度の不安や緊張に支配されている場合には，学習活動に向かうことは難しい。専門家につなぎ，カウンセリングやプレイセラピーなどの心理治療を受けたほうがよい場合も多い。これらの判断は，教師と専門家とで子どもの様子について話し合いながら進めていくとよいであろう（専門的な心理治療については，坂野〔1989〕に詳しい）。それと同時に，教師は，日常的にかかわっていくことが重要である。人間関係の中で，「安心していられた」と思える体験を重ねれば，不安や緊張は軽くなる。そのためには，子どもを脅かさないようにかかわることが大切である。本人が興味・関心をもっていることを話題にしたり，本人が気づいていないような長所を見つけ，ほめる。また，子どもがどのようなことがつらいのか，不安に思っていることはどのようなことなのかを理解しようとして話を聞くことが重要である。「○○が不安なんだ」とこぼした場合に，「そんなことないよ」ではなく，「そうか，不安なんだ。……でも，大丈夫だからね」と不安な気持ちを受けとめる。このようなかかわりによって，子どもにとって安心できる人間関係がつくられ，不安や緊張は緩和される。

　緘黙の問題では，自発的な発言がない場合に，無理に話をさせようとすると，子どもにとっては侵入される感覚を強め，脅威になる。そのため，子どもにとって不安や緊張の少ないところから活動させ，筆談や身ぶりなどでコミュニケーションをとるようにする。

　さらに，教師が子どもと関係をつくり，その子どもがかかわりやすい友達を少しずつ巻き込んで人間関係を広げるようにすることも意識し，徐々に活動できる範囲を広げられるように支援していくの

である。

(2) 本人にソーシャルスキルを教え，練習させる

　不安や緊張が過度ではない場合や，ある程度改善された段階では，具体的にソーシャルスキルを教える。非社会的行動を示す子どもは，集団に入ることや，自分の意見などを伝えることを苦手とすることが多い。したがって，仲間への入り方（仲間関係維持・発展スキル），気持ちや意見の伝え方（主張行動スキル）などのスキルを教える。非社会的行動を示す子どもの場合には，まずは教師との関係の中でこれらのスキルを発揮できるようにする。その関係の中でスキルを磨き，自信をもたせる。そして，本人の意向に配慮しながら，少しずつほかの子どもを巻き込むようにし，実際場面で成功体験を重ねられるようにする。

Episode ①　集団の中にうまく溶け込めない小学5年女子

　　教室で自己主張できず，保健室に行くことが増えた。保健室でも椅子に座って絵を描くだけ。養護教諭の声かけにも小さい声で聞かれたことを答えるだけだった。担任やクラスの児童が授業に誘いに来ても，首を横に振るだけであった。そこで，保健室では，話しかけられた際に，「今，声かけられたくなかったかな」「今，ちょっと嫌そうだったね」と気持ちを推測して言語化することを繰り返した。また，普段の生活や好きなことなどを話題にして，関心をもって話を聞き続けた。すると，保健室内では，表情も豊かになり，これまで話せなかった分を取り戻すかのように，自分の好きなことや嫌いなことなど話したいことを話すようになった。
　　その後，子どもは教師の提案に応じ，気持ちを他者に伝える方法を一緒に考えていった。

(3) まわりの子どもたちにソーシャルスキルを教える

　一方，受け入れ側の集団に対しては，1人でいる者や遊びに加わ

っていない者の集団への誘い方（仲間関係維持・発展スキル）や，ほめ言葉や励ましの言葉をかけること（共感スキル）を教える。集団によるサポート力を高め，子ども同士が心地よく過ごせるように工夫するのである。

反社会的行動の理解　反社会的行動を示す子どもは，しばしば攻撃・反抗的で，社会的ルールから逸脱する。それによって，他者に危害を加えたり，脅威を与えたりすることが多くなる。そのため，表面的な言動に注意が向けられ，「そのような言動をしないように」といった叱責・注意が一般的かつ常識的な対応である。しかし，それだけでは改善しないことがほとんどである。

　反社会的行動の背景要因には，感情コントロールの問題，ソーシャルスキルの誤学習が挙げられる。

(1)　感情コントロールの問題

　怒りや悲しみなどの**不快な感情**は人を攻撃的にさせる（不快情動説）。感情コントロールの問題を示す子どもは，不快な感情を適切に処理できずに，感情の爆発をなかなか収められない。人は乳幼児期から，泣くなどさまざまな手段で，空腹や排泄などの**欲求**をまわりに知らせる。その欲求をまわりの大人に満たしてもらうことで，感情のコントロールや，欲求の満たし方を学んでいく。このように，感情は個人が自分の欲求を外部に知らせるために重要な役割をもっている。たとえば，怒りには「（自分は）こうしたい」「（相手に）こうしてほしい」といった願い，悲しみには「願いが叶いそうにない」「叶わなかった」といった思いがあるのである。

　ところが，不快な感情はまわりにも不快感をもたらすため，受け入れられにくい。感情コントロールに問題をもつ場合には，大別すると，①意識的・無意識的に「怒ってはいけない」「泣いてはいけ

　教師として子どもの前に立つときのスタンスが大きく分けて2つあります。1つは，文化伝達の担い手としての立場です。教科書の内容を教えたり，教科書を使って，教師が知っていることや学んできたことを伝えます。教師になりたての頃は，今まで自分が勉強をしてきたことを目の前の子どもたちに伝えることで満足をしていましたが，やがて，その伝え方を工夫したり，どのように投げかけたら子どもたちがみずから獲得していってくれるかに力を注ぐようになりました。そして，自分を介して自分が直接伝えるよりももっとふさわしい人やよりよい場を提供することも考えて実践するようになりました。そのために，研修や研究を積み重ねてきましたが，大切なことは，自分のもっているものの中で子どもとかかわっているという立場であるように思います。スキルやテクニックが通用する立場といえるかもしれません。

　もう1つのスタンスが，子どもと一緒に考えていく，答えを見つけていくという立場です。自分自身も模索していることを子どもが疑問としてぶつけてきたときや「先生，あなた自身はどう考えているのか」を子どもが求めてきたときにどのようにかかわるかという立場です。子どもは時に，生き方のこと，性のこと，生や死のことなどを投げかけ，突きつけてくることがあります。言葉という形だけでなく，さまざまな不適応行動として伝えてくれることもあります。そんなとき，「昔の人はこう言っています」「それは，こういうものなんです」という対応では納得をしてくれません。むしろそのような対応には，こちらの力量を見切り，哀れみのまなざしで，納得したふりをして，フェイドアウトをしてくれるときさえあります。

　私が教師として子どもたちに教えているというよりむしろ，子どもたちから自分の生き方に対する問いを投げかけてもらっていると思うことが多々あります。

　文化の伝達をする立場と，共に悩み歩んでいく立場の両方を忘れないように子どもたちとかかわっていきたいと思うのです。

ない」などと感情を抑え込むような対応，②「怒らせないように」「泣かせないように」と不快を感じさせないように先回りした対応，③無視する対応，をされてきたことが多い。このような形で，不快な感情を表出し，受けとめてもらう体験が乏しいと，子どもは感情コントロールの方法を習得できない。また，外界は安全な場所という感覚も乏しくなり，心理的な安心感をもちにくくなる。その結果，他者の悪意のない言動に対しても被害的な受け取り方をする傾向が強くなる（敵意帰属バイアス）。本人が，自分の欲求が阻止されたと感じると，感情を乱し衝動的・攻撃的な行動をとりやすくなる。

(2) ソーシャルスキルの誤学習

周囲に攻撃的なふるまいをする大人がいれば，子どもはそれを見て，怒り方や不適切な攻撃のスキルを学習する（モデリング）。子どもにとっては，攻撃的な言動によって自分の要求が通ると考えるようになる。攻撃的な言動をすることで，「しなくてはいけないことをしないで済んだ」「欲しい物を手に入れることができた」「注目を集めることができた」など，不適切な形で要求が通る経験を繰り返すと，要求を通すための手段として攻撃的な行動が固定化していく（オペラント条件づけ）。

同時に，攻撃的な行動がなされることで，周囲から叱責などの否定的なメッセージが与えられる。そのことが，自己否定感を強め，不快な感情を溜め込み，攻撃的な言動を引き起こす頻度をさらに増やす。

このように，反社会的行動は，子どもが自分の欲求を適切に表現する方法を学べなかったことと，周囲の大人が子どもの欲求を受けとめてこなかったことによる問題と考えられる。

| 反社会的行動の問題へ
の支援 | 反社会的行動への対応の最終目標は，子ど
もが適切なスキルを実行できるようにする
ことである。特に，要求を表現するための |

「適切なスキル」を教えることである。そのためには，上記のよう
な理解に基づくと，感情コントロールをできるようになることが前
提となる（感情コントロールスキル）。感情をコントロールできない
と，スキルを獲得しにくくなり，獲得済みの適切なスキルを実行す
ることも難しくなるからである。そのため，感情コントロールに課
題をもつ場合には，優先的に対応する必要がある。

　感情コントロールとは，不快な感情を抑え込むことではない。不
快な感情が生じたときに，抑え込まず，かつ支配されずに，頭が働
く程度まで興奮を下げることである。感情を抑え込む対応は問題を
悪化させる。「怒ってはいけない」のではなく，怒ってもよいので
ある。ただし表現の仕方を問題とするのである。支援のポイントは
次の4点である。

(1)　安心感を与え，不快な感情を言語化し受けとめる

　子どもに感情コントロールの基礎となる安心感をもたらすために
重要なことは，かかわる教師がリラックスし，安定した心持ちでか
かわることである。そして，子どもが不快感を体験しているときに，
不快な感情を受けとめ，言葉をかけるようにする（たとえば，「イ
ライラしてるね」「悲しいよね」など）。不快な感情によって引き起
こされた行動は受け入れられなくても，行動の背後にある願いを推
測しながら言葉をかけて，その願いを子ども自身が認知できるよう
に支援する。「こうしたかった（してほしかった）のに，そうならな
いのが悔しかったんだよね」などと，言語化して伝える。このよう
にすることで，自分の感情に気づかせ，子ども自身が感情や願いを
言語化することが可能となる。

Episode ②　感情コントロールが苦手な中学 2 年男子

　　本人にとって心地よいことであれば特に問題もないが，本人の
　主観により，自分に対して否定的なメッセージが送られたと認識
　すると，カッとなり，ものを投げたり，殴ったりする。当初は，
　そのたびに叱責され，「もうしないように」と約束するが同じこ
　とを繰り返す状態であった。そこで，怒るきっかけになったこと
　について話を聞き，「○○されたことが嫌だったんだ」「○○され
　たことで腹が立ったんだ」と彼の気持ちを教師が受けとめ言語化
　することを繰り返す対応に変えた。その結果，否定的なメッセー
　ジが送られたときに，「あー，イライラする」と本人自身が言語
　化できるようになり，それとともに衝動的な行動が減少していっ
　た。

　このように，自分の感情を認知し言語化できるようになることで，
その後に適切な行動をとれるようになるのである。

　そのうえで，「大丈夫」「落ち着いて」「安全だから」などとさま
ざまな言葉をかける。これらの言葉によって子どもが落ち着いた体
験をすると，自分で自分を落ち着かせるための言葉として機能する
ようになる。このようなかかわりをされた経験が，自分の感情の動
きをとらえる基礎となる。

　なお，行動は受け入れなくても，その背景にある気持ちを聞いた
り，言語化したりするかかわりは，反社会的行動の問題全般に対し
て重要なかかわりである。

⑵　感情をコントロールした瞬間に注目する

　感情を爆発させたときには，特に感情が収まった瞬間に注目し，
どのようにして感情を収めたのか意識させる。不快感が消えたこと
の心地よさを強調し，不快に感じるきっかけとなったものについて
子どもの言い分を十分に聞き，感情を受けとめる。さらに，気持ち

が落ち着いた後，原因やきっかけについての認識・解釈を確認する。出来事や相手の意図を誤って解釈していた場合には，客観的な事実や相手の意図を伝え，「そうだとしたら，どんな気持ちになるか」を考えさせる。その際の留意点は，まずは本人の当初の解釈を認めることである。このようなかかわりを丁寧に繰り返すことで，少しずつ感情の収め方を学んでいく。

(3) 話を聞き，よいところを見つけてほめる

しっかり話を聞いてもらった体験の多い子どもは，話の聞き方（基本的かかわりスキル）を身につける。適切にほめられた体験の多い子どもは人のよいところを認め，ほめられるようになる（共感スキル）。しかし，反社会的行動を示す子どもは，大切に扱われた経験が少ない場合が多い。したがって，教師が子どもの話を聞き，持ち味を見つけて認め，気持ちを言語化することが，子どもが適切なスキルを身につける際に大事である。子どもとのかかわりは問題行動を示しているときだけではなく，何事もないときに肯定的な注目を与えるかかわりが重要である。肯定的な注目には，ほめる，肩に手を置くなどの身体接触を用いる，「○○やってるんだね」などと見たままを言語化する，認める，感謝を伝えるなどの方法がある。

(4) 適切な主張行動スキルを教える

これまで述べてきたことと同時に，自分の気持ちの伝え方，相手のことを考えながら自分の言い分を伝える方法，断り方（主張行動スキル）を教える。その際，「攻撃的なふるまいによって，自分にとって望ましい結果が得られる」という認識にも変化を与えるよう配慮することも重要である。このことは，要求を通す手段として攻撃的な行動を用いている場合には特に必要である。

3　集団に対する配慮

ほかの子どもの不満へ
の対応

非社会的行動や反社会的行動を示す子ども
を担当する場合には，その子どもへのかかわりが多くなる。その場合に，「何で○○ちゃんだけ……」といった不満が出てくることはよくある。このような発言をする子どもは，自分にも注意を向けてほしいとの願いをもっている。この場合には，方法はさまざまであるが，自分も注目されていることが伝われば，不満の声は減っていく。「△△さんはちゃんとやってること，わかってるからね」「△△さんはいつも××してくれてありがとう」などと，ちゃんと見ているということを伝えることで収まることも多い。また，先に述べた「何事もなく活動しているときに注目を与えるかかわり」は，普段からすべての子どもを対象に行うとよいであろう。

　教師が自分を大切にしてくれると感じられれば，非社会的・反社会的な行動を示す子どもを支援する際に，不満の声は減り，むしろ教師に協力的になることも増える。

集団に対する予防的な
かかわり

集団に対する支援では，日常的な学級経営
の中で，適切なスキルをもつ個人を増やし，
子ども同士の相互作用の中でお互いのスキルを高めると効果的である。集団の構成員全体のスキルが高いことは，学校を心地よい場にし，人間関係上の問題を生じにくくするための予防として役立つであろう。「自分もよくて，みんなもよい」という考え方を大事にし，子どもたちのソーシャルスキルを高め，学級を心地よいと思える個人を増やすことで，学級がさまざまな個

人を受け入れられるようにするのである。ソーシャルスキル教育（第7章参照）のさまざまなプログラムは，このための方法として活用できる。

 引用・参考文献

大河原美以（2004）『怒りをコントロールできない子の理解と援助——教師と親のかかわり』金子書房

大河原美以（2007）『子どもたちの感情を育てる教師のかかわり——見えない「いじめ」とある教室の物語』明治図書出版

奥野誠一（2007）「対人スキルの問題に活かす心理療法」小林正幸・宮前義和編『子どもの対人スキルサポートガイド——感情表現を豊かにするSST』金剛出版

奥野誠一（2020）「集団づくり」糸井尚子・上淵寿編『教師のための教育学シリーズ5 教育心理学』学文社

菅野純（2001）『教師のためのカウンセリングワークブック』金子書房

菅野純（2007）『教師のためのカウンセリング実践講座』金子書房

小林正幸（2001）『学級再生』講談社

坂野雄二（1989）『無気力・引っ込み思案・緘黙』黎明書房

第11章　不 登 校

　身体が元気なのに登校しない，登校できないことを，子どもたちは，「それでよい」などとは考えてはいない。では，なぜ，学校に行かない，あるいは行けない子どもが出てくるのだろうか。

　本章では，なぜ不登校になるのか。なぜ不登校は続くのかを明らかにする。そして，教育委員会と多くの教師の努力で不登校を短期間で激減させた実践を紹介する。教師が変われば不登校は減るのである。

1 不登校の実態

長期欠席と不登校　**不登校**は，「客観的な欠席理由が不分明なまま，学校に登校しない状態」のことである。学校基本調査では，年間 30 日以上欠席している児童生徒を，「長期欠席」と呼ぶ。文部科学省はその「長期欠席」の中から，「病気による欠席」と「経済的理由による欠席」を除き，「何らかの心理的，情緒的，身体的あるいは社会的要因・背景により，児童生徒が登校しない，あるいはしたくともできない状況にあること」を「不登校」と定義している。

　図 11-1 を見れば一目瞭然だが，1991 年から 2001 年までの 10 年間での不登校の上昇は著しい。中学の不登校では，出現率で 2.5 倍に達し，その後も高い水準を維持している。近年，2015 年から

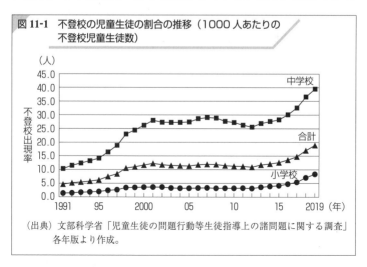

図 **11-1**　不登校の児童生徒の割合の推移（1000 人あたりの不登校児童生徒数）

（出典）文部科学省「児童生徒の問題行動等生徒指導上の諸問題に関する調査」各年版より作成。

小・中学校ともに不登校は再び上昇傾向に転じ，過去最高の出現率を更新している。

不登校とは

そもそも，「不登校」は，1940年代までは，大きく「怠休（怠学）」という言葉で括られていた（Broadwin, 1932）。名称の通り，その中心は「怠学」だった。怠学とは「学校に行きたくないから，行かない」というものである。その後，1940年代から50年代にかけて，怠学とは異なったタイプが見出されるようになった。それらは，「学校の病（school illness）」「学校恐怖症（school phobia）」などと呼ばれた（Johnson et al., 1941）。彼らには，「学校に行きたいけれども，行けない」点に特徴がある。このタイプは，1970年代から「**登校拒否**（school refusal）」という名称で呼ばれるようになった。

従来の怠学は，「学校に行きたくない」という動機の問題である。これに対して，「登校拒否」は，「学校に行きたい」という動機と，「学校に行けない」という行動の不一致が問題になる。したがって，「怠学」では，「学校に行きたくない」という動機に働きかけることが重視され，「登校拒否」では，動機と行動を一致させることが重視される。そこで，怠学の問題を扱う場合と，登校拒否を扱う場合とでは，対応や援助の方法も目標も異なり，両者は分けて考えられていた。しかし，近年では，両者が明確に分けられない場合が増え，冒頭に示したように，病欠など，明確な不登校の理由が客観的には認められない場合を，「不登校」として理解するようになってきたのである。

2 不登校の形成要因と初期段階でのかかわり方

不登校の形成要因 不登校がなぜ起きるのかといえば,「学校
に嫌なことがあるから」である。その嫌な
ことを避けることで,不登校の問題が起きる。表11-1は,不登校
の追跡調査の結果だが,20歳になった不登校体験者に,中学3年
時の不登校のきっかけを尋ねたものである。ここで示すように,不
登校体験者は,「級友との関係」「教師との関係」そして,「学業上
の不適応」を挙げている。

この調査結果で重要なことは,多くの**不登校の「きっかけ」**が,
学校環境の中にある点である。そして,教師はその学校環境の中に
いる。教師は,これらの「きっかけ」の多くの場合に変化を与える
ことができるのである。したがって,不登校の初期の段階では,
「きっかけ」となっている要因を見出して,その要因と子どもとの
関係を修復,改善することが重要なことになる。

表11-1 不登校のきっかけ（複数回答）

	平成5年度 中学3年生	平成18年度 中学3年生
友人との関係	45%	53%
生活リズムの乱れ	-	34%
勉強がわからない	28%	31%
先生との関係をめぐる問題	21%	27%
クラブ活動や部活動の友人・先輩との関係	17%	23%

（出典）文部科学省「不登校に関する実態調査（平成18年度不登校生徒に関する追跡調査報告書）」より作成。

しかし，子どもは，教師や保護者に，直接に「きっかけ」について語らないことも多い。「語らない」というより，「語れない」場合が多い。子どもがそれを語れなくても，子どもの様子から判断するようにする。ごく初期の段階では，子どもが避ける対象，近づきたがらない対象を探す。そこに，問題の「きっかけ」となる対象があると考える。

(1) 友達との関係の問題

いじめ問題や友達関係のトラブルがあれば，子どもは，友達関係を避けるだろう。もちろん，学級の中で，自分の拠りどころとなる人間関係がない場合や孤立している場合，あるいは疎外感を味わっている場合もある。いずれの場合も，友達関係や他人の目を避けることが，早い段階から起きているはずである。

このときに，教師は「ある子どもが集団に合っていない」ではなく，「集団がある子どもに合っていない」という発想を抱くべきである。教師は，集団を，特定の子どもに合わせていくことができる唯一の存在であるので，本人が避ける人間関係の改善に力を注ぐことや，その関係とは別の場や別の人間関係の中で，本人を支える仲間を見出し，本人との関係を結ばせるようにする。

(2) 教師との関係の問題

一方，教師との関係が悪い場合では，不登校の初期段階で，教師が避けられているかどうかを見る。その場合は，教師自身が，子どもに脅威を与える存在になっていることを想定する。このときは，その子どもが嫌う教師とは別の第三者に介入してもらうほうがよいかもしれない。比較的本人と相性がよい別の教師や，スクールカウンセラーなどの第三者に頼み，両者の関係に介入してもらうのである。

(3) 学業上の問題

学業困難だけが学業上の問題とは限らないことに注意したい。学

業成績が優秀であっても，学業上の不適応は起きるからである。そこで，これはさらに2つに分けてみる。1つは，学業適応が全般に悪く，学校での授業場面が苦痛な場合である。もう1つは，客観的に学業に適応しているように見えながら，成績を気にするなどのことから，自分の到達目標に達せないために，不適応感を抱く場合である。前者の場合には，学力の適切な補償，支援が具体的に必要になる。後者の場合には，学業成績のこだわりや過剰なまじめさを和らげることが中心になる。

不登校の子どもへのかかわりの原則

後述の「実践例」で，埼玉県熊谷市の不登校対策を取り上げているが，その際，熊谷市の全教職員に調査を行った。それによると，以下の4つのかかわりをすることが重要であることが示された（小林ほか，2006）。

① 本人の好きなこと，得意なことを探り，その面で付き合うようにする

② 本人が安心していられる場所をつくる

③ 活躍の場を与える

④ 不安や緊張や怒りや嫌悪などの不快な感情を言葉で表現（言語化）できるように促す

これらの項目は，「今後，不登校の子どもと出会ったときに，これらのことをどれだけ行いますか」と尋ねた結果である。3年間の中で，一度も不登校の子どもを担当しなかった教師と不登校の問題が改善したとする教師は，不登校を改善できなかった教師に比べて，上記の4項目を，「必ず行う」とした割合が非常に高かった。つまり，これらのことを意識して行うことで，不登校の防止や改善につながる可能性が見出された。

これらのかかわりは，子どもを心理的に受け容れ，安心できる場

を設け，1人ひとりの気持ちに寄り添う姿勢の大切さを物語っている。不登校を未然に予防できるとは，不登校であろうがなかろうが，自分が担任する子ども1人ひとりに，つまり全員の子どもに，意識して，これらのかかわりができることではないだろうか。教師が普段の教育の中で，全員の子どもに対して，これらのかかわりを実践できれば，不登校を未然に防止し，不登校の解決にもつながるのではないだろうか。

3 不登校が本格化した段階でのかかわり方

不登校が維持・悪化する要因

不登校が本格化すると，不登校を維持・悪化させる要因が新しく発生する。行動面では，不登校になると，「**学校への行きにくさ**」が増す。学校を避けたことが安堵感を生み出し，その安堵感が

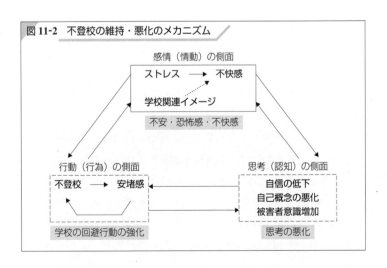

図11-2　不登校の維持・悪化のメカニズム

感情（情動）の側面

ストレス ⟶ 不快感

学校関連イメージ

不安・恐怖感・不快感

行動（行為）の側面

不登校 ⟶ 安堵感

学校の回避行動の強化

思考（認知）の側面

自信の低下
自己概念の悪化
被害者意識増加

思考の悪化

学校に行かない行動を強めるからである。また，感情面では，「**学校への不快感**」が増す。学校での嫌な場面を繰り返し想像することで，学校への不快感が増してしまうのである。登校への義務感から「登校せねばならない」と思っても，学校への行きにくさや学校への不快感が増す中で，思い通りに登校できなくなる。この感覚が自己概念を悪化させていく。図 11-2 は，感情面，行動面，思考面で，不登校を維持・悪化させる様子を，心理学のモデルを用いて説明したものである。

将来の適応を見据えた
長期的な対応を

本格化した不登校では，上記の悪化要因が絡み合っている。そのために，問題の解決までには時間が必要になるのである。このように，問題が長期化した場合には，再登校後や，社会適応などの段階を視野に入れ，不登校の期間に被った教育的な空白を補いながら，**将来の適応をよりよいものにするための力を蓄えさせる**ことに力を注ぎたい。

このとき，「将来の適応に役立つ力」としては，「**ソーシャルスキル**」と「**セルフコントロール**」がある。両者ともに，ストレスを乗り越えていくのに必要で，この 2 種類の力は，ストレスに対処できる力である。これを「**コーピングスキル（coping skills）**」と呼ぶ（ライフスキルとしてのストレス対処については，第 8 章を参照）。「ソーシャルスキル」とは，人とうまく付き合っていく力のことである（第 7 章参照）。また，「セルフコントロール」は，自分のめざす目標との関係で，「自分のしたいことをあえてしない」ことや，「したくないことをあえてする」ことである。

本格化した不登校の子どもには，第 1 に，家族や教師をはじめ，かかわる人が，安全で安心できる人間関係を築くように心がける。このかかわりは，不安を和らげるうえで，大切にしたいかかわりで

ある。次に，ソーシャルスキルの向上を願って，生活空間を拡大させることを試みる。さまざまな場に出かけ，さまざまな人と出会い，心地よい人間関係の中で，意味のある時間が過ごせるように働きかける。学校での別室登校も，このような意味として考え，学校の中で，安心できる場を確保し，かかわれる人間が意味あるかかわりを行っていくことをめざす。

　上記のかかわりなどで，不安や緊張が軽減し，ソーシャルスキルが向上した後に，セルフコントロールの力を向上させることを意図する。この力を育むかかわりは，不登校以前から，頑張ることや，我慢することを苦手としている子どもに必要であり，本来，頑張るまじめな子どもには，これを行う必要はない。

　セルフコントロールは，我慢する力と頑張る力とに分かれる。我慢する力とは，「したいことをしないで済ませる」ことであり，しっかりと他者評価をし，特に何かの欲求を我慢できたことをほめるようにする。また，頑張る力のない子どもには，本人の中での望ましい方向への変化や努力が見られた場合に，その変化に注目させ，過去の自分と比較させる。そして，その伸びを確認させ，個人内評価の中で「**成功体験**」として位置づけさせ，その変化を一緒に喜ぶようにする。

　以上のようなかかわりを重ね，ストレスへの対処能力を育んだうえで，再登校や社会的な適応へとつないでいくのである。

4 学校組織による不登校半減への試み

「意識」「組織」「かかわる」

市町村教育委員会単位での「不登校を少なくするために，こうやったら，こうなった」という取り組みはまだ少ない。しかし，学校単位での「不登校を少なくする」取り組みは，よく見かけるようになってきた。たとえば，埼玉県熊谷市のＣ中学校においては，4年前には，不登校生徒と不登校傾向生徒を合わせて，40人であったが，4年後には6割減少して16人となった（表11-2）。Ｃ中学校では，子ども1人ひとりを大切にし，不登校への対応の「意識」がきわめて高い。また，校長を中心として，学校全体が「組織」として機能していた。そして，家庭訪問や家庭への電話連絡，校内支援チームの組織など，不登校で困っている目の前の子どもに積極的に「かかわる」実践をしていた。「意識」「組織」「かかわる」の3点を大切にする実践がごくあたりまえに行われていた。次の実践例で述べるのは，この実践を学校単位から教育委員会単位へと広げていった取り組みである。

表11-2 Ｃ中学校の不登校生徒数

	4年前	現在
不登校	36人	15人
不登校傾向	4人	1人
計	40人	16人

実 践 例

▨埼玉県熊谷市における不登校対策

(1) 不登校対策の実際

　埼玉県熊谷市では，「不登校で悩む子どもや保護者が1人でも少なくなる」ことを願って，教育委員会と小・中学校が一丸となって不登校対策に取り組んでいる。2002年度から不登校を3年間で半分にしようという目標を掲げて不登校対策に取り組んだ。計画開始前の2001年度を基準とすると，3年間で不登校児童生徒数で約25%，欠席日数の合計で約30%ほどの減少を達成した（表11-3）。3年間で半数の達成はかなわなかったが，全国的に不登校出現率がほぼ横ばいの中で，相当な成果をあげたと考えている。

(2) 実践の内容

　埼玉県熊谷市においてはさまざまな対策を行ってきたが，その実践から見えてきた不登校対策で重要となるポイントが表11-4の10項目である。この10の要点を押さえた対策を市内の全小・中学校で，共通に取り組んできた。各小・中学校においては，市内の共通実践と共に実態に応じて，各校それぞれで工夫した特色ある取り組みを行った。ここでは，成果をあげている10校の実践を表11-5に示した。

(3) 不登校の予防

　表11-6は，ある中学校のある年の不登校の発生・改善状況を表したものである。その年の全不登校生徒のうち，54%が中学生になって新たに不登校になった生徒で，次の年に改善したのが17%で，23%の生徒が不登校のまま中学校を卒業していった。不登校

表11-3　熊谷市の不登校児童生徒数の推移

	2001年	2002年	2003年	2004年	3年間の減少率
年30日以上（人）	213	170	177	160	−24.9%
年50日以上（人）	162	137	125	117	−27.8%
総欠席日数（日）	23,218	19,032	16,874	16,079	−30.7%

表 11-4　実践から見えた対策のポイント 10 項目

1　不登校減少のキーワード「意識」「組織」「かかわる」の徹底を
2　「回復させる支援」より「不登校にさせない支援」を
3　「月 3 日」の欠席管理を
4　「欠席が増加したら不登校」と理解しチーム支援を
5　「中 1」と「休み明け」の集中管理を
6　中学校では，小学校との連携で 4 月 8 日の確実スタートを
7　小学校では，中学校で不登校にさせない指導を（社会性を育み，授業で伸ばす）
8　特別支援教育との連携を
9　「市内共通実践」と「各校の工夫」を
10　教育委員会が不登校の子ども 1 人ひとりを確実に把握

表 11-5　成果をあげた市内各校の 10 実践

1　校長・不登校担当者がリーダーシップを発揮する
2　月 3 日欠席者一覧表で不登校への意識化を図る
3　不登校個票で徹底したケース検討を行う
4　担任を孤立させない不登校支援チームを組む
5　小中連携個票による引き継ぎを確実に行う
6　朝の欠席連絡から「不登校かもしれない」という対応をする
7　専門家による巡回相談を計画的に活用する
8　不登校対策会議を定期的に実施する
9　不登校対策部会と生徒指導部会・特別支援教育部会の連携を図る
10　家庭訪問と電話連絡で適度な登校刺激を与える

表 11-6　ある中学校のある年の不登校の発生・改善状況

全不登校数	新たな不登校数	次年度改善数	年度末中 3 卒業数
213 人	117 人	37 人	50 人
——	54%	17%	23%

は中学校在学中には改善しにくく，次の年には約 6 人に 1 人しか改善しなかった。一方，改善した生徒の約 3 倍の生徒が新たに不登校となっていった。

不登校の予防は，不登校の減少に向けた非常に重要な対策である。予防なしには，いっこうに不登校は減少しないといえる。不登校の解決策や解消策とともに，不登校を新しく発生させないための対策に，行政は力を注ぎ，学校を支援していくべきである。そして，学校は，新たな発生予防の必要性を認識して，不登校対策に努めていかなければならない。

(4)「月3日」の欠席管理

熊谷市では，不登校問題の早期発見，早期対応として「月3日」以上の欠席に注目することから始めた（第4章4節参照）。「月3日」以上の欠席管理を行う理由は，第1に，学校の授業数は，年間約10カ月で，月3日の欠席が10カ月重なれば年間30日以上の欠席になるということである。年間30日以上の欠席を不登校と統計上扱っているので，月当たりの平均を目安にするのは，妥当な数字である。

第2に，熊谷市においては，不登校への早めの対応について各学校に呼びかけてきた。子どもの休みが続いたときの早めの対応，特に，「休み始めて3日間の対応」が重要であることを訴え続けてきたことも理由として挙げられる。

第3に，具体的なスローガンがあると，教師は意識して取り組みやすくなる。

第4に，熊谷市の不登校の子どもを含む全児童生徒の出席率は98％を超える。年間約200日の授業日数に対して，欠席日数が4日程度である。月3日の欠席は，多くの子どもにとっては異常事態といえることも理由として挙げられる。

担任教師は，子どもの欠席状況に敏感にならなければならない。「月3日」の欠席管理を自分の中で常に意識していると対応をしやすい。表11-7は，市内のある中学校の3年生の不登校生徒A～Kが，さかのぼって中学1年生のときの1年間にどのような欠席状況であったかを示したものである。生徒AからEは小学校のときから不登校の傾向があった。生徒FからKは，小学校では不登校の経験がない子どもたちである。この表11-7からも読み取れるように，月3日の欠席を目安に月ごとの欠席日数を見ていれば，学校に

表11-7　中学3年時に不登校になっている生徒の中学1年時月別欠席日数

	月	4	5	6	7	9	10	11	12	1	2	3
小学校時に不登校傾向ありの子ども	A	**4**	19	22	15	21	24	21	17	18	21	14
	B	**4**	3	4	3	4	5	5	5	8	9	7
	C	2	**4**	4	1	1	1	3	6	8	8	3
	D	2	1	2	2	1	**3**	4	4	3	8	2
	E	1	2	1	**3**	0	3	2	3	6	12	14
小学校時に不登校経験なしの子ども	F	0	0	1	0	1	2	**3**	5	4	1	2
	G	0	0	0	0	**18**	24	21	14	12	3	4
	H	0	0	0	1	**3**	4	10	17	18	21	19
	I	0	0	0	0	2	**3**	7	17	18	21	14
	J	0	0	0	0	**6**	1	8	9	5	0	
	K	0	0	0	0	0	0	0	0	**18**	18	11

＊　太字は不登校になりはじめた月の欠席日数を表す。

来ているまだ早い段階で，子どもの変化をつかみ対応できる。各学校では，子どもが月3日以上欠席している場合には，理由のいかんを問わず，不登校担当を通して，管理職に情報が伝わるようにし，一覧表を作成して学校全体で意識化を図り，組織的に対応を進めている。

(5) 不登校個票

特に対応の必要な子どもについては，不登校個票により，大学の専門家の協力による各学校へのコンサルテーションを行った。この個票は，累積欠席日数が年間10日を超えた子どもを対象とした。個票は，個人名を伏せたものをコピーし，教育委員会で各学校から送付を受け，大学へ送る。その個票に記載された内容をもとに，専門家がコメントを書く。この紙上コンサルテーションが大学から教育委員会へ送られ，それを各学校へ送付する。学校に残された個票と紙上コンサルテーションのコメントは，学校内でカルテとして保存される。個票は，不登校対応の中心者となる教育相談主任が管理し，担任の指導の目安とするとともに，教育相談部会等における資

料としても活用される。個々の情報は，教育委員会と学校で共有化され，必要に応じて専門家による巡回相談を中心とした学校支援を行っていく。

特別支援教育においては，個別の教育ニーズに合わせた教育計画の作成，アセスメントに基づく支援，専門家とのチーム対応，関係機関との連携など，通常の教育では行われない指導方法がとられている。熊谷市では，不登校対策において，特別支援教育における個別の指導計画にあたる不登校個票を作成し実践してきた。教師にとっては，個にかかわることについての研修そのものとなった。かかわりが難しい子どもたちに対して，教師が丁寧なかかわりをするコツを学ぶ機会となり，教師の指導技術が向上し，不登校の発生を予防し減らすことにつながっていった。

(6) 小中連携個票

熊谷市では，小学校から中学校に，不登校など指導上配慮を要する子どもについて申し送るための支援シート「小中連携申し送り個票」を導入した（第4章「実践例」も参照）。これは，小学6年生の担任が，以下の基準に合致する児童に関して，3学期に記入するものである。その基準は，小学校1年から5年までに，年間15日以上の欠席をした児童と，6年生の12月までに年間10日以上欠席した児童全員である。シートには，小学校での指導経過などを記載した。このシートは，2月末日までに進学先の中学校へ送付され，3月中の小中連絡会やクラス編制の資料として活用され，中学1年生の担任の手元に，4月当初に届く。

熊谷市の場合では，2003年度の小学6年生1556人のうち185人の児童について小中連携個票を提出した。これは，約30人の学級の約1割（3,4人）に相当していた。このうち中学1年時にも不登校となったのは31人であった（つまり小中連携個票で申し送った約6人のうち1人が，中学1年時にもまた不登校となった）。この年の中学1年生全体の不登校の生徒は45人だったので，そのうち31人つまり約7割が小中連携個票が提出された生徒だったことになる。このことから，約30人の学級の1割程度の生徒について，学校適応を促すようにするだけで，中学1年時に不登校になってしま

う生徒の約7割に事前に手が打てることが明らかになったのである。

不登校を少なくするために

子どもの欠席日数の減少をめざすかかわりは，子どもの学習権を保障する働きかけであるととらえられる。学校関係者自身が学校環境に目を向け，「不登校は必ず減少する」という前向きな姿勢をもって，全校で組織をあげて，不登校対策への意識をもって，積極的に不登校対策にかかわっていくことが重要である。そして，「回復させる指導」より「**不登校にさせない指導**」に重点をおく。要するに，不登校の問題の解決以上に，問題の予防に焦点をあてることが重要である。

そして，教師集団は，専門家の意見は尊重しつつも，研修を積み，自信をもって不登校の予防に意図的に対応する実力をつけていく必要がある。

 引用・参考文献

現代教育研究会／森田洋司代表（2001）「不登校に対する実態調査」（平成5年度不登校生徒追跡調査報告書）文部科学省委託研究

小林正幸（2003）『不登校児の理解と援助——問題解決と予防のコツ』金剛出版

小林正幸・小野昌彦（2005）『教師のための不登校サポートマニュアル——不登校ゼロへの挑戦』明治図書出版

小林正幸・平野千花子・伊藤透・木村愛・江尻華奈・金ヨンミン・早川恵子・村松綾子（2006）「不登校半減計画プロジェクトに対する学校関係者の評価に関する研究——不登校問題の改善効果とプロジェクトに対する評価を中心に」『東京学芸大学紀要総合教育学系』57，415-

426

文部科学省（2018）「学校基本調査」

Broadwin, I. T. (1932) A contribution to the study or truancy. *American Journal Orthopsychiatry*, 2, 253-259.

Johnson, A. M., Falstein, E. I., Szurek, S. A., & Svendsen, M. (1941) School phobia. *American Journal Orthopsychiatry*, 11, 711-720.

第12章　いじめ

いじめ集計　急増12万件
06年度 聞き取り重視の結果

いじめ「兆候逃さぬ」
06年度急増　学校に積極姿勢

こども
脱・いじめ

「自ら撲滅」促す指導必要

傷つき、いじめる側に
—— 1万3000人の声から ——

「次は自分」怖くて傍観
—— 1万3000人の声から ——

© 朝日新聞社

　いじめは許される行為ではない。また，いじめは，子ども同士の関係性の問題でもある。したがって，いじめが起こったときに，表面的に謝罪をして済ませることや，危機的な状況に対応しただけでは問題解決にはならない。長期にわたり，子ども同士のよりよい人間関係を築いていくことが，問題解決や再発予防につながる。本章では，以上をふまえたうえで，いじめ被害者・加害者への支援，保護者への対応について考えていく。

1 いじめとは

いじめは，同一集団内の相互作用過程において優位に立つ一方が，意識的に，あるいは集合的に，他方に対して精神的・身体的苦痛を与えることである（森田・清永，1994）。

また，「いじめ防止対策推進法」（2013 年公布）によれば，「児童等に対して，当該児童等が在籍する学校に在籍している等当該児童等と一定の人的関係にある他の児童等が行う心理的又は物理的な影響を与える行為（インターネットを通じて行われるものを含む。）であって，当該行為の対象となった児童等が心身の苦痛を感じているもの」と定義されている。

小・中・高等学校及び特別支援学校におけるいじめの認知件数は，2019 年度には 61 万 2496 件（児童生徒 1000 人当たりの認知件数は 46.5 件）となり，2018 年度の 54 万 3933 件（同 40.9 件）より 6 万 8563 件増加した（過去 5 年間比較では，小学校：2014 年度 1000 人当たり 18.6 件から 2019 年度は 75.8 件と大幅に増加した。中学校：2014 年度 1000 人当たり 15.0 件から 2019 年度 32.8 件と約 2 倍以上に増加した）。

また，国立教育政策研究所によれば，小学 4 年生から 6 年生の 3 年間 6 回にわたる追跡調査において，調査時点前の 3 ヵ月間で被害体験 86.8%，加害体験 85.6% の割合を示した（図 12-1）。この数値が示しているように，ほとんどの子どもがいじめを体験しているといっても過言ではないであろう。小学校の認知件数の増加が示すように，教師がいじめに敏感に気づくことが増えた。しかし，本当に子どもの心の声に耳を傾けることができているかどうか，再認識し

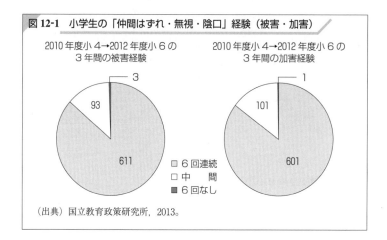

図 12-1　小学生の「仲間はずれ・無視・陰口」経験（被害・加害）

2010 年度小 4→2012 年度小 6 の
3 年間の被害経験

3
93
611

2010 年度小 4→2012 年度小 6 の
3 年間の加害経験

1
101
601

□ 6 回連続
□ 中　　間
■ 6 回なし

（出典）国立教育政策研究所，2013。

たい。

　また，近年はインターネットを利用することによるいじめの増加
も深刻になっている。フィルタリングに関する Web サイト「青少
年の保護者向け普及啓発リーフレット」（内閣府）や「インターネ
ットトラブル事例集」（総務省）などが公開されている。学校，地
域，保護者が連携してネット環境が適切，かつ有効に活用され，い
じめなどのトラブルを予防することも大切といえる。

　以上のような特徴をふまえると，いじめの問題は，初期対応がと
ても大切である。しかし，最近では，表面化したときには，いじめ
の対象が転々と移ることや，同時多発でいじめが起きるなど，いじ
め被害者が複数出現しやすい。また，いじめの立場が固定化しやす
いとはいえ，いじめられていた子どもが，自分の身を守るためにい
じめ側に加勢するようになったり，また，不登校など二次的な問題
が発生したりするなど，問題が複雑化し，解決が困難な状態になる
場合も多い。そのため，いじめの問題を解決するためには，危機的
な状況への介入だけで解決するものではなく，援助には長い時間が

必要である。また，いじめは，子ども同士の関係性の問題であるから，長期間にわたって子どもの集団での関係を見守る必要がある（小林・宮前編，2007）。

2 いじめ被害を訴えてきた子どもへの支援

いじめの問題が深刻化する前に，子どもは
以前とは違った様子を示すことがある。教師はその変化に敏感であってほしい。

① 最近，元気がない

② 憂鬱そうである

③ 表情があまり動かない

④ 急激に成績が下がる

⑤ 行動や反応が鈍くなる

そのようなときには，「いつも頑張っているけれど，調子はどうかな？」「元気がないようだけど，心配なことがあるのかな？」「嫌なことがあるのかな？」「気がかりなことがあるのかな？」などの声がけとともに，「心配なことがあったら，いつでも，話してね」と伝える。そのときに，子どもが「何でもない」「大丈夫」と答えたとしても，「誰かに相談してみようか，どうかしら」と迷うようなときには，自分の変化に気づき，心配している大人のところへ，相談に行くものである（早川，2007）。

いじめ被害者は，誰も自分の味方になってくれないという「孤立感」，どんなに頑張ってもさらなるいじめを誘発してしまう「無力感」，いじめ被害者の苦しみとは裏腹にいじめ加害者が仲間同士で楽しそうにしているという環境の落差を不当と感じる「不当感」，

表面的な対応で問題解決して，指導が終わってしまった教師に対する「不信感」など，さまざまな苦しみを味わっている（菅野，2007）。その苦しみを十分に汲んで支援する必要がある。

いじめ被害者への支援の手順

以下は，いじめ被害者への具体的な支援の手順である（早川，2007）。

(1) 相談しに来たことを承認する

まずは，相談しに来たことを労い，「よく話しに来てくれたね」とゆったりと受け容れることが大切である。

(2) 不快な感情の言語化

事実確認は後回しにし，最後まで，本人の話を聴いたうえで，「つらかったね」「悲しかったね」「それは悔しかっただろう」と不快な感情を言葉で伝える。子どもが感じている不快な感情を言葉で表現しながら，受けとめるのである。

また，今感じている，悲しみ，怒りなど不快な感情は，感じて当然であり，誰でもそのようにつらい目にあったときには感じるものであることを伝える。暴力を受けているならば，その傷の手当てや，病院で診察をすることが優先されるが，そのときにも，対応は同じである。

(3) 全面的に味方になる

「あなたは悪くない」と伝え続ける。なんらかの事情があったとしても，「あなたにも悪いところがあったのではないか」というようなかかわりは，もってのほかである。一般的に，いじめの被害者に限らず，犯罪被害者ですら，自分が悪いと考えてしまいがちなことは，全世界的な傾向であり，人間が普遍的にもちやすい心理的な傾向である。

本人が，「いじめられるダメな自分」と自己否定的にならないように，その子どもが感じて当然な苦しみ，悲しみを承認することが

何よりも大事なかかわりとなる。

(4) 安全を確保する

いじめ被害を受けた子どもの安全と安心を確保する必要がある。場合によっては，別室や相談室，保健室で過ごすなど，一時避難的な対応も必要かもしれない。問題が深刻化し，登校できないような場合には，各市区町村教育委員会管轄の適応指導教室への通級も視野に入れてもよいのではないだろうか。その場合には，その子どもが不利益を被らないよう配慮する。在籍校の出席扱いにすることはいうまでもないことであるが，学習面，配布物など，情報は常に伝えるようにしたい。

(5) 問題解決の手順は確認しながら行う

いじめ加害者への支援でも述べるが，安全と安心が確保されたうえで，問題解決のために，いじめる側にかかわっていくわけだが，誰にいつ，どのような対応をするのかの計画は，いじめられた子どもに，具体的に伝え，「そうしたいのだけれど，どうか？」と尋ねる。いじめられた子どもは，教師がかかわった結果，めぐりめぐって，自分が次にどのような目にあうのかということは敏感に感じ取るものである。本人の意向をよく聴いたうえで，問題解決にあたるようにする。

(6) いじめが収まってからの支援

いじめが収まってからも，いじめられた体験はその後の対人関係に少なからず影響を及ぼす。まわりから疎外された体験や，集中攻撃を受けた体験によって，対人不安や対人恐怖など，他人の視線や他人の存在そのものを恐れるようになったり，他人に自分がどう思われているか不安になったりして，人とのかかわりを意識的に避けたがるようになることがある。そのような場合には，安心できる人と一緒に過ごすことが大切である。本人が信頼している教師と個別

に話すことがあってもよいし，好きな教科の教師が，意図的にかかわることも効果的である。できたことについては，「よくできているね」「つらいのに，よく頑張っているね」と声をかけ続け，自己肯定感を高めていきたい。

(7) エネルギーを充電するために

　本人が遊びたい友達，または教師や家族と遊ぶことも意味がある。このとき，身体活動を伴う遊びができるならば，より好ましいだろう。卓球や，縄跳び，トランプや，集団遊びなどを選んで，本人と楽しく遊ぶようにする。これらは活動性を高める遊びである。また，ごっこ遊びや絵などを自由に描くことなどでもよい。これらは，表現活動を促すことになるからである。

　上記の遊びが，心のケアには大きな意味をもつ。遊びの中で，怒りなどの不快な感情が表現できるようになってくれば，心にエネルギーが溜まってきた証拠である。また，本人の表情や感情表現が豊かになり，活動性が上昇してくることが，心のケアがどれだけ進んだのかの指標となる。人との関係に傷ついた子どもにとって，人とのかかわりで楽しい経験をすることは，とても大きな治療的効果がある。このようなかかわりを，一緒にいて安心できる人が丁寧に行うことが，いじめられた子どもに対応するうえで大切なことである。

3　いじめ加害者への支援

　いじめの手口としては，「悪口」「からかい」「無視」「仲間はずし」が多い。「無視」「仲間はずし」も，いじめられる側に危害を加えて，心理的に苦痛を感じさせる行動である。したがって，これも攻撃性の一種であるといえよう（小林，2003）。

不快な感情の言語化 攻撃的な行動をするときの感情は「怒り」や「衝動的な嫌悪」である。その不快な感情は，否定せずに，言葉にして受けとめるようにする。「腹が立って仕方がないんだ」「自分でどうしようもないくらい，いらいらするんだね」とか，「そのことが，嫌だって感じるんだ」などと受けとめるのである。もちろん，いじめの行為については，「してはいけないことである」ことは指導する。しかし，その前に，その子どもが感じている不快な感情は，言葉に出して受けとめる。そして，「そのような行為（いじめ）をしてしまうあなたのことを心配している」との姿勢で，向かい合うことが原則である。

不快な感情の後ろにある「願い」に気づかせる 子どもの不快な感情の後ろには子どもの「願い」がある。「相手に，どうしてほしいのだろうか？」「何のためにそうしたのだろうか？」「何を得たいのだろうか？」といじめと思われる行為の目的を確認する。怒りの背後には，他者に変わってほしいとの願いがあるはずである。言い繕いや，単純な責任転嫁には応じず，自分がそのような行為をしたくなる目的を，明確にさせる。

具体的な表現方法をみつける たとえば，「相手の行為を改めたい」「自分に対して，何かをしてほしい（してほしくない）」という願いを相手に伝えるために，「もっとほかによい方法がないのか」を，教師が一緒に考えるようにする。「憂さを晴らす」のであれば，「自分にとって，もっと楽しいこと」「もっとうきうきできること」などストレス発散・解消方法を考えるようにする。「ほかの人よりも優位に立ちたい」のであれば，本当の意味で人よりも優れているとは，どのようなことをすることなのかを，一緒に考える。また，子ども自身が気づいていない，その子どものよさや，ほかの人よりも優れているところを本人

に伝える必要もある。「ほかの人よりも優位に立ちたい」という思いの裏には，「誰かに認められたい」「誰も自分のことを認めてくれない」というメッセージがあるのかもしれないからである。

個別支援から集団支援へ

また，いじめの問題は，人間関係の問題なので，おかれている立場によってみえる現象も異なる。たとえば，からかいやイタズラ，遊び半分で行われるいじめなどは，いじめられる側といじめる側の事態の受けとめ方や認識が異なることも多い。このことが，いじめをみえにくくしたり，陰湿にしてしまったりする要因ともいわれている。いじめる側の立場では，自分自身のふるまいに無自覚な場合も多く，仮に自覚をしていても，自分自身が責められるかもしれないと考えると，自分に不都合なことは認めにくい（小林・大熊編，2007）。

いじめ加害者への介入を行うときに大切なことは，いじめ被害者の意向を確認しながら進めることである。どのような指導を行うのかについて事前に話し，その経過や次に行うことなどを伝える。教師の指導が，めぐりめぐって，わが身にどのような影響を及ぼすかについては，被害を受けた子どもは，事態を正確に予測するものである。このようにすることで，子ども同士の関係を知ることもでき，被害を受けた子どもを守りながら指導をすることができる（小林・大熊編，2007）。

双方が納得しないうちに，表面だけでの解決をさせても，子どもたちは教師のいじめに対する認識の甘さをつかみ，さらなるいじめが行われる場合がある（菅野，2007）。教師は楽観視することなく，事態を真摯に受けとめるようにする。いじめはいじめを生みやすいので，いじめの再燃や新たないじめが発生しないよう，教師は毅然とした態度で，しかし，1人ひとりの子どもの心に寄り添い，集団

への支援を行うことが大切である。

4 いじめ被害者の保護者に連絡するときの配慮

電話連絡で伝えること　いじめ問題が発覚したときには，教師が1人で抱え込まず，学年主任や管理職に速やかに報告をして指示を仰ぐようにする。保護者への連絡は担任，管理職が行い，担任としての誠意と，管理職の責任のもとで，問題を真摯に受けとめて解決にあたっていくという姿勢をしっかりと伝える。

　暴力を受け，けがをした場合では，病院での治療や診察を優先するが，同時に，保護者へ正確に子どもの状態を説明し，管理が行き届かなかったことについて謝罪する。つらい思いをしている子どもを心配する保護者の気持ちを十分に汲み取ることが大切であり，保護者には，過剰な心配をかけないよう，かつ軽率な対応にならないように配慮する。教師が問題を軽く判断してしまい，連絡が遅れることによって，問題がこじれることもある。保護者への連絡は速やかに行う。また，まめに連絡を入れる。電話で連絡をした後，その日のうちに家庭訪問し，今後，子どもの安全を確保すること，安心して学校へ来ることができるように最善を尽くすことなど，具体的な手だてを伝える。

今後の方針を話し合う　まず，学校として至らなかった面は謝罪するが，謝罪をすれば問題が解決するものではない。子どもの安全が確保され，安心して学校で過ごせることは，すべての保護者の願いである。いじめにあった子どもの保護者が，子どもが危険にさらされていることを心配するのは当然である。心

配している保護者の願いを十分に受けとめることが大切である。

　そのうえで，今後の方針を定めていく。加害者からの謝罪，加害者への指導，学級や学年への指導など，今後のことは，被害者本人の意向を確認しながら進めることを伝える。場合によっては，別室や保健室，相談室での対応になることや，適応指導教室に一時避難的に通級することも視野に入れる。その場合では，本人の不利益にならないように配慮しつつ，本人を守る選択肢であることを強調して伝える。

いじめられた子どもとの家庭でのかかわり方

いじめ被害者のケアや保護者面接はスクールカウンセラーに依頼することもあるが，いじめにあったときの一般的な心理的症状と治療的支援方法は，教師からも保護者に伝えたい。

　いじめ被害にあった子どもは，そのときの怖さやつらさが継続することがある。そのつらさや怖さが怒りとして現れて，急に怒りだすようなことや，悲しみに襲われて泣きだすようなこともある。一般的に，危険にさらされるような経験をした後に，安心していくプロセスで，そのような状態になりやすいのである。保護者には，そのようなときには，「嫌だったんだね」「怖かったんだね」「いらいらしてしまうんだね」と，不快な感情を言葉で伝え，安定して受けとめるかかわりをお願いしておくようにする。

　いじめ被害にあった子どもの保護者は，対人関係や，学習面など，子どもの学校での生活全般に支障をきたすのではないかと不安を抱く場合もある。その不安な気持ちは否定せず，肯定的に受けとめるようにする。また，子どもが今までとは違った行動や様子を示したときには，学校に相談してほしいということも伝える。環境が整っているようであれば，学校に配置されたスクールカウンセラー，相談員など，心理専門職との同席面接や，保護者が望むようであれば，

個別の相談を受けることや，教育相談センターのような教育心理専門機関を紹介できるということも伝えたい。

　また，対外的には，市町村の教育相談所や教育相談センターなどの専門機関と連携して，保護者面接を進めることや，専門機関を紹介することもよい場合もある。

保護者との継続した連携

教師の指導によって，いじめがなくなったように見受けられても，一時的に表面化しなくなっただけの場合もある。学校が行っている対応については，その都度，保護者に伝えるようにする。また，子どもの学校での様子についても伝えるようにする（小林監修, 2015）。

　子どもが，不安や怖さや，怒りなど不快な感情を表現できるようであれば，「上手に表現することができるようになりましたが，ご家庭ではいかがですか？」というように，回復に向かううえで必要なことは，大切な情報として，家庭での様子を尋ねながら伝えるようにする。

　そのうえで，「お子さんは，○○が不安なようですので，△△のように対応しました」「その対応によって，お子さん自身は『大丈夫』と言っていますが，こちらは心配しています。ご家庭でも，そのようなことが話題になりましたら，遠慮なく私に相談してください」と伝えるようにする。教師が，1つの対応だけで終わらずに，次の一手を考えてくれているということが保護者との信頼関係を築くことにつながり，保護者は安心するものである。

　また，子どもが頑張ったこと，できたことについては，必ず保護者に伝えるようにする。たとえば，授業の準備のために，資料室から教材を運んでくれた，掃除を頑張ってくれた，給食の後片付けを最後まで行ってくれた……など，子どもが行ったよいことを伝える

ようにする。また，「○○ができるようになりました」とできたことを電話や連絡帳で日常的に伝え続けることもよいかもしれない。

保護者は，わが子がいじめ被害にあっても，学校で頑張っている様子を伝えてもらえることはうれしいであろうし，教師が子どもの頑張りを認め続けていることに安心する。

卒業するまで見守る姿勢が保護者に伝わることで，保護者との信頼関係ができるものである。教師が保護者との信頼関係を築き，保護者が心理的に安定することで，子どもの順調な回復が期待できる。

5 いじめ加害者の保護者に連絡するときの配慮

事実を正確に伝える　　いじめ加害者の保護者に連絡をするときには，まず，事実を正確に伝えるようにする。このときに，子どもを非難する言葉は慎む。教師の心情としては，被害者の立場に立ち，加害者の子どもと保護者に対して一方的な指導をしたくなるかもしれない。しかし，事実を伝えられた保護者は，子どもが加害者であるという事実を知ることだけでも動揺する。「悪いことをした」「何ということをしてしまったのだろう」「どうしたらよいのか」と困惑する。また，一方的な強い指導を受けた保護者は，学校から責められている不快感から，感情的に子どもを叱りつけるようなことになり，結果として，いじめが増幅することや，いじめが巧妙になり，さらにみえにくくなってしまうことがある。そのときの対応次第で，その後の子ども同士の関係，保護者同士の関係，また被害者，加害者と学校との関係に大きく影響するといっても過言ではない。

「このことはよくない行為です」と言う一方で，「そのような行為

をしてしまったことを，とても心配しています」と，教師が，いじめをしてしまった子どもを心配していることを伝える。子どもの行為そのものは悪いことであるが，子どもの人格を損ねるような発言は控えたい。「行為」は学習によって身につけたものであるから，学習によって修正することができるのである。

問題解決のための理解
と支援方法を伝える

いじめてしまう子どもの攻撃性の背景には，家庭や友達などとの対人関係が不安定な場合がある。そのような場合，心地よい仲間関係や，対人関係をつくる経験が少ないことが原因となっていることもある。それも十分に考慮して，具体的な解決方法を保護者に伝えるようにする。

被害者への謝罪や加害者の指導は，被害者の意向を確認しながら，進めていくということも伝える。いじめてしまう子どもへの指導は，早く解決したいという教師の思いが先走り，一方的になってしまい，かえって解決を遅らせてしまうこともある。危機対応は早急に行うが，人間関係の修復は焦らないように配慮をする必要がある。

第3節「いじめ加害者への支援」で述べたが，いじめそのものは許されない行為である。しかし，その行為の目的が，「相手の行為を改めたい」「自分に対して，こうしてほしい」という願いがある場合には，その願いは受けとめる。また，「憂さを晴らす」のであれば，「自分にとって，楽しいこと」「うきうきできること」など，別のことを考えるように促す。「ほかの人よりも優位に立ちたい」ということであれば，本当の意味で人よりも優れていることは，どのようなことなのかを，一緒に考える。

これらのことは，学校で教師が行うべきかかわりだが，保護者にもそのようにかかわることの大切さを伝えるようにするのである。また，子ども自身が気づいていないその子どものよさや，ほかの人

よりも優れているところを，本人だけではなく，保護者にも伝えるようにする。「ほかの人よりも優位に立ちたい」という思いの裏には，「誰かに認められたい」「誰も自分のことを認めてくれない」という意味が込められているのかもしれない。そのことについては，教師が十分に把握したうえで，保護者の協力を得るように伝えていくようにする。

　いじめてしまう子どものさみしさや怒りなど，不快な感情を家庭で十分に受けとめれば，改善が大いに期待できるものである。このときに，一方的に保護者に何かを求めるのではなく，「学校と一緒に子どもを支えていきましょう」という姿勢を保ち，そのことが伝わることが大切である（早川，2007）。

教師と家庭との間に認識の差異が生じた場合

　先にも述べたように，いじめの問題は人間関係の問題であり，おかれている立場によってみえる現象も異なる。表面化したいじめでさえも教師にはみえにくくなってしまうことや，陰湿なものになってしまうこともある。また，いじめる側の立場では，自分自身のふるまいに無自覚な場合も多く，自分に不都合なことは認めにくいという面もある（小林・大熊編，2007）。

　そのようなことから，いじめについて，子どもの認識と，教師が保護者に伝えることに差異が生じてしまうことがある。大切なのは，その認識の差異を明らかにし，差異が生じてしまう要因を保護者と本人を交えて，じっくり話し合うことである。また，管理職を含め，ほかの教師や心理職が複数でかかわるようにする。いじめの事実を伝えたときに，保護者が認められない，受け容れられないというような場合，保護者が，普段から一方的に子どもを責めているようなことや，強く叱りつけていることが考えられる。その裏には，幼児期から逸脱した行動が多くみられ，地域や幼稚園，保育園の先生か

表 12-1　「いじめ問題」予防・改善の要点

1. いじめが起こったとき
   ① 危機対応は速やかに行う。
   ② 生じた問題は真摯に受けとめ，プライバシーを尊重しながら慎重に解決にあたる。
   ③ いじめの支援は，個別の支援→小集団への支援→集団への支援が基本。
   ④ いじめ被害者，いじめ加害者，それぞれが感じている不快な感情を言葉で受けとめ，承認する。
   ⑤ いじめ加害者への支援はいじめ被害者の意向を確かめながら進める。
   ⑥ 教師は 1 人で問題を抱え込まないように，学年主任や管理職に必ず報告相談をする。

2. いじめの事後処理の配慮と再燃の予防
   ① 「いじめが起こったとき」の対応ですべて解決したと，楽観的に考えない。
   ② いじめ問題が解決したようにみえても人間関係は簡単に変化しないので，支援は長期間にわたって行う。
   ③ 再燃はもちろんのこと，新たないじめを生んでいないか注意を払う。
   ④ いじめが起こったときに初期の段階で明らかになるためには，日頃から子どもとの信頼関係はもちろんのこと，保護者との信頼関係を築くことが重要である。

ら注意を多く受け，子育てに自信を失っている場合や，子どもが注意を受けることで，保護者自身が注意を受けているように受けとめてしまう場合なども考えられる。被害を受けて苦しんでいる子どもに配慮しつつも，被害者，加害者相方に「お子さんを心配しています」と伝え続けることが，いじめ問題解決の要諦なのである。

 引用・参考文献

「学校の危機管理」研究会編（2000）『学校の危機管理ハンドブック』ぎょうせい

菅野純編（2003）『学級崩壊と逸脱行動』（子どもをとりまく問題と教育 14）開隆堂出版

菅野純（2007）『教師のためのカウンセリング実践講座」金子書房

国立教育政策研究所（2013）『生徒指導支援資料 4「いじめ追跡調査 2010-2012』』（2016 年 3 月 11 日閲覧）

小林正幸（2003）「子どもの攻撃性と問題行動」菅野純編『学級崩壊と逸脱行為』（子どもをとりまく問題と教育 14）開隆堂出版

小林正幸・大熊雅士編（2007）『現役教師が活用する仕事術——大学では学べない教師学』ぎょうせい

小林正幸・宮前義和編（2007）『子どもの対人スキルサポートガイド——感情表現を豊かにする SST』金剛出版

小林正幸監修／早川惠子編著（2015）『保護者とつながる教師のコミュニケーション術』東洋館出版社

早川惠子（2007）『学校の危機管理ハンドブック（追録 11 号）』ぎょうせい

森田洋司・清永賢二（1994）『いじめ——教室の病い』（新訂版）金子書房

森田洋司監修（2001）『いじめの国際比較研究——日本・イギリス・オランダ・ノルウェーの調査分析』金子書房

文部科学省（2013）「いじめ防止対策推進法の公布について（通知）」2013 年 6 月 28 日

文部科学省（2020）「令和元年度 児童生徒の問題行動・不登校等生徒指導上の諸課題に関する調査結果の概要（資料）」https://www. mext. go. jp/kaigisiryo/content/20201204-mxt_syoto02-000011235 _2-1. pdf（2021 年 5 月 4 日閲覧）

　　万引きや恐喝など，いわゆる「社会のルール」に反する行動をとってしまう子どもたちがいる。それらの子どもたちに対して，教師たちには，彼らを押さえつけるのでなく，また隔離するでもなく，学校のそして社会の一員として彼らが復帰していけるよう支援していくことが求められる。彼らを適切に支えていくために必要な知識と行動力とは何なのか。本章ではそのことについて考えていきたい。

非行は今も昔も変わりなく続いている社会の問題である。もしかすると，社会というものがある限り非行は必ず存在するのかもしれない。学校でも規則やルールを守ることができない子どもたちは，教師の目には奇異に映るかもしれない。しかし，教師が非行をする子どもたちを理解しかかわることができれば，子どもはそこから学校や社会に対して，再び期待と希望を見出せるようになるだろう。

1 非 行 と は

非行とは：非行の定義と非行の本質

非行を定義することはとても困難であるが，ここでは，法的な観点および，関係性の観点から非行についてとらえていきたい。

　法的には**少年非行**という言葉が用いられており，**少年法**によって3種類の非行少年が概念化されている。それらは**犯罪少年**（14歳〔刑事責任年齢〕以上20歳未満で犯罪行為を犯した少年），**触法少年**（14歳未満の少年による触法行為〔刑罰法令に触れるが，刑事責任年齢に達しないため刑事責任を問われない行為をいう〕を犯した少年），**虞犯少年**（20歳未満で，将来罪を犯し，または刑罰法令に触れる行為をするおそれがある少年）であり，非行とはそれぞれにあてはまる少年が起こした犯罪行為，触法行為，虞犯行為ととらえることができる。

　一方，麦島（1990）は「非行の本質は一言で言って，『人々の信頼を裏切る行為』」と述べており，非行の本質はその時代や社会において人々に求められるものを裏切ることとしている。このようなとらえ方は，学校における非行をとらえていくうえで意味あるものと思われる。

「非行は社会を映す鏡」といわれており，それぞれの時代における非行は，そのときの社会状況に大きく影響されている。

　戦後日本における非行の推移にはいくつかの"波"があったことが知られている。

　第1の波は1945年から59年にかけてみられ，戦後の貧しい日本という時代背景に影響されている。経済的に困窮した年長少年（18,19歳）が生活のために窃盗を行うという非行が多くみられた。第2のピークは1960年から72年にかけてみられ，高度経済成長に伴う家族や社会構造の変化に影響されている。家庭環境が中程度以上の16, 17歳くらいまでの少年による，暴力，傷害，恐喝が多く発生し，「非行の一般化」がみられた。第3の波は1973年から94年にかけてみられ，**家庭内暴力や校内暴力**などの閉じられた空間での非行が多くみられるようになった。非行はさらに低年齢化し，14, 15歳の子どもにも非行が多くみられるようになった。万引き，自転車・バイク窃盗など比較的軽微な犯罪が流行し，遊び感覚で非行が行われたため，「**遊び型非行**」（のちには「**初発型非行**」）と呼ばれた。

現代の非行の特徴

1995年頃から再び非行件数が上昇する兆しがみられ，第4の波が形成されるかに思えた。しかしながら少子化の影響もあり持続的に非行件数が上昇することはなかった。ただし，少年人口に占める非行の割合は上昇しており，この点からは"波"があったと考えることもできる（図13-1）。この時期には15〜17歳の少年による非行が増加した。すなわち，中学生から高校生に至るまでの幅広い年齢の子どもたちが非行に従事したことを意味している。非行の内容も，強盗，恐喝，殺人，傷害などの凶悪犯罪が増加した。女子による非行も目立ち，女子による薬物使用が大幅に増加した時期もあった。援助交際など金

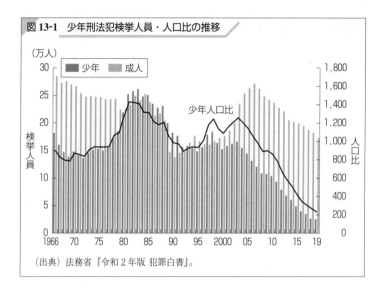

図 13-1　少年刑法犯検挙人員・人口比の推移

(万人)

少年　成人

少年人口比

検挙人員

人口比

1966　70　75　80　85　90　95　2000　05　10　15　19

(出典) 法務省『令和 2 年版 犯罪白書』。

銭を目的とする非行もみられるようになり，これは現在に至るまで大きな社会問題となっている。

　また，グループによる犯罪，非行歴のない少年が，突然重大な犯罪を起こす事例もみられるようになり，それらは，いきなり型非行とも呼ばれた。1997 年には兵庫県で，中学生により小学生が連続して殺傷される「神戸連続児童殺傷事件」が発生し，2000 年には17 歳少年による「西鉄バスジャック事件」も発生した。このような少年による重大な犯罪事件は，それ以前にはみられなかったものであり社会にも大きな影響を与えた。

　近年では，非行はその件数や人口比ともに減少し，現在では比較的低い水準で推移している。ただし，非行に関する統計からは 12歳以下の者の占める割合が高くなっていることが示されており，非行の低年齢化を指摘する声もある。また，家庭内暴力の増加も顕著である（図 13-2）。中学生による家庭内暴力の割合が最も高いもの

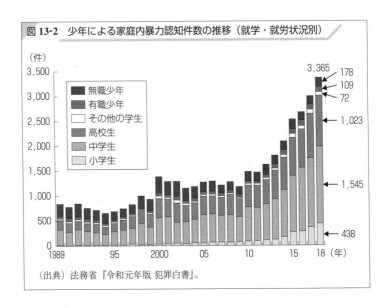

図 13-2　少年による家庭内暴力認知件数の推移（就学・就労状況別）

（件）

- 無職少年
- 有職少年
- その他の学生
- 高校生
- 中学生
- 小学生

3,365

178
109
72
1,023
1,545
438

1989　95　2000　05　10　15　18（年）

（出典）法務省『令和元年版 犯罪白書』。

の，小学生から高校生まで，すべての年代で増加している。母親に対する暴力が最も多く約6割を占めており，その原因・動機としては，しつけなどへの反発の割合が最も大きい（約6割）。家庭といういわゆる私的な環境下での非行が増加している状況であり，今後，注視していく必要があるだろう。

2 非行をする子どもの特徴

　非行はどのような子どもたちによって行われているのであろうか。ここでは，非行行為をする子どもたちに共通するいくつかの特徴について検討していきたいと思う。

| 非行をする子どもに
みられる特性 | 萩原（2000）は少年鑑別所での経験から，非行少年によくみられる特性として以下のものを挙げている。 |

(1) 忍耐力・抑制力の不足，短絡的な行動傾向

　非行少年は我慢することなしに，また衝動的に非行行動を起こすことが多い。これは，非行少年の生活全般の様子からも見て取ることができるものである。たとえば，非行少年の中には，せっかく入った高校を少しの失敗や気に入らないことを理由に簡単に中退してしまう者がいる。仕事に関しても同じ傾向がみられる。

(2) 対人関係能力の未熟さ

　少年による非行の特徴として，仲間とともに非行行為を行ういわゆる共犯の割合が相対的に高い。しかし，非行行動をともにする仲間との関係は確固としたものではない。すなわち，その場限りの関係であったり，相手のことをよく知らないで一緒に行動していたりすることが多い。このことは，非行少年たちは非行行動を手段にしてつながっているだけであって，お互いが信頼し合って付き合っているわけではないことを示唆するものである。

(3) 共感性の乏しさ，罪障感の希薄さ

　相手に損害を与えたり殺してしまったりしても，加害者は被害者の苦しみ，痛みを感じていないように思われる事件が多い。逮捕された少年においても，捕まったことに対する後悔の念や，親などの身近な人に迷惑・心配をかけたということに対する反省はみられるが，被害者やその周辺の人たちへの謝罪や痛みや悲しみといったものには理解が及ばないことが多い。このように非行少年は自己中心的という特徴があることが多く，被害者への罪の意識によって反省を促すということが難しい。

　非行少年には「生活能力の障害」および「対人関係能力の障害」

がある，という考えもあり（生島，2003），それが非行における特異な様相を生み出していると考えることができる。

自分の気持ちを理解できない

非行少年の矯正やカウンセリングにかかわる者たちは，非行少年の心理に共通するものとして「自分自身の気持ちすらよくわからない」ことを挙げている（河野，2003）。

　このような心理を考えるうえで，非行少年における**被虐待経験**について理解しておくことは重要と思われる。非行少年の多くが過去に虐待を受けた経験があり，ある資料によると児童自立支援施設に入所している少年の 48.7％ が虐待を受けた経験があったという（河野，2003）。虐待が子どもに与える影響は甚大である。虐待的な親子関係では，子どもは受容される経験を得られないばかりでなく，自分の素直な気持ちを表明する機会さえ与えられない。そのような環境で育っていくことにより，子どもたちは自分の気持ちに意識を向けることができなくなっていくのである。このようなことから，自分自身の気持ちに目を向け，なぜ非行を犯したのかについて自己理解させていくことが難しいのである。

　実際，触法少年に対するカウンセリングにおいても，このような自分のことがよくわからない少年の姿をみることがあった。中学 3 年生のサトル君は，民家の庭先に停めてあったバイクを盗んだ。バイクを盗んでいく様子を近所の人が目撃しており，サトル君はほどなく警察に補導された。その後，児童相談所で月 1 度カウンセリングを受けるようになった。カウンセリングの当初から，日常の遊びやテレビなどの話題について活発に話す姿がみられ，カウンセラーとの信頼関係は順調に形成されているように思われた。しかし，カウンセラーがサトル君がバイクを盗んだときの気持ちや，盗まれた家の人たちのことをどのように思っているか，ということを質問す

ると，それまで活発に話していたサトル君が何も答えなくなった。頑なに答えを拒んでいるという様子でもなく，質問されて首をかしげて困ったような様子をみせることもあった。これらのことから，サトル君は，自分の気持ちについて何と答えていいのか本当にわからないのだということが感じられた。一方，「お父さんやお母さんには悪いことをしたと思っている」と家族に対する罪障感ははっきりと述べられていた。しかし，この答えもその後同じような状況で繰り返し述べられ，サトル君にとって紋切り型の言葉でしかないように思われた。

非行を精神障害として
とらえる見方

非行少年には何らかの障害のある場合がある。神戸の連続児童殺傷事件で小学生を殺害した少年は，事件後，医師から**行為障害**という診断を受けた。この事例に限らず，非行少年は行為障害の診断を受けることが多い。ある報告によると，少年鑑別所に収容された少年のうち，行為障害の基準を満たす少年は全体で56.1％であった（生島，2003）。

　行為障害は，現在では素行症（CD）と名称が変更されている。その診断基準は表13-1に示されるとおりである。これらの項目は，非行少年が示しやすい行動特徴をリストアップしたものともとらえることができるだろう。当然のことであるが，素行症と思われる少年は診断基準に示されているさまざまな行動を起こす可能性が高く，非行行動に従事する可能性も高いと予測することができる。

　そのほかに非行少年にみられることの多い障害としては，**自閉スペクトラム症（ASD），注意欠如・多動症（ADHD），統合失調症，気分障害，反社会性パーソナリティ障害**（原則として18歳以上の場合）などがある。もちろん，これらの障害のあることが必ずしも非行につながるというわけではない。本人のおかれた環境や支援が適切で

表 13-1　素行症／素行障害の診断基準（DSM-5 による）

A. 他者の基本的人権または年齢相応の主要な社会的規範または規則を侵害することが反復し持続する行動様式で，以下の 15 の基準のうち，どの基準群からでも少なくとも 3 つが過去 12 カ月の間に存在し，基準の少なくとも 1 つは過去 6 カ月の間に存在したことによって明らかとなる：

人および動物に対する攻撃性

(1) しばしば他人をいじめ，脅迫し，または威嚇する。

(2) しばしば取っ組み合いの喧嘩を始める。

(3) 他人に重大な身体的危害を与えるような凶器を使用したことがある（例：バット，煉瓦，割れた瓶，ナイフ，銃）。

(4) 人に対して身体的に残酷であった。

(5) 動物に対して身体的に残酷であった。

(6) 被害者の面前での盗みをしたことがある（例：人に襲いかかる強盗，ひったくり，強奪，凶器を使っての強盗）。

(7) 性行為を強いたことがある。

所有物の破壊

(8) 重大な損害を与えるために故意に放火したことがある。

(9) 故意に他人の所有物を破壊したことがある（放火以外で）。

虚偽性や窃盗

(10) 他人の住居，建造物，または車に侵入したことがある。

(11) 物または好意を得たり，または義務を逃れるためしばしば嘘をつく（例：他人をだます）。

(12) 被害者の面前ではなく，多少価値のある物品を盗んだことがある（例：万引き，ただし破壊や侵入のないもの，文書偽造）。

重大な規則違反

(13) 親の禁止にもかかわらず，しばしば夜間に外出する行為が 13 歳未満から始まる。

(14) 親または親代わりの家に住んでいる間に，一晩中，家を空けたことが少なくとも 2 回，または長期にわたって家に帰らないことが 1 回あった。

(15) しばしば学校を怠ける行為が 13 歳未満から始まる。

B. その行動の障害は，臨床的に意味のある社会的，学業的，職業的機能の障害を引き起こしている

C. その人が 18 歳以上の場合，反社会性パーソナリティ障害の基準を満たさない。

（出典）American Psychiatric Association 編, 2014。

ないなどの他の要因が重なることによって非行につながる場合がある，と理解するべきだろう。

3 非行はなぜ起こるのか

● 非行に関する理論

　子どもたちはなぜ非行行為をするようになるのだろうか。これまで多くの研究者・実践家が，非行の発生メカニズムについての理論を提唱してきた。その中でも以下に述べる精神分析理論と社会学的理論は非行少年を理解するうえで有効なものである。

精神分析理論　　**精神分析理論**は，有名な**フロイト**（S. Freud）によって発展させられた。この理論では人の無意識の欲動に注目している。すべての人には非行や犯罪に従事する動機が存在するという前提をもっており，それが実際に行動化されるか否かはそのときの外的状況および，心のコントロール機能の違いによる結果と考えられている。

　精神分析によると心は**自我**（エゴ），**超自我**（スーパーエゴ），**イド**（エス）という3つの部分から成り立っている。このうちイドは自分の欲求をすぐに満足させることを追求し，快楽を最大にし不快を最小にしようとする（**快楽原則**）。一方，自我や超自我はこのようなイドのわがままを抑制するはたらきをもっている。特に自我は重要であり，現実世界を考え合わせたうえでどのような行動が適切かを決定する（**現実原則**）役割を担っている。

　しかし自我が適切に機能しない場合，イドからの要求はすぐに行動化されてしまう。すなわち，欲求を満たすための即時的・短絡的な非行行為を行うようになるのである。フロイトは自我や超自我が適切に機能するためには，幼少期の親の愛情としつけが重要である

としている。

⑴　アノミー（疎外）／緊張理論

　この理論では，非行行動は成功したい，あるいは認められたいという気持ちが，学業などの一般的な生活（伝統的／慣習的領域）ではかなえられないと判断されたときに発生するとされている。

　すなわち，一般的な生活からの疎外感を抱き緊張状態におかれた者は，非行という極端な行動によって認められようとするのである。

⑵　社会的統制理論

　社会的統制理論では，なぜ人は犯罪を「犯さないのか」に着目している。そして，非行を起こさないためには，人が道徳的「絆」をもっている必要があるとしている。その絆としてハーシー（T. Hirschi）は次の4つを挙げている。

① アタッチメント（家族，教師，仲間への愛着をもっていること）

② コミットメント（学業などの伝統的課題達成に目標をもち，その達成に向けて努力する気持ちをもつこと）

③ インボルブメント（伝統的目標を達成しようと努力し，実際に行動をすること）

④ ビリーブ（法は妥当であり，法を守るのがあたりまえだという信念）

　これらの絆をもつことにより，非行への動機づけが低くなり，また非行行動に従事しなくなると考えられている。

⑶　分化的接触理論

　分化的接触理論では，非行行動は学習されたものであると考えられる。非行行動は，他者とのコミュニケーションを通じて学習され，維持されるというのがこの理論の中心的考えである。この理論にお

ける基本的な命題は以下の通りである。

　①　非行の学習は主として親密な集団内において行われる

　②　学習するものは，非行を行うのに必要なスキルばかりでなく，動機づけ，態度，価値観といった内的なものを含む

　③　非行行為について，不都合な意味づけより好都合な意味づけができたときに非行行為を行う

統合的な観点における非行メカニズムの検討

これまで述べてきた理論では，どれか1つだけを取り上げて非行をすべて説明することはできない。しかし，それぞれが非行を一定の観点から的確に考察したものであり，これらの理論を統合しながら非行の発生メカニズムについて精緻に検討していく必要がある。実際にそのような動きは心理学の分野における実証的研究としてみられるようになってきている。

　ボーゲンシュナイダーら（Bogenschneider et al., 1998）は，親の子どもに対するかかわり方（子どもへの応答性とモニタリング〔監督傾向〕），子どもの仲間への関与（仲間志向性）が，飲酒・喫煙・マリファナなどの物質使用に影響を与えることを明らかにした（図13-3）。この研究によると親との間に温かいかかわりがない（応答性が低い）と仲間を求めるようになり，ひいてはそれが非行行動を高めるということが示された。また，親が子どもの行動を適切に監督しない（モニタリングが低い）場合も非行行動の高まることが示された。これらの結果は，精神分析理論・社会的統制理論および分化的接触理論と一致する結果である（ちなみに，わが国においても，鈴木ほか〔2003〕が同様の結果を見出している）。

　さらに，非行少年に対する矯正過程においても，仲間とのかかわりが有害な影響を及ぼすということをディションら（Dishion et al., 1999）の研究は明らかにしている。非行少年を集めて矯正プロ

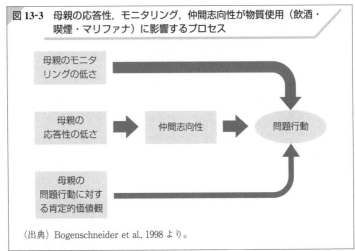

図13-3 母親の応答性，モニタリング，仲間志向性が物質使用（飲酒・喫煙・マリファナ）に影響するプロセス

母親のモニタリングの低さ

母親の応答性の低さ → 仲間志向性 → 問題行動

母親の問題行動に対する肯定的価値観

（出典）Bogenschneider et al., 1998 より。

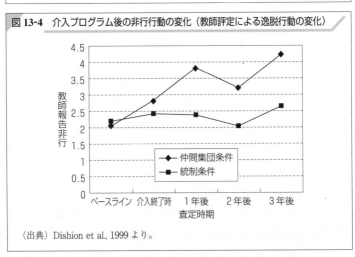

図13-4 介入プログラム後の非行行動の変化（教師評定による逸脱行動の変化）

教師報告非行

◆ 仲間集団条件
■ 統制条件

ベースライン　介入終了時　1年後　2年後　3年後
査定時期

（出典）Dishion et al., 1999 より。

グラムを行った場合，単独で矯正プログラムを行った場合よりも，その後の非行行動が高まることが明らかになったのである（図13-4）。データを詳細に分析した結果，少年たちはプログラムの最中も

非行の話で互いに盛り上がったり，その話題で賞賛し合ったりするようなコミュニケーションをとっていたことが明らかとなった。結果的には非行をポジティブなものとして意味づけるようになり，さらなる非行行動を強化した（**逸脱訓練**）と解釈することができる。分化的接触理論に示されるとおり，非行仲間と共にいること自体がさらに非行を強めることが確認された研究である。

4 非行にどのようにかかわるか

● 非行への対処

　日本での非行問題への対処の枠組みは図 13-5 のように示すことができる。この図が示すことは，非行問題について一義的に対処するのは家庭・学校・地域といった，本人が生活を営んでいる場であり，そこにかかわる人々である。それだけでは適切な対処ができず，改善が見込めない場合，あるいはさらなる危険が予測される場合などに，警察をはじめとする専門的司法機関が対応するのである。

　非行問題の発生や拡大を食い止める最初の防波堤として，家庭，学校，地域がそれぞれの役割を果たし，適切に連携しながら問題の改善にあたることが重要である。

学校における非行への対応

　学校は子どもたちにとって多くの時間を費やす場である。非行をする子どもたちにとって，学校はさまざまな刺激を提供してくれる楽しみの場所であると同時に，一方では自分たちに対する冷ややかで批判的なまなざしを受けなければならない場でもある。学校は自分たちがいてよい場所なのかどうか，いつも不安に思い葛藤していることだろう。このように非行をする子どもは学校に対して非常にアンビバレントな態度をもっている。このことを念頭におき，

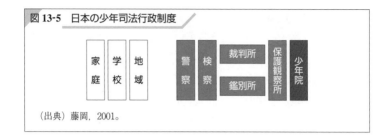

図 13-5　日本の少年司法行政制度

家庭	学校	地域	警察	検察	裁判所	保護観察所	少年院
					鑑別所		

（出典）藤岡，2001。

学校では次の事柄に留意しながら非行をする子どもに対処していくことが求められる。

⑴　教師との間に信頼関係を形成する

　非行をする子どもたちにとって，大人は対抗すべき対象であり，負けてはいけない相手である。チャンスさえあれば，大人を怒らせたり落胆させたりするような行為をする。しかし，このような挑発的な行為は，そのほとんどが大人の真の姿を明らかにしようとする彼らなりの工夫である。

　信頼関係を形成する際に基本的に重要なことは「受容」である。ありのままの子どもを受け容れようとすることは，関係を形成するにあたっての最重要事項である。しかし，非行をする子どもに対しては受容だけでは不十分である。たとえば，問題を起こした子どもが「先生，オレのこと信じてくれないの？」と訴えたとする。これは，教師に自分を受け容れてくれるかと問うていると同時に，本当に自分のことを理解しようとしているのか，とも問うている。すなわち，非行をする子どもは「本当は信じなくていいのに信じるつもり？」と教師に挑戦しているのである。安易に「信じているよ」と答えてしまえば，自分のことを何もわかっていない大人だと思われてしまうことになる。大切なのは教師の側も，カウンセリングの形式や技法にとらわれすぎず自分が感じたこと，疑問に思ったことな

どを適切に本人に伝えることである。すなわち，受容と教師の自己開示とが組み合わさって，はじめて非行をする子どもとの信頼関係が可能になるのである。

(2) 本人が活躍できる機会の提供

非行をする子どもは自分が一般的な生活から外れてしまった人間と思いがちである。したがって，学校でどのようにふるまえばよいのか，また何をすればよいのかわからないでいることが多い。それらに起因する不安や緊張が，極端な非行行為を起こさせることになる。このことから，非行少年に対しては学校生活のガイダンス，すなわち学校で何を目標にし，どのようなスケジュールで進めていくのかについての指導を適宜行うことが重要である。

さらに，本人がクラスやほかの人のために何かできる機会を提供することも重要である。この機会に他者に何かを与えることができれば，本人にとって大きな励みになり，非行行為のような極端な行動に走らなくても，他者と関係を形成できると学習することになる。言い換えれば，学校での居場所をつくることになるのである。

(3) 家庭や地域，専門機関との連携と役割分担

非行をする子どもが立ち直り，学校や地域社会で適応的に生活していけるようになるために，学校は家庭・地域，その他の専門機関と連携していくことが重要である。

連携することの第 1 の利点は，子どもの進む方向性，すなわち対処目標について共通の理解を得ることができるという点である。ある機関は子どもを受容しながら関係を形成していくことを目標にし，別の機関は強制的に子どもを管理することを目標にしていると，双方の効果を低めるばかりである。また，対応の食い違いによって子ども自身がさらなる心の傷を負ってしまう場合がある。そのような事態を避けるためにも，子どもの支援に関係する人たちとの定期的

表 13-2　公的な非行臨床機関とその概要

臨床機関	対象となる少年	臨床機関の特徴等
警察の少年相談（警察署の生活安全課少年係）	非行や問題行動のある少年，犯罪や非行の被害にあった少年	心理職員等による保護者を中心とする面接相談のほか，「ヤングテレフォンコーナー」などの名称による電話相談も行っている。
児童相談所（都道府県，指定都市に義務設置）	問題行動やそのおそれのある 18 歳未満の児童	児童福祉司や心理判定員による調査・診断に基づき，相談のほか児童福祉施設への措置を行う。家出中の児童などを保護する一時保護所を付設しているところもある。
家庭裁判所（地方裁判所に対応しておかれる）	警察で補導・検挙された少年	非行を犯した少年の資質や家族・学校など少年を取り巻く環境を調査し，非行事実の認定と少年の処分の決定を行う。家庭裁判所調査官が「保護的措置」や「試験観察」において面接指導などを行っている。
少年鑑別所（法務省所管，全国 52 施設）	家庭裁判所の観護措置の決定により送致された少年	家庭裁判所での審判のために，少年を最高 8 週間まで収容し，心理技官等が資質の鑑別を行う。また，観護措置ではない一般相談の窓口も設けている。
児童自立支援施設（国立 2，公立 54，私立 2 施設）	児童相談所や家庭裁判所の決定により送致された少年	職員が児童と生活を共にし，開放的な雰囲気の中で生活指導や学習指導を行う。児童福祉法改正（1998 年施行）により名称が教護院から変更されたほか，通所による指導や退所後の支援も行うようになった。
保護観察所（法務省所管，全国 50 カ所）	家庭裁判所で保護観察に付された少年および少年院を仮退院中の少年	保護観察官とボランティアである保護司が協働し，地域社会との連携により生活指導や家族調整などの社会心理的援助を行う。その期間は原則 20 歳までだが，更生したと認められた場合は早期に終了する。
少年院（法務省所管，全国 52 施設）	家庭裁判所で少年院送致となった少年（年齢，犯罪傾向，心身の状況に応じて初等・中等・特別・医療の 4 種類の少年院のいずれかに収容される）	生活訓練に加え教科教育や職業教育などを行う男女別の矯正施設。収容年齢はおおむね 12～20 歳だが犯罪傾向が進んでいる者は 23 歳未満，心身障害のある者は 26 歳まで収容することができる。成績が良好な場合には仮退院となり，保護観察所の指導に移行する。
少年刑務所（法務省所管，全国 6 施設）	懲役または禁固の刑の言い渡しを受けた者のうち，第一審判決時 20 歳未満である少年受刑者と 26 歳未満の成人	少年受刑者に対しては，溶接などの職業訓練に力が入れられ，教科教育についても公立高校の分校が設けられたり，高校通信課程を受講させている施設もある。16 歳に達するまでは少年院で矯正作業を科されることなく受刑することになっている。

（注）表中の「児童」または「少年」の表記は，それぞれの機関が位置づけられている法令に基づいている。児童は児童福祉法に基づき満 18 歳未満の者，少年は少年法に基づき満 20 歳未満の者をさす（少年法が改正され 2022 年 4 月より 18 歳，19 歳は「特定少年」と位置づけられる）。

なミーティング，適切なコーディネートを行っていくことが必要である。

第2の利点は，子どもに多様な刺激や機会を提供できる点である。実社会に復帰していくために，さまざまな事柄を学んでいかなければならない。そのための学習の場は学校だけでは不十分である。家庭，地域，専門機関と連携し，それぞれの役割を分担しながら，子どもを支援する必要があるだろう。さまざまな人々と出会うことによって，子ども自身の活躍の場が広がることも期待できる。

専門機関による対応　非行が進行し触法や犯罪といったレベルにまで達するようになると，より専門的な非行臨床機関が少年への対応をすることとなる。

それらの機関の概要を示したものが表 13-2 である。先に図 13-5 を示したが，専門機関が対処する非行少年の場合，その事案が重大であるほど右側に向かって進行していく。重大な事案は家庭裁判所において審判が行われ，児童自立支援施設，少年院または保護観察所へ送致される。少年が 16 歳以上であれば少年刑務所へ送られることもある。

いずれの機関においても，目標とするものは少年の矯正であり，社会復帰である。非行少年には少年法のもとで矯正をめざした対処が行われる。

引用・参考文献

生島浩（2003）『非行臨床の焦点』金剛出版

河野荘子（2003）『非行の語りと心理療法』ナカニシヤ出版

鈴木公基・植村みゆき・桜井茂男（2003）「親の養育スタイル，仲間志向性が中学生の物質使用に与える影響」『筑波大学心理学研究』26,

205-212

内閣府（2005）『平成17年度版青少年白書——青少年の現状と施策』

萩原惠三編（2000）『現代の少年非行——理解と援助のために』大日本図書

藤岡淳子（2001）『非行少年の加害と被害——非行心理臨床の現場から』誠信書房

麦島文夫（1990）『非行の原因』東京大学出版会

American Psychiatric Association 編／日本精神神経学会（日本語版用語監修）髙橋三郎・大野裕（監訳）染矢俊幸・神庭重信・尾崎紀夫・三村將・村井俊哉（訳）（2014）『DSM-5精神疾患の診断・統計マニュアル』医学書院

Bogenschneider, K., Wu, M., Raffaelli, M., & Tsay, J. C.（1998）Parent influences on adolescent peer orientation and substance use : The interface of parenting practices and values. *Child Development*, 69（6）, 1672-1688.

Dishion, T. J., McCord, J. & Poulin, F.（1999）When interventions harm : Peer groups and problem behavior. *American Psychologist*, 54（9）, 755-764.

第14章

児童虐待

　児童虐待に関する痛ましい事件が後を絶たない。子どもと日々過ごす時間が多い教師は，虐待発見という大きな使命を担っている。また，児童虐待は，今や社会病理現象とも呼べる問題であり，学校をはじめとした地域社会が一体となってその予防や対処に取り組まなければならない。早期発見のために必要な知識は何か。教師にできることは何か。本章では，児童虐待の概要やその影響，児童虐待の防止についてみていく。

1 児童虐待とは

子どもを寝かしつけようと懸命にあやすがなかなか寝てくれない。昨日も夜泣きがひどく，一睡もできなかった。毎日，朝から晩まで2人きりで，もう疲れた……。

近頃は，夫との仲がうまくいかず，口を開くと「育児はおまえにまかせている」と言うばかり。家事と育児で自分は精一杯なのに誰も助けてくれない。近所や親などとも交流がなく，愚痴を言う相手も相談できる相手もいない。

睡眠不足でイライラがつのり，気がついたときには泣き止まぬわが子に布団をかぶせ押さえつけようとしていた……。

> **児童虐待の定義と4つの分類**

児童虐待の定義は，これまで研究者や臨床家の間でさまざまな意見があり，必ずしも統一した見解はなかった。しかし，2000年5月24日に成立した「児童虐待の防止等に関する法律」（以下「**児童虐待防止法**」）で，はじめて児童虐待の定義が規定されることになった。

同法において，児童虐待とは，児童（18歳未満の者）に対して保護者（親権を行う者，未成年後見人その他の者で，児童を現に監護する者）が，児童の正常な心身の発達を妨げるような表14-1に示した虐待行為を行うこととされている。

まず最初に定義されている**身体的虐待**（physical abuse）とは，児童に対して殴る，蹴るといった生命や健康に危険を及ぼす虐待行為である。報告される虐待件数の中でも多く，ひどい場合には，後遺症を残したり死に至ったりするケースもある。

表 14-1　児童虐待の分類と定義

	児童虐待防止法による定義	具体的内容
身体的虐待 (physical abuse)	児童の身体に外傷が生じ，または生じるおそれのある暴行を加えること。	・殴る，蹴る，首を絞めるなど ・タバコの火を押しつける ・熱湯をかける，浴槽に沈める ・真冬に家の外に閉め出して凍えさせる　など
性的虐待 (sexual abuse)	児童にわいせつな行為をすることまたは児童をしてわいせつな行為をさせること。	・性的行為 ・性的行為の強要，性器や性交を見せる ・無理やり裸や下着姿の写真をとる　など
ネグレクト (neglect)	児童の心身の正常な発達を妨げるような著しい減食または長時間の放置，保護者以外の同居人による児童に対する身体的虐待，性的虐待，心理的虐待の放置その他の保護者としての監護を著しく怠ること。	・食事を与えない ・風呂に入れない，下着を替えないなど長期間ひどく不潔なままにする ・登校させない，病院に連れて行かない ・乳幼児を家に残したまま外出，車に放置する　など
心理的虐待 (psychological abuse)	児童に対する著しい暴言または著しく拒絶的な対応，児童が同居する家庭における配偶者に対する暴力その他の児童に著しい心理的外傷を与える言動を行うこと。	・言葉による脅かし，脅迫など ・子どもの心を傷つけることを繰り返し言う ・ほかのきょうだいとは著しく差別的な扱いをする ・無視したり，拒否的な態度を示したりする　など

　2番目に定義されている**性的虐待**（sexual abuse）とは，児童へのわいせつ行為のことだが，児童の性器に触ったり性的行為を行うといった直接的な行為から，性的行為を児童に見せたり，児童に性的行為を行うよう強要するといった直接的には接触のない行為まで含んでいる。身体的虐待は年齢の低い子どもに対して行われることが多いのに対して，性的虐待は思春期以降の女子の被害が多いことが

特徴である。性的虐待を受けた者の中には，妊娠・中絶・出産などの事態を招いたり，異性への極端な嫌悪感を抱いたりする者がいるなど，児童の心身に大きな傷を残す。

3番目に定義されている**ネグレクト**（neglect）とは，保護者の怠慢や拒否により，児童の健康状態や安全を損なう行為のことである。児童の身体的・精神的成長に必要な衣食住の世話を怠る行為や，毎年ニュースで騒がれている，暑い日差しの中，駐車場の車内に児童を放置するような行為のことを指す。また，2004年の児童虐待防止法の改正では，保護者以外の同居人が保護者の児童に対する身体的・性的・心理的虐待を放置していた場合にも，このネグレクトが適用されることが定められている。

最後に定義されている**心理的虐待**（psychological abuse）とは，「おまえなんか生まれてこなければよかったのに」「死んでしまえ」などといった子どもの存在を否定するような言葉を繰り返し浴びせたり，子どもの存在を無視するようなふるまいを行ったりするなど，児童に心理的苦痛を与える言動を指す。児童相談所に報告される虐待件数の中で最も多い（後出の表14-2参照）。また，2004年に改正された児童虐待防止法では，児童にDV（ドメスティック・バイオレンス＝家庭内暴力）が行われる現場を見せることも心理的虐待となることが規定された。

このように児童虐待は，身体的虐待，性的虐待，ネグレクト，そして心理的虐待の4つのタイプに分類されるが，実際には，複数のタイプが合わさって虐待が行われることが多いのが現状である。

児童虐待の実態　　ここで，現在の日本における児童虐待の実態の一端を厚生労働省の報告からみてみよう。全国の児童相談所に寄せられた児童虐待に関する相談件数は増加の一途をたどっており（図14-1），毎年，過去最多を更新してい

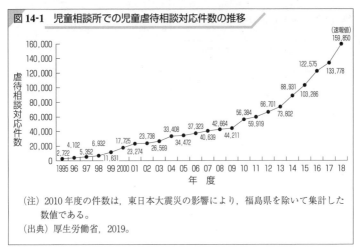

図 14-1　児童相談所での児童虐待相談対応件数の推移

(注) 2010 年度の件数は, 東日本大震災の影響により, 福島県を除いて集計した
　　　数値である。
(出典) 厚生労働省, 2019。

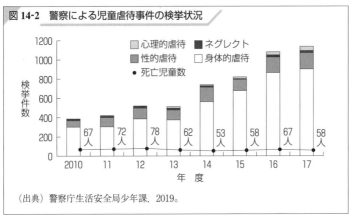

図 14-2　警察による児童虐待事件の検挙状況

(出典) 警察庁生活安全局少年課, 2019。

る。日本の子どもの人口, 14 歳未満 1614 万 2000 人 (「住民基本台
帳」2019 年 1 月) に対する比率でみると, 2017 年度は 0.83 となり,
児童 1000 人に対して約 8 件の割合となっている。

　なお, 図 14-1 による児童虐待に関する相談件数には, 保健所・
市町村保健センターなど他の相談機関で対応しているものは含まれ

表 14-2　児童相談所での児童虐待相談の内容別件数の推移

	身体的虐待	性的虐待	心理的虐待	ネグレクト	総　数
2014 年度	26,181 (29.4%)	1,520 (1.7%)	38,775 (43.6%)	22,455 (25.2%)	88,931 (100.0%)
2015 年度	28,621 (27.7%)	1,521 (1.5%)	48,700 (47.2%)	24,444 (23.7%)	103,286 (100.0%)
2016 年度	31,925 (26.0%)	1,622 (1.3%)	63,186 (51.5%)	25,842 (21.1%)	122,575 (100.0%)
2017 年度	33,223 (24.8%)	1,537 (1.1%)	72,197 (54.0%)	26,821 (20.0%)	133,778 (100.0%)
2018 年度 (速報値)	40,256 (25.2%)	1,731 (1.1%)	88,389 (55.3%)	29,474 (18.4%)	159,850 (100.0%)

（出典）厚生労働省，2019。

表 14-3　児童相談所での児童虐待相談の対応件数からみた主な虐待者
　　　　（2017 年度）

実　父	実父以外 の父親	実　母	実母以外 の母親	その他	総　数
54,422 (40.7%)	8,167 (6.1%)	62,777 (46.9%)	754 (0.6%)	7,658 (5.7%)	133,778 (100.0%)

（出典）厚生労働省，2019。

ておらず，また，児童虐待が明るみにならないケースも少なくない
ことを忘れてはならない。児童虐待の場が主に家庭内など閉鎖され
た空間であることを考えれば，こうした数字は文字通り氷山の一角
にすぎないのである。

　図 14-2 には，警察による児童虐待事件の検挙件数が示されてい
る。検挙件数も 2017 年度に過去最高の値を記録し，不幸にして虐
待が原因で亡くなる児童が後を絶たない。このように，児童虐待は
年々深刻化しており，切迫した問題となっている。

　表 14-2 には，児童相談所での児童虐待相談件数の内容別件数の

推移が示されている。2018 年度の虐待の内容は，心理的虐待（55.3
％）の割合が最も多く，次いで身体的虐待（25.2％）の割合が多い。
性的虐待（1.1％）の割合は低くなっているが，これは，心理的虐
待や身体的虐待が比較的露見しやすい虐待であるのに対して，性的
虐待はその性質上おそらく最も報告されにくい種類の虐待であり，
実態がつかみにくい虐待であることを物語っている。また，2016
年度の虐待を受けた子どもの年齢構成のデータ（厚生労働省，2019）
をみると，小学生が 34.0％ と最も多く，次いで 3 歳から学齢前児
童が 25.6％，0 歳から 3 歳未満が 19.5％ となっている。

　表 14-3 には，2017 年度の児童相談所での児童虐待相談の対応件
数からみた主な虐待者の内訳が示されている。虐待者は身近な養育
者となっていることが多く，実母と実父を合わせると 8 割を超えて
いる。虐待者に母親が多い背景には，直接子どもと過ごす時間が多
く，子育ての多くの部分を担っているのが母親であるという日本の
子育てに関する性別分業の実態があることが考えられる。

2　虐待が及ぼす影響

　2003 年 11 月，虐待を受けた少年（中学 3 年生）が救急車で病院に
担ぎこまれた。骨と皮だけになって保護された少年は身長 155 cm に
対して，体重が 24 kg と餓死寸前にまで追い込まれていた。皮膚の一
部が壊死，腐敗し始めていた。
　報道によると，虐待は 1 年半前の 6 月頃から始まった。自宅マンシ
ョンの 6 畳の部屋に 1 日中正座させられ，食事は 3 日に 1 度ほどしか
与えられなかったという。実父とその内縁の妻から，身体中に暴行を
受けたり，たばこの火を押し付けられたり，浴槽に沈められたりして
いた。日が経つにつれ少年は衰弱していき，自力で歩くことも食事を

とることもできなくなった。少年の部屋には布団代わりにブルーシートが敷かれ，そこに寝ていた身体には激しい床ずれの跡があり，体液が流れ出す惨状であった。排泄物はブルーシートの上に垂れ流しであった。

　少年は，発見当時は意識不明の状態が続いたが，治療の結果，意識を回復し，簡単な会話ができる程度には回復した。だが，長期間にわたる虐待がもとで，知能は著しく低下し，脳に重い障害が認められ，身体にも障害が残った。

（岸和田中学生虐待事件より）

　児童虐待は，その後の子どもの人生に大きな暗い影を落とすことになる。児童虐待を受けた経験は，短期および長期にわたって，子どもの身体，情緒，知的発達，人格形成など，非常に広い範囲に深刻な影響を及ぼし，発達途上の子どもの心身に消せない傷を残す。以下に，虐待が及ぼす主な影響を取り上げる。

身体的な影響

身体的虐待の結果，骨，脳，皮膚への外傷がみられる。皮膚外傷では，新しい傷と古い傷跡が混在しているのが特徴である。頭部への暴力による頭蓋骨骨折とそれによる硬膜下血腫は，被虐待児の死因の第1位である。顔を殴られると，眼への打撲も受けやすく，網膜剥離や眼底出血が生じやく，後遺症としての視力障害も少ないものではない。

　また，食事を十分に与えられないというネグレクトの結果，身体発育不全がみられる。成長ホルモンの分泌不全や栄養障害などがみられるケースも多く，愛情による養育が剥奪されたことによって低身長・低体重などの発達の遅れが生じる**愛情遮断症候群**（Maternal Deprivation Syndrome）も被虐待児に認められている。

知的・認知面での影響

虐待を受けた子どもの中に，知的な発達が遅れている子どもは少なくない。こうした知的な発達の遅れ，あるいは知的障害は，頭部への身体的暴力によ

る中枢神経系の障害の結果である場合もあるが、多くは、不適切な養育環境によるものだと考えられている。恐怖や空腹が慢性的に続いている状況では、学習ができる環境ではないからである。

また、被虐待児の学業不振の原因には、集中力の低下が挙げられる。虐待を受けた子どもの遊び方には、1つのことに集中して遊ぶことができず、次々と遊びが移っていくことがよく見受けられる。学業場面においても同様で、虐待を受けた子どもたちの多くは、目の前にあるやるべき課題に集中して取り組むことができない。落ち着いて何かに集中して取り組むということは、その環境の中で安心していないとできないことである。自分の身にいつ何が起きるかわからないという慢性的な恐怖を抱いている被虐待児は、たとえわずかの時間であっても安心感が抱けずに、目の前にある課題に集中して取り組めないのである。

また、虐待体験に由来する特徴的な認知の問題として、自己に対する認知の歪み（たとえば、「自分は虐待されるに値する人間である」ととらえるなど）が存在する。一方で、大人や他者を「自分に危害を加える存在」としてみる傾向（他者認知の歪み）もあり、こうした歪んだ自己認知と他者認知のために、人間関係を基本的に虐待的な関係としてとらえる傾向がある。

対人関係への影響　　虐待経験は、子どものその後の対人関係に深刻な影響を与える。

(1) 愛着関係の障害

虐待を受けながら育っている子どもは、養育者との間に安定した**愛着**（アタッチメント）を形成することができない。不安定な愛着を形成してしまうと、それがその後の対人関係においてさまざまな問題の原因になることが指摘されている。

一般的に、虐待を受けた子どもは誰にでも強い親しみをもって接

し，ベタベタと甘えてくる無差別的な愛着を示す一方，大人が注意や叱責など，少しでも否定的な態度を向けると，たちまちその関係を絶ってしまうオール・オア・ナッシングの人間関係が特徴的であることが知られている。これは，愛着そのものが非常に不安定で，深い信頼に基づいた人間関係を形成しにくいことを表していると考えられる。

(2) 攻撃性の高さと非行問題

　虐待を受けた子どもには，攻撃性の高さ，激しいかんしゃく行動，衝動コントロールの欠如，反抗的態度がみられることがさまざまな研究で指摘されている。特に，何かが思い通りにいかないといった欲求不満を感じたときに，より攻撃性を示すことや，自分よりも弱い者への暴力が多いことが報告されている。自分を虐待してきた保護者との同一化を図るためや，これまでの虐待の経験によって，困難に陥ったときの対処方法として攻撃的に行動することを学習しているためと考えられている。虐待を受けた子どもが親になった際に自分の子どもに対し虐待を行う**世代間連鎖**がみられることもあり，虐待の影響は世代を超えてみられる可能性がある。

　虐待を受けた子どもの対人関係への影響の特徴的なものの1つに，**虐待関係の再現傾向**というものがある。これはかかわりをもつ大人に対して，挑発的な態度や言動を示すことで，その大人から怒りや暴力的態度を引き出してしまう結果，両者の関係が虐待的な色彩を帯びたものとなる傾向のことである。

　また，厚生労働省の調べによると，全国の児童相談所で非行相談を受け付けた児童の約30％が虐待経験者であったことが明らかになっている。非行が始まった要因や非行に改善がみられない要因の多くは，保護者の不適切な養育態度によることが多くの研究で指摘されており，虐待と非行が強く関係していることは想像に難くない。

| 情緒的・心理的な影響 | **(1) 心的外傷後ストレス障害（PTSD）**

　虐待を受けた子どもは，「不安症状」「うつ症状」および「PTSD の症状」が顕著であることを明らかにした調査結果がある（宮本，1998）。強い不安や恐怖のため日常生活に支障が出たり，虐待のときの様子が何度も目の前に再現されるフラッシュバックが起こったりする。そわそわと落ち着きがなかったり過度におびえたり，何か刺激を受けたときに非常に過敏に反応したりといった症状や，ぼんやりとした表情や無気力状態，ひきこもりといった反応麻痺の症状が現れたりする（PTSD については第 15 章参照）。

(2) 自己概念の障害

自己評価の低さ　虐待を受けた子どもは，自己認知の歪みや自己評価の低さが特徴的である。虐待され「私は嫌われている」と感じながら育ってきた子どもは，自分の存在そのものを肯定することができない。また，虐待される理由は自分の側にあり，「自分は悪い子でだめな存在だ」と自分を強く責め続けてしまうことが報告されている。

解離性障害　虐待を受けている子どもは解離症状をもちやすいことが指摘されている。**解離**とは，簡単にいうと，記憶や意識，感情などの機能が本人の制御下になくなってしまいバラバラになってしまうことである（第 15 章表 15-1 参照）。長い間，虐待にさらされている子どもたちは，虐待という耐え難い苦痛から身を守るために，「今起こっている出来事（虐待）は，自分の身に起きているのではない」といった，虐待体験とそのとき感じた感情を自分自身から切り離すことを無意識に行っていることがあるという。つまり，**解離**とは，自分の心を脅威から守るための自我防衛機制としての働きの 1 つといえる。しかし，そうした解離の症状が重篤化していくと，

解離性同一性障害（多重人格）を発症し，自我の同一性が損なわれることになる。

うつ傾向や自傷的傾向　　虐待を受けた子どもは，心に大きなダメージを受けて情緒不安定やうつ状態になったりする。特に女性においては，性的虐待とうつ病発症との関係性が示されている。

　また，被虐待児の中には，自分をもっと傷つけるような自傷行為をしてしまう子どもがいる。たとえばリストカットの繰り返しや売春行為，摂食障害などの行動がそれにあたる。

　このような心理的影響を受けた子どもへの対応については第15章を参照されたい。

3　児童虐待防止に向けて

　　　自分が担任をしているクラスのA君は，最近，身体のあちこちにあざが目立つようになった。A君に理由を聞いても「転んだだけ」と言うが本当だろうか。そういえば最近のA君は活気がなくなり，教室の隅で1人ぼんやりしていることが多く，友達とも遊ばなくなった。無断欠席が増え，成績も急激に低下している。家での様子を聞こうと母親に電話するが「忙しい」とすぐに電話を切られてしまった。これはもしや家庭で虐待が行われているのではないだろうか……。

早期発見に向けて　　教師は児童虐待に対してどのような意識でどのように対応していけばよいのだろうか。児童虐待は顕在化しにくいという特質があるため，早期発見，早期対応が何よりも大切である。また，児童虐待防止法が施行され，虐待の第一発見者となる可能性の高い学校には，虐待の早期発見の努力義務および速やかな通告義務が課せられることとなった（表14-

表 14-4　児童虐待の早期発見の努力義務ならびに通告義務

　学校，児童福祉施設，病院，都道府県警察，婦人相談所，教育委員会，配偶者暴力相談支援センターその他児童の福祉に業務上関係のある団体及び学校の教職員，児童福祉施設の職員，医師，歯科医師，保健師，助産師，看護師，弁護士，警察官，婦人相談員その他児童の福祉に職務上関係のある者は，児童虐待を発見しやすい立場にあることを自覚し，児童虐待の早期発見に努めなければならない（児童虐待防止法第5条1項）。

　児童虐待を受けたと思われる児童を発見した者は，速やかに，これを市町村，都道府県の設置する福祉事務所若しくは児童相談所又は児童委員を介して市町村，都道府県の設置する福祉事務所若しくは児童相談所に通告しなければならない（同法第6条1項）。

表 14-5　児童相談所での児童虐待相談の経路別にみた対応相談件数（2017年度）

家　族	児童本人	親　戚	近隣知人	福祉事務所	児童委員
9,664 (7.2%)	1,118 (0.8%)	2,171 (1.6%)	16,982 (12.7%)	7,626 (5.7%)	218 (0.2%)

保健所	医療機関	児童福祉施設	警察等	学校等	その他
168 (0.1%)	3,199 (2.4%)	2,046 (1.5%)	66,055 (49.4%)	9,281 (6.9%)	15,250 (11.4%)

（出典）厚生労働省，2019。

4）。表 14-5 は全国の児童相談所に寄せられた相談，通告を経路別に示したものである。2017年度においては学校などからの相談，通告は全体の 7% 程度を示しており，学校はその発見や通告の段階で大変重要な役割を担っていることがわかる。

　児童虐待は，家庭という密室で行われることが多いため，実際に教師がその現場を目にすることはほとんどない。しかし，虐待を受けている子どもは，さまざまな側面で何らかのサイン（SOS）を発信している（表 14-6）。子どもと長時間一緒に過ごす教師が担う役割の1つは，子どもの「虐待のサイン」の発見である。教師には児

表14-6　虐待のサイン（早期発見のポイント）

児童からの虐待のサイン

〈身体の側面〉
- ・不自然なところに傷がみられる（目の下のあざ，火傷の跡，頭の異常な膨らみ，打撲など）。
- ・自分で自分の身体を傷つける行為（自傷行為）をする。
- ・同年齢の子どもに比べて，身長・体重の成長に遅れがある，栄養障害がみられる。

〈心の側面〉
- ・自分の殻に閉じこもり，人との触れ合いが消極的になるなど，1人で過ごすことが多い。
- ・自殺をほのめかす。
- ・無口で表情が乏しく，笑顔がない，あるいは凍りついたような表情をみせる。
- ・協調性がなく自分本位である。
- ・不必要に自分を責めることが多い。
- ・うつの症状がみられる。

〈行動の側面〉
- ・イライラ，衝動的な暴力，激しいかんしゃくなど攻撃的な行動がみられる。
- ・小動物・昆虫・植物などの生物に対する残虐な行為をする。
- ・多動で落ち着きがない。
- ・過度の甘えがみられる。
- ・すぐにわかる嘘をつくことがある，嘘が多い。
- ・いじめ・いじめられ，家出・徘徊・エスケープ・万引きなどの問題行動がみられる。
- ・授業に集中できない，急激な成績の低下がみられる。
- ・理由のない欠席や遅刻が多い。
- ・身体や服装の汚れがみられる，季節に合わない服装をしている。
- ・服装を脱ぐことに，異常な不安をみせる。
- ・常にお腹を空かせていて，食べ物への異常な執着をみせる。
- ・他者との身体的接触を極端に嫌がる。
- ・性的なことに対する過剰な反応がみられる。
- ・下校時間になっても家に帰りたがらない。

保護者からの虐待のサイン

- ・地域や他の保護者の中で孤立しており，他者とのかかわりを拒む。
- ・子どもに関する他者の意見に被害的・攻撃的になりやすい。
- ・子どもが病気や怪我でも医者に診せようとしない。
- ・子どもの怪我等に対する説明が不自然である。
- ・子どもの扱いが非常に乱暴である。
- ・食事，衣類，寝具などへの準備や配慮がなされていない。
- ・学校を無断で休ませる。
- ・アルコール，薬物への依存がみられる。

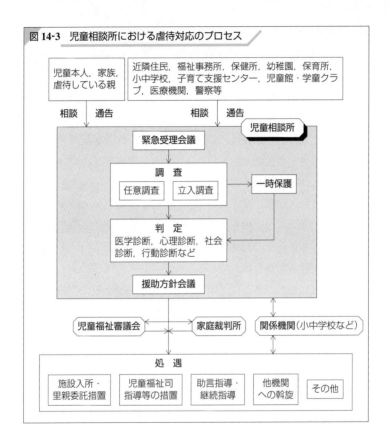

図14-3 児童相談所における虐待対応のプロセス

童虐待の正確な知識や理解はもとより，子どもの虐待のサインや変化を見抜く観察力や確かな児童生徒理解が求められている。

虐待が疑われたら　先述のとおり，学校には虐待が疑われた場合は，早急に児童相談所や福祉事務所といった専門機関に相談・通告する義務がある（表14-4）。その際，多くの情報を提供することが，専門機関における危険度判断や援助方法を検討する際に重要となるので，子どもの健康状態（外傷の有無，

食事の摂取状況，清潔保持の状況など）や発達状態（身長・体重など），欠席状況，その他あらゆる場面での子どもの観察・聴き取りなど，学級担任や養護教諭のできる範囲で情報収集と事実確認を行っておく必要がある。

　児童相談所は，児童虐待の相談・通告を受ける専門機関となっており，児童福祉司や相談員，心理判定員，医師などが配置され，子どもや保護者への援助や相談を行っている。児童相談所における虐待対応の具体的なプロセスを図14-3に示した。

　児童虐待は，学校，家庭，地域社会，そして地方公共団体など社会全体が一体となって相互に連携を図りながら，解決に取り組むことが必要である。そのためには，学校は日頃から幅広い情報収集と連携を心がけておかなければならない。そして，関係機関・専門機関との緊密な連携のもと，学校が対応できる範囲を考えながら，子どもや保護者とかかわらなければならない。

　虐待を受けた子どもは癒し難い心の傷を負っており，複雑な心理状態であるとともに，さまざまな悩みを抱えている。このため，学校はスクールカウンセラー等と十分相談しながら，心のケアをはじめとする支援に努めなければならない。

虐待の予防に努める

虐待への対応として，予防に勝るものはない。実際に虐待が起こってしまったときの対応（対処的ケア）とともに虐待が起こらないようにするための支援（予防的ケア）が必要とされる。現段階では虐待は認められないものの「叩いてしまいそう」「子どもが嫌い」「虐待しそう」などといった虐待予備軍に対しては，学校と地域の関係者が連携しながら，子どもと家庭に対する救済と支援を実施していくことが要求される。

　図14-4は，2005年度の児童虐待が行われた家庭の状況である（東京都福祉保健局，2005）。回答が多いものから順に「ひとり親家

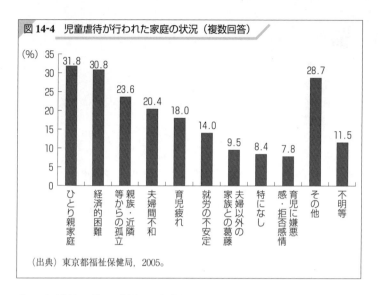

図 14-4　児童虐待が行われた家庭の状況（複数回答）

```
(%)  35
     30 │ 31.8  30.8
        │ ┌──┐ ┌──┐
     25 │ │  │ │  │      23.6
        │ │  │ │  │      ┌──┐
     20 │ │  │ │  │      │  │  20.4
        │ │  │ │  │      │  │  ┌──┐  18.0
     15 │ │  │ │  │      │  │  │  │  ┌──┐  14.0
        │ │  │ │  │      │  │  │  │  │  │  ┌──┐                           28.7
     10 │ │  │ │  │      │  │  │  │  │  │  │  │  9.5  8.4                 ┌──┐
        │ │  │ │  │      │  │  │  │  │  │  │  │  ┌──┐┌──┐  7.8            │  │  11.5
      5 │ │  │ │  │      │  │  │  │  │  │  │  │  │  ││  │  ┌──┐           │  │  ┌──┐
        │ │  │ │  │      │  │  │  │  │  │  │  │  │  ││  │  │  │           │  │  │  │
      0 └─┴──┴─┴──┴──────┴──┴──┴──┴──┴──┴──┴──┴──┴──┴┴──┴──┴──┴──────────┴──┴──┴──┴─
```

ひとり親家庭　経済的困難　親族・近隣等からの孤立　夫婦間不和　育児疲れ　就労の不安定　夫婦以外の家族との葛藤　特になし　育児に嫌悪感・拒否感情　その他　不明等

（出典）東京都福祉保健局，2005。

庭」「経済的困難」「親族・近隣等からの孤立」となっている。こう
した保護者の孤立化や情緒的不安定さが虐待として表出されないよ
う，学校関係者は適切な助言や支援を行っていく必要がある。その
ためには，保護者の窮状や家庭の小さな変化等に早期に気づき，早
い段階で対応することができるよう，地域の関係機関等と連携して，
保護者が気軽に子育てについて相談ができる環境を整えていくこと
が望まれる。教師は平素から家庭訪問を効果的に行うなど，保護者
との信頼関係を築いていく必要がある。

　また，子どもに対しては，子ども自身に権利の主体としての自覚
をもたせ，自分の気持ちを伝え，自信をもって生活できる力をつけ
る（**エンパワメント**）ことをめざした教育を充実していくことが必
要である。

引用・参考文献

警察庁生活安全局少年課（2019）「平成 30 年における少年非行，児童虐待及び子供の性被害の状況」

厚生労働省（2019）「平成 30 年度児童相談所での児童虐待相談対応件数（速報値）」

総務省（2019）「住民基本台帳に基づく人口，人口動態及び世帯数（平成 31 年 1 月 1 日現在）」

東京都福祉保健局（2005）「児童虐待の実態 II ── 輝かせよう子どもの未来，育てよう地域のネットワーク」

宮本信也（1998）「子ども虐待と崩壊性行動障害の関係」厚生科学研究費補助金（子ども家庭総合研究事業）（分担）研究報告書

第**15**章　危機対応と *PTSD*

阪神・淡路大震災直後の町
© 毎日新聞社

　災害や事件や事故で傷つくのは，身体だけではない。心も傷つく。災害や事件や事故や，いじめられた体験，被虐待など，人生の危機に出会った子どもたちを，どう助ければよいのだろうか。傷ついた心を回復させていくために，大人ができることはなんだろうか。

　本章では，危機に陥った子どもを緊急に手助けする方法，当面，どのように支援していくのかの方法を解説する。そして，その傷を癒す専門家の方法も紹介しよう。

人は，強いストレスに見舞われると，独特の症状が生じる。強い
ストレスとは，事故や事件，災害，重要な人物や学校関係者の死亡，
いじめられ体験，DV（ドメスティック・バイオレンス，家庭内暴力）
体験，両親の不仲や離婚にまつわるつらい体験，教師による体罰，
あるいは虐待の体験などである。その後生じる独特の症状が，急性
ストレス障害（ASD）やPTSD（心的外傷後ストレス障害）と呼ばれ
る。両者が示す症状は同じである。本章では，急性ストレス障害や
PTSD症状の基本的な理解のポイントを示す。そして，どのような
支援を行わなければならないのかを解説する。

1 危機と危機介入

> **危機（crisis）とは何か**

「**危機（crisis）**」は，「人が通常もっている
事態に打ち克つ作用がうまく機能しなくな
り，ホメオスタシス（恒常性）が急激に失
われ，苦痛と機能不全が明らかに認められる状態」（American Psychiatric Association 編，2004）である。

　危機は，発達的な危機（maturational or developmental crisis）
と，状況的な危機（situational crisis）とに分けられる。発達的な
危機は，幼児期，思春期，老年期および結婚，定年など，発達，成
熟に伴う人生の特定の時期で発生するものである。状況的危機には，
失業，離婚，別離などの社会的危機（social crisis）や，偶発的危
機（accidental crisis）がある。偶発的危機には，自然災害（地震，
津波，噴火，台風，水害など）や人為的災害（火災，自動車事故，航
空機事故，爆発事故），戦争や暴力（戦争，テロ，殺人，レイプ，虐
待）などが含まれる。この偶発的な危機の中で，生命の危機が脅か

されるような惨事（crisis incident）に遭遇して起きるストレスを**惨事ストレス**と呼ぶ（松井, 2005）。

　惨事ストレスは当然のこと，被虐待体験，いじめられ体験や保護者との離別などでも，子どもは，急性ストレス障害やPTSDの症状を示すことがある。症状の軽重は，心理的な発達の段階や，おかれた立場，周囲の支えなどによって異なり一様ではない。

危機介入（crisis intervention）

　さて，学校で危機が起きたときには，外部の専門家チームが介入して，一時的に危機対応をする場合と，学校内部の教職員が中心となって，地域のリソースも使いながら危機対応チームをつくる場合がある。日本では，教育委員会を中心に，学校への**危機介入**や緊急支援の方法は，大筋で定められていることが多い。多くの場合は，教育委員会が公認心理師や臨床心理士資格をもつスクールカウンセラーなどで専門家チームを構成し，臨時に学校の危機に介入していく。各地のスクールカウンセラーたちは，近年，学校の危機で招聘される機会が増え，臨床心理士会を中心に，危機介入のノウハウを蓄積してきている（福岡県臨床心理士会編, 2005）。

　一方，アメリカでは，危機時の介入や支援のための専門の組織がさまざまあり，災害や犯罪の規模によって介入する組織が異なる。たとえば，大きな災害や犯罪にはアメリカ合衆国連邦緊急事態管理庁（FEMA）による介入が行われる。また犯罪被害者に対しては，全米被害者支援機構（NOVA）などのNPOが活発に活動している。このように，危機の種類，規模，深刻さにより，かかわる専門家の組織が分かれるほどに専門分化している。

　同じように，日本でも，危機介入のための専門家チームを常駐させる動きも出てきた。たとえば，山口県の精神保健福祉協会は，大阪教育大学附属池田小学校事件（2001年）を契機に「クライシス・

レスポンス・チーム（CRT）」を 2003 年にスタートさせた。また，子どもの虐待防止のためにキャプナ（CAPNA：Child Abuse Prevention Network Aichi）弁護団と呼ばれる組織もある。これは，子どもの虐待防止のために活動する弁護士組織であり，事務局から弁護団所属の弁護士に連絡が行き，事件担当者を募って，そのメンバーで弁護団チームを作成するものである。このように，危機介入に関しては，各種の専門家がノウハウの蓄積を進めている。

2 急性ストレス障害

急性ストレス障害（ASD：Acute Stress Disorder）とは，**外傷的な出来事**に出会って 1 ヵ月以内に起きる反応のことである。PTSR（心的外傷後ストレス反応）とも呼ばれる。

外傷的な出来事（traumatic events）
生命を脅かされるような出来事（戦争，災害，犯罪，拷問・虐待等），性的暴力（レイプ，近親姦等）に曝される。
① トラウマ（心的外傷）的出来事を直接体験する。
② 他人に起こったトラウマ的出来事を直に目撃する。
③ トラウマ的出来事の細部を強制的に繰り返し見せられる。

「外傷的な出来事」とは，上記の通りだが，家族や仲間の死亡の目撃，家庭内 DV や激しい夫婦喧嘩の目撃，虐待，いじめられ被害，借金の取り立て者による脅威，セクシュアル・ハラスメントやレイプ，恐喝，暴行などの犯罪被害やその目撃などもある。過去にこのような強いストレスを受けたことがあり，表 15-1 に示したような症状がみられると，急性ストレス障害や PTSD の症状とみなす。子どもの場合，活動そのものが混乱することも多く，覚醒亢進と再

表 15-1　急性ストレス障害や PTSD の諸症状

覚醒亢進……興奮して眠れないことや，非常に活動的になること
再体験……突然，その不快な体験を思い出し，恐怖から逃げ出そうとしたり，怒りを表したり，怖くて固まってしまうこと
回避……特定の場所や活動や刺激を怖がり，それを避けようとする
解離性症状
　(1)　麻痺した，孤立した，感情がないという感覚
　(2)　周囲への注意の減弱（例：ぼうっとしている）
　(3)　現実感消失
　(4)　離人症（例：夢の中にいるような感じ）
　(5)　解離性健忘（例：トラウマの追想不能）

体験の様子から，注意欠如・多動症（ADHD；第 17 章参照）の診断を受けることも少なくない。

　このうち，**解離性症状**は，外傷的な出来事への耐え難い情動反応が，一種の変性意識を引き起こしたものだと考えられている。強いストレスに出会ったときには，心理的に健康な人でも生じるもので，一時的に自分の心理状態を平衡に保つために生じる防衛反応であるといわれている。

　しかし，急性ストレス障害や PTSD が深刻になると，心の傷を受けた記憶を，被害者は，思い出したくなくても，繰り返し思い出すようになる。被害者はそこから身を守ろうとして，解離性症状を示すようになり，恐怖の「固定観念」に支配されるようになる。

3　PTSD（心的外傷後ストレス障害）

PTSD とは

PTSD（Post Traumatic Stress Disorder）は，心的外傷後ストレス障害とも呼ばれ，

ストレス事態が去り，一定期間を過ぎても（3ヵ月程度を目途にする場合が多い），**ストレス症状**が強くみられるものである。阪神・淡路大震災の場合では，震災から4年経った時点でも，9%がPTSDと診断され，ストレスの大きさ，強さによっては，心理的に健康な人でも，決してまれな症状であるとはいえない。

PTSDは，外傷的な出来事の直後から始まり，その後継続する場合が多い。つまり，急性ストレス障害からPTSDへ移行していく場合が多い。しかし，すべてがそのように進むわけではなく，心的な外傷を受けて，相当に遅れて，症状が生じる場合もある（遅延性PTSD）。心的脆弱性や被暗示性のある人ほど，また，過去に強烈な感情的事件に遭遇している場合ほど，PTSDに変化していきやすいとされている。

PTSDを示す者の中で，深刻な症状を示す者は，半数程度といわれるが，深刻な場合は，ストレスに出会ったことを忘れてしまうこと（解離性健忘）や，つらかった記憶やそのときの感覚が突如思い出されるフラッシュバック（自動再生）で，周囲の状況とは無関係な行動を行ってしまうこと（行動の自動化），苦痛の感覚と感情を隔離してしまう（切り離し）などの症状がみられる。

子どものPTSDの長期化と二次障害

PTSD症状が問題なのは，症状が**長期化**しやすいことである。そのために，子どもでは，発達にさまざまな歪みをもたらしやすい。年齢が低い場合には，抑うつ症状や分離不安障害（保護者と離れたがらない）と関連し，その後の回復への支援が十分ではなく，日常生活で無理を重ねると，**二次障害**が起きやすい。それは，身体化症状，自傷行為（セルフ・カッティング），摂食障害（過食症，拒食症），物質乱用（アルコール，薬物），そして境界性人格障害（統合失調症と神経症の境界という意味で名づけられた）などであるとさ

れ，長期にわたり人生に影響しかねないのである。

　また，自然災害や事故など，一度だけの外傷体験よりも，被虐待体験やいじめられ体験のように連続したあるいは複数の外傷体験をもつ場合のほうが，トラウマの記憶の喪失や，多様な症状を呈しやすい。このように，過去の外傷体験が複雑に絡み合っている場合を複雑性トラウマ（complex trauma）と呼んでいる。この場合，問題からの回復に時間がかかり，解離性健忘と行動の自動化によって，解離性同一性障害（多重人格）などの問題が生じやすいとされている。

ADHD や情動コントロールの問題と PTSD

　注意欠如・多動症（ADHD）や情動コントロールの問題の中に，PTSD の症状が潜む場合もある。以下の（　）内は，PTSD 症状として，子どもにみられる症状である。

　何かの機会に，人が変わったように，怒り出すと止まらない，泣き出すと止まないこと（自動再生と行動の自動化）や，何でもない状況で，激しく怒ることや泣いてしまうこと（行動の自動化），何かで感情を乱した後，何があったのかを思い出せない（解離性健忘）などでは，情動コントロールの問題の背後に，子どもの PTSD 症状が疑われる。

　また，落ち着きがなく（覚醒亢進），席につかない（回避）などの多動を示す子どもで，一見すると注意欠如・多動症と思われる子どもの中にも，PTSD 症状が含まれていることも意外と多い。

　一方で，発達障害の子どもを過度にしつけようとして，そのしつけが，子どもに強いストレスを与え，PTSD が二次障害として起きている場合もみられる。

　子どもに，このような症状がみられたら，過去につらい思いをしたことがなかったかどうかの視点で，子どもの生育歴をたどってお

きたい。PTSD 症状であれば，通常の教育の方法が通用しない場合
があること，それゆえ，情動コントロールの乱れや多動への支援に
おいては，この方面での専門家の判断も仰いだほうがよいことをわ
きまえねばならない。近年では愛着障害あるいは発達性トラウマと
呼ぶが，それらの症状は幼い年齢段階からの PTSD 症状と考えら
れている。

4 急性ストレス障害や PTSD の回復への支援の原則

安全を確保する

強いストレスにあった場合で，特に大事な
ことは，**安全の確保**である。物理的な意味
でも，心理的な意味でも，安心していられる場を確保し，安心でき
る人間関係の中におく。これが回復のための大前提である。急性ス
トレス障害の場合はもちろんだが，PTSD 症状を示す子どものケア
でも，安全の確保が最優先される。

　かかわる人は，安心ができ，互いが信頼できる磐石な**信頼関係**を
子どもとつくるようにする。そのためにも，家庭や学校など，子ど
もをめぐる環境が，安全と安心感に満ちたものとなるように全体を
調整し，子どもの自然回復力が発揮されるようにする。

　たとえば，虐待の問題では，児童相談所などと連携し，安全が確
保される必要がある（第14章参照）。いじめ問題でも，完全に収束
していなければ，回復に取り掛かれない（第12章参照）。身体，心
理面での安全と，不幸なことが再び起こらないことを保障するので
ある。

リラクゼーション

年齢が低い場合ほど，不安や恐怖は，頭痛，
腹痛，眩暈，夜驚，不眠など，身体の症状

に現れやすい。当面に感じているつらさや苦しさを取り除き，安心感をみずから向上させ，身体面での緊張や恐怖を取り除く必要がある。そのために，身体の筋肉をリラックスさせる方法を教える。リラックスできる音楽を聞かせることや，呼吸法，筋リラクゼーション，動作法，自律訓練法などの方法がある。

　また，後述のように，外傷的な体験から回復するためには，不快感を表現させる活動が重要である。しかし，ただ表現させればよいものでもない。つらい体験を思い出したときに恐怖や不安も起きるため，その恐怖や不安に対処できなければならない。その場合，リラクゼーション法を知っていると，自分でその恐怖や不安を和らげていくことができるのである。

Episode①　身体化症状と東洋医学

　1995 年の阪神・淡路大震災のとき，電話による心理相談のボランティアをしていた。震災後 1 カ月の段階で，相談内容で特に多かったのは，頭痛，腹痛，頻尿，不眠などさまざまな身体面での不調であった。

　その後，2001 年にニューヨークで起きた同時多発テロのときには，地元の心理療法家の報告では，ニューヨーカーが一番活用したケアは，中華街の鍼灸治療院であったという。

　子どもの場合はなおさらだが，強いストレスは，まず，身体の症状として出やすい。このときは特に，相手に触れることが許される家族などの大人は，極力，子どもと触れるようにする。マッサージなどで，文字通り「触れ合う」のである。この段階で，身体症状が出るのは，触れ合いによる安全感を求めて起きるのではないだろうか。

マステリーを得る

マステリー（mastery：統御力）とは，「苦しみには意味があり，耐えられるとの展望

を得ること」である。怖さや怒りや悲しみなど,「不快な感情が生じるのは当然」で,「不快に感じてもよい」と伝える。たとえば,「恐怖は,危険を避けて生きるために絶対に必要な大事な感情」であり,「怒りは,状況や他人に変化してほしい」という願いから起きるもので,悲しみは,「願いがかなわなくてつらいことを,ほかの人に伝えたいと願うことから起きる人間らしい感覚」であると意味づける。

小澤(2007)は,「トラウマとなった経験を自分の意識の中に,あるいは自分の人生の経験の一部として統合する」ことの重要性を指摘している。最終的には,この感覚が得られることをめざして,マステリーを育むのである。

不快な感情表現を促し,記憶の再構成を行う

回復への過程においては,ストレスに出会った初期の段階から,上記のマステリーを強調しながら,苦痛な体験とそれにまつわる感情について語る時間と場所を提供することが大事である。小澤(2007)は,回復過程では,不快な記憶を語ること(不快感情の言語化)が,回復につながるとし,その理由として,「安心して寄り添ってくれる誰か,話を聴いて受けとめてくれる他者の存在によって,安心感,安全感が生じ,否定的な感情や思考を中和する」ためだとしている。

不快な体験を表現し,他者がそれを共感的に聴く。これは「**デブリーフィング**」と呼ばれる。デブリーフィングは,普段の日常生活で信頼関係があり,関係が途切れない者同士の自然なやりとりの中で,繰り返し行われることが理想である。そこでは,不快に感じていることを,言葉や表情,そしてさまざまな表現で他者に伝えることを手伝うのである。ただし,災害時では,安全が確保され,急性ストレス障害が収まった後が望ましく,外部から支援に入った者は,

Episode ② 津波ごっこ

　フランスの映画「禁じられた遊び」をご存知だろうか。第2次世界大戦禍に，幼い2人の子どもが動物を殺して十字架を立てる遊びをするものである。また，虐待やいじめられ体験のある子どもが，「事故とレスキューごっこ」や「殺人バラバラ事件ごっこ」といった外傷体験に関連するテーマを，遊びの中で表現することがよくある。

　北海道南西沖地震は，日本の子どものトラウマ研究元年となった。津波に襲われた奥尻島に，北海道教育大学の心理学研究チームが入り，子どもたちの様子を観察した（藤森，1995）。

　その中で，研究チームが注目した遊びがあった。避難所という遊び道具を失った世界では，子どもたちに昔ながらの集団遊びが復活していた。中でも，突然に始まる「津波ごっこ」は，それを眺める大人の神経を逆なでしかねないものだった。あたかも津波を再現するかのような遊びに研究チームは着眼した。

　心理学研究チームは，「これは，子どもが津波の外傷体験で感じた恐怖を，遊びの中で自己治療しようとする」ものであり，「このような遊びを抑制してはならない」と結論づけていた。この北海道教育大学の研究報告は，阪神・淡路大震災のボランティアの心得を記載したハンドブックに採用された（藤森・藤森，1995）。阪神・淡路大震災の震災支援のときに，この研究報告を興味深く読んだのを覚えている。

長期に継続できないので，デブリーフィングを行うことは，原則禁止されている。

　子どもの場合は，特に感情を言葉で表現できないことも多い。そこで，表情から子どもの感情をとらえ，その不快な感情を大人が子どもに代わって表現する。「何か嫌な感じがするかな」「怖いかな」「イライラするね」「悲しいね」「つらそうな顔しているね」などと，

不快な感情を言葉で表現するのを手伝う。このときに，かかわる大人は，安定した心情を保ってかかわるように注意を払う。そして，言葉で表現することで，不快感情が一時的に上昇しても，しっかりと感情を受けとめてもらえると，不快感情が下がることを体験させる。

　子どもが幼い場合では，遊戯療法や芸術療法など，言語以外の方法で，子どもの表現を手伝う。とはいえ，表現は無理に促すのではない。特に，子どもは，その子の望む活動，自由な遊びの中でつらさや苦しさ，怖さを表現することが多い。子どもが不快感情を遊びなどで表現することは，回復の兆しであると肯定的にとらえる。そして，時間の許す限り，そのような表現をする場には共にいて，温かく安定した気持ちで寄り添うのである。

自己評価と自己信頼の強化

　PTSD の予後をみると，孤独感や疎外感をもっている場合ほど，その後の経過が悪いことが示されている。その意味では，多くの人がかかわり，集団で生活をする学校で，自分の存在が認められ，大切にされる体験を重ねることは，予後を良好にするうえで大事なポイントである。

　また，学校は，さまざまな場面で，新しい課題に取り組み，その課題を乗り越えることを通して，自己の有用感を高める活動が連続して存在している場である。昨日に比べて，自分が何かの技能や知識を獲得したとの確認は，子どもを勇気づけ，自信を向上させる。まさに，学校教育で行われるすべての教育活動は，子どもに**自己評価の機会**を与え，自己信頼を培う機会でもある。

　不安や恐怖を強く感じる場合ほど，新しい課題に取り組むにはエネルギーが必要であり，自分の技能や知識の伸張を感じられないことが多い。その意味で，急性ストレス障害や PTSD 症状のある子

どもには，課題に取り組もうとする姿勢がみられただけでも，それを意識して評価する。そして，過去に比べてのわずかな変化を見出し，それを高く評価し続けるようにする。学業面でも，スポーツ面でも，芸術面でも，自分の得手なものを中心に，少しずつ課題を達成していけるように指導する。すなわち，現実的な行動目標を設定（短期と長期の組み合わせ）し，目標に向かうことを評価し，目標の達成を高く評価するなど，細やかな教育が継続して行われていかなければならない。

EMDR　PTSD 治療で，最も効果的であるとされているのが EMDR（眼球運動による脱感作と再処理）である。EMDR の手法はきわめて専門的であるが，特に繰り返し生じる不快な記憶のフラッシュバックと，そのことで起きる高い不安を軽減させるうえで画期的な手法である。年齢の低い子どもへの適用も可能で，ボスニア紛争では，難民キャンプで，子どもたちに集団で EMDR を行う方法が開発され，効果が得られている。

　この方法は，眼球運動など身体の左右に刺激を与える両側刺激と，回想による再体験と，認知の変容を組み合わせて，恐怖を軽減させる方法である（不安や恐怖を取り去ることを「脱感作」と呼ぶ）。EMDR は，過去の不快な体験を思い出しやすくさせ，そのときの記憶を適切に処理していくことを手伝い，不安や恐怖を劇的に下げるのである。

　EMDR が効果的なのは，脳内での記憶処理に働きかけるためだといわれているが，脳内の変容であるだけに，そのメカニズムは十分に解明されていないところもある。

　また，EMDR は副作用が生じる場合もあり，施術する者は，一定の資格を取得していなければならない。この資格は，国際資格で

あり，日本には，臨床心理士や精神科医などの中に，500人ほどの
EMDR施術の有資格者がいる。

 引用・参考文献

ヴァン・デア・コルク，B. A. ほか編／西澤哲監訳（2001）『トラウマ
　ティック・ストレス——PTSDおよびトラウマ反応の臨床と研究のす
　べて』誠信書房

小澤康司（2007）「惨事ストレスに対するカウンセリング」『現代のエス
　プリ別冊——臨床心理クライエント研究セミナー』至文堂

厚生労働省（厚生労働省精神・神経疾患研究委託費外傷ストレス関連障
　害の病態と治療ガイドラインに関する研究班）編（2001）『心的トラ
　ウマの理解とケア』じほう

こころのケアセンター編（1999）『災害とトラウマ』みすず書房

シャピロ，F.／市井雅哉監訳（2004）『EMDR——外傷記憶を処理する
　心理療法』二瓶社

服部祥子・山田冨美雄編（1999）『阪神・淡路大震災と子どもの心身
　——災害・トラウマ・ストレス』名古屋大学出版会

パトナム，F. W.／中井久夫訳（2001）『解離——若年期における病理
　と治療』みすず書房

ハーマン，J. L.／中井久夫訳（1996）『心的外傷と回復』みすず書房

福岡県臨床心理士会編／窪田由紀・林幹男・向笠章子・浦田英範
　（2005）『学校コミュニティへの緊急支援の手引き』金剛出版

藤森和美・藤森立男（1995）『災害を体験した子どもたち——危機介入
　ハンドブック』

藤森和美・岩切昌宏・元村直靖・河野通英・浦田実・松本晃明（2006）
　「日本における学校CRTの現状と課題」日本トラウマティック学会
　第5回大会シンポジウム

藤森立男（研究代表者）（1995）『「1993年北海道南西沖地震」総合研究
　報告書』北海道教育大学

松井豊編（2005）『惨事ストレスへのケア』ブレーン出版

American Psychiatric Association 編／髙橋三郎・大野裕・染矢俊幸
訳（2004）『DSM - Ⅳ -TR 精神疾患の診断・統計マニュアル（新訂
版)』医学書院

第16章

学 業 困 難

国語はできるのに，計算ができない。黒板の字は写せるのに，作文が書けない。そんな子どもがいたら，どうするだろうか。「練習不足」ととらえるだろうか。「もっと頑張れ」と言うだろうか。こんな子どもたちは，いつもの学習の中で苦戦しているかもしれない。

本章では，このような学業困難を示す子どもたちの中から学習障害の子どもたちを取り上げ，診断基準や支援の方法を解説する。

1 学業困難の背景とは

　近年では，小学校に入学する時点で平仮名の読み書きがほぼできている子どもが多くなっている。そのため，1年生の1学期の読み書きの学業が困難となる子どもは少なく，たとえ，平仮名の読み書きから始めたとしても2学期が始まるまでにはほぼ完全に読み書きができるようになっている。しかし，中には，2学期を過ぎてもなかなか平仮名の読み書きが習得できない子どもがいる。なんとか平仮名が読めるようになっても，2年生，3年生でも拗音や促音の平仮名を読み・書き誤る，漢字をなかなか覚えられない，作文を書けないなどの困難を示す子どもたちがいる。

　算数の学習でも同様である。数量の概念がなかなか習得できずにいるため，足し算や引き算の計算に困難を示す，計算ができるのに文章題ができない，九九が覚えられないという子どもたちがいる。

　このような子どもたちは，これまでは多くが「勉強ができない子」「努力をしない子」というとらえ方で放置されるか，「もっと勉強しなさい」と宿題を多く出されて家庭で苦戦するという状況におかれていたのである。

　以上に挙げたような学業困難を示す子どもたちの中には，**学習障害**（**LD**：Learning Disabilities，DSM-5 では限局性学習症：SLD）であると診断される子どもたちが存在していることがわかってきた。学習障害についてその概念を把握したうえで，どのように学級の中でそうした子どもに気づいていくか，また1人ひとりに合った学び方はどのようなものかを探る努力をしていくことが必要となってくるのである。学業困難からくる不利を子どもが被ることがないよう

に支援をしていくことによって，子どもたちを苦戦の中から救うことができるのである。

2 学習障害の概念・定義

学習障害とは

日本では，学習障害について，1980年代に専門家の関心が向けられるようになったが，学習障害の子どもたちが示すさまざまな状態像をすべて学習障害の問題としてとらえてしまっていたように，この時期は学習障害の概念が混乱していた。

学習障害の定義は，1992年に文部省（現・文部科学省）に設けられた「学習障害及びこれに類似する学習上の困難を有する児童生徒の指導方法に関する調査研究協力者会議（略：LD等に関する調査研究協力者会議）」において本格的に検討がなされた。7年間の討議と研究を経て，1999年に「学習障害児に対する指導について」という報告がまとめられ，以下の定義が日本における公的な教育定義として定着している（文部科学省，2004）。

> **学習障害**：学習障害とは，基本的には全般的な知的発達に遅れはないが，聞く，話す，読む，書く，計算する又は推論する能力のうち特定のものの習得と使用に著しい困難を示す様々な状態を指すものである。
> 　学習障害は，その原因として，中枢神経系に何らかの機能障害があると推定されるが，視覚障害，聴覚障害，知的障害，情緒障害などの障害や，環境的な要因が直接の原因となるものではない。

この定義から，学習障害とは①全般的知能は遅れがない，②聞く，話す，読む，書く，計算する，推論するという6つの能力のうち1

つ以上の習得・使用に困難がある，③中枢神経系の機能障害が推定される，④ほかの障害との重複や環境要因によるものではないことが示されていることがわかる。

学習障害の概念は，教育領域における定義と医学領域における定義に異なる点がある。医学領域では，世界保健機構（WHO）によるICD-11（国際疾病分類第11回改訂版）の「精神及び行動の障害」に関する記述と診断ガイドラインや，アメリカ精神医学会から出されているDSM-5（精神疾患の分類と診断の手引第5版）における診断分類（限局性学習症：SLD）がある。教育領域における定義では，6つの困難の実態のうち，読字障害，書字障害，算数障害といった3つの学力の習得困難に限定している。これは，教育の領域における話し言葉の理解や表出における困難を，医学領域では「発達性発話または言語症群」（ICD-11による）または「コミュニケーション症群」（DSM-5による）としてとらえているためである。

このような特徴をもった学習障害であるが，その診断基準に当てはまらない子どもたちがすべて定型発達の子どもである，と言い切ることはできない。子どもたちが示す学業困難や習得の状況は，連続的であり，学習障害の診断を受けていない子どもたちの中にも，学習障害と定型発達の境界にある子どもたちが多数いることも念頭においておく必要がある。

合併する問題

学習障害の頻度としては，文部科学省（2012）によると，全国の小・中学校の通常の学級の中に学習面で著しい困難を示す子どもは4.5％いることが報告されている。本来問題となる学習習得の困難さに加え，行動面の問題をあわせもつことがあり，注意欠如・多動症（ADHD）との合併が報告されている。また，「不器用さ」としてとらえられるような全身運動や協調運動に困難さをもつ発達性協調運動障害と学

習障害が合併することも知られている。

さらに，もう１つの問題点として，学習の問題から**二次的な学業不振**を引き起こすことがある。保護者や教師からは，全般的な知的発達には問題がないため，不得意な部分が「どうしてできないのか」「努力不足ではないか」と思われてしまう。その結果，子どもの得意としない学習の方式を強いてしまいがちになる。これが続いてしまうと，数式をみることや国語の教科書を開くことさえも嫌になってしまうという状況を引き起こし，二次的な学業不振を招いてしまうことがあることも注意すべき点である。

また，学習障害の子どもは保護者や教師の目を気にしたり，周囲の友達からの評価を気にしてしまうことから情緒的な問題を抱えることがある。これが学習面にとどまらず，問題行動（集団からの逸脱，反抗挑発症，不登校など）や精神症状（不安障害，抑うつ状態など）につながる場合もある。

3 学校における学習障害の判断・理解の方法

学習障害に対する認識が高まってきていることから，保護者が子どもに対して学習障害の疑いがあるのではないかと気づくことも増えてきている。しかし，学習場面が長い学校において，子どもの学業困難に気づく機会はさらに多い。学業困難のタイプもさまざまであり，単なる環境要因による学業不振や知的障害と学習障害との違いを理解しておく必要がある。

学習障害の判断の流れ　学校における学習障害の判断としては，担当教師や保護者からの気づきをきっかけにまずは①学校内の**校内委員会**（学校内での対応：校長，教頭，通常学

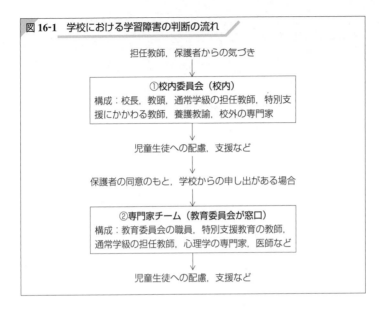

図 16-1　学校における学習障害の判断の流れ

担任教師，保護者からの気づき

↓

①校内委員会（校内）
構成：校長，教頭，通常学級の担任教師，特別支援にかかわる教師，養護教諭，校外の専門家

↓

児童生徒への配慮，支援など

↓

保護者の同意のもと，学校からの申し出がある場合

↓

②専門家チーム（教育委員会が窓口）
構成：教育委員会の職員，特別支援教育の教師，通常学級の担任教師，心理学の専門家，医師など

↓

児童生徒への配慮，支援など

級の担任教師，特別支援教育にかかわる教師，養護教諭，校外の専門知識を有する者などで構成される）において実態把握や支援方法の検討を行う（図16-1）。この検討から導かれた日常の配慮や支援によって改善が期待される場合も多いであろう。

　しかし，なかなか支援の成果がみられないなど，さらに専門的な判断に基づいた支援方法の検討が必要な場合には，保護者に十分な説明を行い，了解を受けた後に**②専門家チーム**（教育委員会が窓口となる）において知能検査などを用いた専門的な実態把握が行われ，さらに具体的な支援についてのアドバイスが可能となる。そのアドバイスが，学校での支援や配慮を行うことや個別の教育支援計画や個別の指導計画を作成するうえでの有効な情報となるのである。

教師による実態把握の内容（校内委員会） 学校内において，学級担任が学業困難がある子どもに気づくことから実態把握が始まる。まずは特異な学業困難があることを確認する必要がある。この特異な学業困難は，過去もしくは現在の学習の記録，あるいは日常行われる教科のテストなどから著しい遅れのあるものが1つ以上あることから確認する。この場合の著しい遅れとは，小学2，3年生であれば1学年以上の遅れ，小学4年生以上または中学では2学年以上の遅れのことをいう。これらは，学業成績だけではなく，日頃の授業態度，提出作品，ノートの記述，保護者から聞いた生活の状況などから情報を得て判断する必要がある。

また，定義にある「聞く，話す，読む，書く，計算する，推論する」の6つの能力のどれかに著しい遅れが認められるかどうかを確認することによっても判断が可能である。この具体例を表16-1に示した。

以上のような実態に当てはまった場合は，ほかの障害や環境の要因が直接の原因ではないことを確認する必要がある。知的発達の確認として，通常学級では，現在および過去の学習の記録から教科（国語，算数，理科，社会，生活もしくは外国語など）の評価の中で，学年相当の能力であるものが1つ以上あることが最低の条件となる。

心理アセスメントの方法（専門家チーム） 学校における学習障害の判断基準は上に示した通りであるが，保護者の了解を得ることができた場合は，知能検査といった心理学的アセスメントを実施することが可能である。しかし，通常学級の担任教師にはこれらを実施することは困難な場合が多いため，保護者の了解のうえ，教育委員会や特別支援教育にかかわる教師や外部の専門家に依頼する必要がある。

学習障害の心理アセスメントに用いられる主な検査には，

表 16-1 「聞く，話す，読む，書く，計算する，推論する」の例

	必要とする力	つまずきの具体例
聞 く	音を聞き取る力や聴覚的な記憶力 言葉の理解力 聴覚的な注意を持続する力	・聞き間違い ・新しい言葉を覚えられない ・指示が理解できない ・質問に答えられない
話 す	正確に発音する力 語調を調整する力 語彙力，文法的な構成力 聴覚的な短期記憶の力	・発音しにくい音がある ・適切な速さや大きさで話せない ・文が短い，文法的な誤りがある ・筋道を立てて話せない
読 む	文字や語，漢字を認知する力 文字を見て音を想起する力 単語や文を理解する力 視覚的な記憶の力	・文字や単語を読めない ・習った漢字が読めない ・文字，単語，漢字を読み間違える ・音読はできるが意味がわかっていない
書 く	文字や語，漢字を認知する力 音を聞いて文字を想起する力 目と手を協応させる力 語彙力，文法的な構成力 視覚的な記憶の力	・文字が書けない，鏡文字を書く ・漢字の一部を抜かしたり加えて書く ・文法的に誤った文を書く ・筋道を立てた文の展開ができない
計算する	数の概念 数を操作して計算する力 論理的な思考力	・大小判断ができない ・繰り上がり，繰り下がりができない ・計算の手順を覚えられない ・文章題を読んで立式できない
推論する	論理的な思考力 言葉の理解力 抽象的な思考力 形や空間をとらえる力	・因果関係をとらえることが難しい ・提示されていないものを推測することが難しい ・表やグラフ，図を理解したり，書くことができない ・時間の概念，量の単位の理解が難しい

WISC-Ⅳ知能検査，KABC-Ⅱがある（表16-2参照）。中でもWISC-Ⅳ知能検査では，IQ（知能指数）を測定することができ，子どもの全般的な知的発達の水準を推定することが可能である。これ

表16-2　学習障害の判断となる主な心理検査の特徴

心理検査	検査の内容	測定される能力
日本版 WISC-Ⅳ知能検査 適応年齢： 5歳0カ月〜 16歳11カ月	全15の下位検査（基本検査10，補助検査5）で構成されており，10の基本検査を実施することで，5つの合成得点（全検査IQ，4つの指標得点）が算出される	**全検査IQ**：全体的な認知能力を表す項目 **4つの指標得点：** ・**言語理解指標**：言語による理解力，推理力，思考力に関する指標 ・**知覚推理指標**：視覚的な情報を把握し，推理する力や視覚的情報にあわせて体を動かす力に関する指標 ・**ワーキングメモリー指標**：一時的に情報を記憶しながら処理する能力に関する指標 ・**処理速度指標**：視覚情報を処理するスピードに関する指標
日本版 KABC-Ⅱ 適応年齢： 2歳6カ月〜 18歳11カ月	子どもの認知能力と学力の基礎となる習得度が測定できることにより，認知能力と習得度の差を検討する，差の要因の分析ができる	**認知総合尺度**：知能に相当する部分であり，継次尺度，同時尺度，計画尺度，学習尺度で構成される **習得総合尺度**：学習の積み重ねに相当する部分であり，語彙尺度，読み尺度，書き尺度，算数尺度で構成される

らの検査を行うことによって同じ年齢の子どもと比較した個人間差が明らかになる。これによって，知的障害がないことが明らかになれば，学習障害であるかどうかの判断を行うことができるのである。

　検査を行う中で大切なことは，子どもの中の**個人内差**（子どもの中の得意なところと不得意なところの差）を測定し，認知能力の偏りの特徴を細かく把握することである。個人内差を測定することによって，学習障害の判断はもとより，個別の指導計画の作成や教科学習の支援を行う際に役立つ情報が得られる。

　子どもの中の不得意なところに対してどのように支援を行うのかを考えるうえでは，得意なところを活用するとよい。視覚的な情報

を把握することが不得意であり，言語による理解力が高い場合は，視覚的な情報を言語で説明するとわかりやすくなる。たとえば，漢字を覚える際に「親は立って木を見る」というように漢字の部分を言葉にすると覚えやすいなどがある。言語的な情報を把握することが不得意であり，視覚的な情報を把握する力が高い場合は，言語情報を視覚的な手がかりを使って説明するとわかりやすい。たとえば，国語の文章の内容を表した絵や写真を用いると内容の理解が進むようになる。

　これらの心理検査のうち，WISC-Ⅳの結果に応じて，ほかの検査のアセスメント結果が必要であるか，またはWISC-Ⅳの仮説を裏づけるようなアセスメント結果が必要であるかを検討する。そのうえで，KABC-Ⅱを実施し，WISC-Ⅳと組み合わせることが必要な場合もある。さらに必要性がある場合には，その他の検査として，たとえばITPA言語学習能力診断検査（言語表出，言語理解の能力を測定する），絵画語い発達検査（言語理解の能力を測定する），フロスティッグ視知覚発達検査（視知覚能力を測定する）などの検査を行う。このようにいくつかの検査を組み合わせることを「テストバッテリー」という。どの検査を組み合わせるかについては，子どもの実態やどの部分を理解したいのかによって異なる。心理検査を実施する際には，検査についての知識を十分もち，どの検査を組み合わせるかの判断やこれらの検査の結果を総合的に解釈できることが必要となる。

学力アセスメント（専門家チーム）

学習障害をもつ子どもを対象とした学力アセスメントは，あまり見当たらない。そこで，第1段階として，学校で行われている教科のテストの結果の情報に加え標準化された学力テストを実施することにより，学力をアセスメントすることが可能となる。

また，文部科学省の学習障害の定義に従って「聞く，話す，読む，書く，計算する，推論する」という領域ごとに学習障害をもつ子どもがつまずきやすい特徴から項目を選定した「学習領域スキル別つまずきチェックリスト」（海津，2000）を利用することから，どの部分の学習につまずきがあるのかを明らかにすることができる。また，LDI-R（学習障害判断のための調査票）は，日本ではじめて標準化された質問紙法検査である。これも学習のどの部分でつまずいているのかの把握をするための有効な情報となるであろう。

4 支援のポイント

　心理アセスメントによって認知能力の偏りをとらえることができれば，その結果を基にして，通常学級での授業の中で，または個別の指導の中で指導仮説を立てることが可能となる。以下に指導の際に配慮すべきポイントを示していく。

　動機づけ　　学習障害をもつ子どもの場合は，周囲との比較，保護者や教師からの評価によって学習に対する意欲を失っていることがある。まずは，学習に対する抵抗感や拒否感を減らしていき，学習態度を形成することが必要となる。そのためには，既存の教材のみではなく，子どもの興味に合った教材を用いて学習を進めることも必要となる。また，子どもが好きな課題を用いることや，容易に「できた」という成功感をもてるような課題を行うことで，学習に取り組む態度の形成を図ることが大切になってくる。

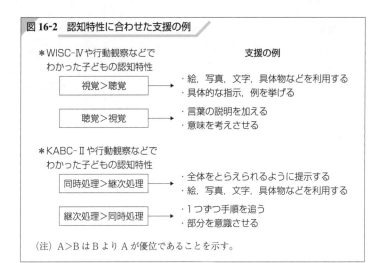

図16-2　認知特性に合わせた支援の例

＊WISC-Ⅳや行動観察などで
　わかった子どもの認知特性　　　　　　　　　**支援の例**

| 視覚＞聴覚 | → | ・絵，写真，文字，具体物などを利用する
・具体的な指示，例を挙げる |

| 聴覚＞視覚 | → | ・言葉の説明を加える
・意味を考えさせる |

＊KABC-Ⅱや行動観察などで
　わかった子どもの認知特性

| 同時処理＞継次処理 | → | ・全体をとらえられるように提示する
・絵，写真，文字，具体物などを利用する |

| 継次処理＞同時処理 | → | ・1つずつ手順を追う
・部分を意識させる |

（注）A＞B は B より A が優位であることを示す。

認知特性に配慮した支援

　学習障害をもつ子どもへの指導方法では，心理アセスメントの結果に基づき，**認知特性に配慮した支援**を行うことが重要である。教師の支援では，苦手な面には比較的意識が向きやすいが，得意な面や強さについては，意識が向きにくいことが示されている（海津ほか，2005）。学習面につまずきのある子どもたちへの指導を行う際には，得意な能力をどのように支援に取り入れるかについての配慮が有効となる。

　では，どのように配慮したらよいのであろうか。配慮の仕方としては，まずは，情報の入力が視覚優位か聴覚優位かによって異なってくる（図16-2）。視覚優位の場合は，絵や写真，具体物や動作などを利用する，聴覚優位の場合は，言語指示や意味づけを加えて提示するとよいであろう。情報を処理していく方式では，情報の同時処理（いくつもの情報を入力し，全体をとらえる処理方式）優位か，継次処理（情報を順序に沿って処理する方式）優位かによって異な

Column「教師の日常から」⑩ **障 害 名**

　名前を知ることは大切です。私たちは名前を知ることで，分類を
することができます。そして，今まで自分がもっている知識の中に
当てはめ，理解をしていくことになります。そのため，自分のわか
らないことに名前がついただけで何となく落ち着くことができます。
しかし，名前がわかっても，その人やそのものに対する理解が深ま
ったことにはなりません。名前を知ったことで，その人やそのもの
を理解してしまったと勘違いしてしまうのはとても怖いことです。

　たとえば学習障害や ADHD などの言葉もそうです。ある子ども
に学習障害や ADHD と障害名を当てはめてしまうことで，その子
自身を理解したように勘違いしてしまっていることがあります。
「だから，あの子にこのような支援を行っていきましょう」ではな
く，「だから，あの子ができないのは仕方がない」と決めつけるよ
うな許し難い状況になってはいないでしょうか。

　障害名を知ることで対応がみえてきます。障害名を知ることは，
子どもたちとかかわるうえでとても有効です。しかし，名前をつけ
たことで，安心をしてしまい，1 人ひとりの子どもをみることがで
きなくなってしまうという状況をつくり出してしまうことになって
はいないでしょうか。

　名前がもつ力を知っている教師だからこそ，名前を知ることの怖
さも心に刻んで子どもや保護者とかかわっていきたいと思うのです。

る。同時処理が優位な場合は，全体がとらえられるような絵を利用
する，継次処理が優位な場合は，手順を 1 つひとつ提示する，部分
を意識した支援を行うことが有効である。

指導方法・教材の工夫

(1)　学級の中で

　通常学級における通常の授業の中で，学習
障害の子どもの存在を考慮した授業計画や環境の配慮がある。**環境
の配慮**では，たとえば，言語理解が困難な子どもたちや注意集中が

困難な子どもたちに対しては，座席の位置を配慮することが有効である。また，机上の学習道具の整理整頓を習慣づけることは，学習障害の子どものみならずほかの子どもにとっても効果的である。

授業中の指導にも学習障害の子どもの認知特性に合わせた工夫が必要である。言語指示の聴覚的な記憶が困難な場合は，指示を簡潔にする，黒板に絵や文字などの視覚的手がかりを与えるといった工夫をする。逆に漢字の全体をとらえる，図形をとらえるといったような視覚情報を処理することが困難な場合は，言語的な手がかりを与えたり，1つひとつ手順を追うといった支援を行う。また，課題に集中できる時間を考えて授業を構成する，学習内容を**スモールステップ**に分けて教えることも必要となるであろう。

また，近年では，多くの学校で学級内に担任教師のほかに学習支援員や非常勤教師がともに授業を進行するといったチームティーチング（TT）が取り入れられている。このような支援体制で学習障害の子どもたちを支援していくことは，1人ひとりの子どもの学習進度を確認することができ，より適切な支援を行うことを可能にするだろう。

(2) 個別支援で

心理アセスメントで明らかになった認知特性から，子どもの得意な能力を利用していくことが個別支援の原則となる。学習のステップがはっきりしているものについては，課題を細分化し，スモールステップで積み上げていく。そして，子どもの水準に合った教材を用意し，子どものペースで学習を進めていくことも重要となる。このような課題や教材の工夫が子どもたちの学習意欲にもつながることになる。また，子どもが応答したらその結果がよかったかどうかすぐに確認できるようにするために即時的にフィードバックを行う。このことによって「できた」という実感を与え，次の学習へつなげ

ていくことが可能となるのである。

　学習の援助手段として，さまざまな**教材**や**機器**を用いることも学習を促進させる。具体例としては絵カード，写真カード，文字カード，大きな升目のノートを用意する，ブロック，数直線，電卓などがある。機器としては，読みが困難な子どもたちには，読み上げソフトやアプリで学習を行う，書くことが困難な子どもたちには，パソコンやタブレットを用いて入力するなどのツールの使用も積極的に取り入れていきたい。これらの機器を用いる場合には，機器のみの学習だけになってしまわずに，基本となる読み，書きの学習も並行して行っていくことも忘れてはならない。

5　「読む」・「書く」に困難を示す事例

　　学業不振の実態　　　小学校4年生のA児は，「読む」「書く」
　　　　　　　　　　　ことに困難をもっている。生育歴では，運動発達は問題なかったが，始語は2歳3カ月であり，やや遅かった。幼稚園では日常会話に問題はなくなったものの，母親はきょうだいや同じ年齢の子どもたちに比べて**発語**の少なさを感じていた。小学校2年生になりすべての平仮名を読み書きできるようになったが，4年になっても，教科書の音読が苦手であり，文を流暢に読めず，2年生程度の漢字でも読めないものがあった。また，読むことはなんとかできてもその文中にある単語の意味がわからないこともあり，文意をとることができなかった。書くことについては，漢字は視写はできるが，すぐに忘れてしまい，テストになると漢字を想起して書くことができなかった。また，文章を書くときは，平仮名でも拗音を書き間違えたり，短い文しか書けない状況であった。

完全に学習回避をしているわけではなかったが，音読の宿題や漢字を書く宿題には自分から取り組むことはなく，始めるまでに時間がかかったり，母親が見ていないとなかなか進まなかったりと，宿題を終わらせることができないことがしばしばあった。また，授業中は，鉛筆や消しゴムなどでの手遊びがあり，足をぶらぶらさせるなど，授業に集中できていない様子が観察された。教師の話を聞いてもすべてを理解できていない様子があり，まわりの友達を見ながら行動することもあった。国語の時間では，授業中の自発的な発言はなく，A児は漢字テストの点数や発言に対しての周囲の目を気にしているようであった。

(1) 心理アセスメントの結果

アセスメントから指導へ

学校のスクールカウンセラーの勧めにより，3年生のときに受診し，医師から限局性学習症（SLD）であるという診断を受けた。WISC-Ⅳ知能検査の結果では，言語性検査（言葉で応答する課題）よりも動作性検査（視覚的にとらえて手で操作をする課題）が高く，全検査IQ 85であった（表16-3）。どちらの下位検査とも力のばらつきがみられた。動作性検査の下位検査（積木模様）をみると，絵カードの積木模様をとらえて積木を構成していくというような，形の全体をとらえる力が弱いことが認められた。また，言語性検査でも言葉で質問されて言葉で答える課題は不得意であったが，数字を記憶して再生することや算数の問題を聞いて数を答えるといった聴覚的な短期記憶の力は平均以上であることが明らかになった。

WISC-Ⅳ知能検査の結果，力の差があったことや**情報処理の得意不得意**をより詳しく調べる必要から，KABC-Ⅱを実施した（表16-4）。継次処理，同時処理の尺度に大きな能力の差はみられなかったが，同時処理の下位検査の結果にばらつきがあり，視覚情報の処理

表 16-3　A 児の WISC-Ⅳ知能検査の結果

	生活年齢	検査の結果
WISC-Ⅳ	9 歳 2 カ月	全検査 IQ 85, 言語理解 < 知覚推理 < 処理速度・ワーキングメモリー

表 16-4　A 児の KABC-Ⅱの結果

	生活年齢	検査の結果
KABC-Ⅱ	9 歳 4 カ月	同時処理過程尺度 < 継次処理過程尺度 認知総合尺度 > 習得総合尺度

の力にも個人内差があることがわかった。また，認知総合尺度に比べて習得総合尺度は 1% 水準で有意に低いことが明らかになった。このことから，A 児の本来もっている得意な認知処理能力が学習や知識の獲得に十分生かされていないと考えられた。

　生育歴と，これらの検査の結果や行動観察から，①A 児は言語面の弱さをもっていることが明らかになった。また，語彙知識が少ないことが読みや書きに影響していることが予測された。②視覚的にとらえて手で操作する課題でも得意不得意の差があることが明らかになった。目で見る力の中で，部分から全体を推測することやたくさんの刺激がある全体をとらえることは苦手だが，正しいものと違うものを見比べることや部分を少しずつとらえていくこと，見たものに運動を伴わせて表現することは得意であることが明らかになった。

(2)　学校での学習支援

　以上のアセスメントや行動観察から，教室での授業では，言語面に配慮した指導を行う必要が認められた。語彙力の少なさによって，教師が説明していることの一部がわからない，指示されていること

がわからない，黒板の漢字の意味がわからないといったことが予想された。そこで，教師の説明をできるだけ簡略にし，視覚教材を多く用いて授業の理解を促すように配慮した。また，国語の時間は特別支援教育支援員がＡ児の理解度を確認したり，わからない場合は，Ａ児の進度に合わせた支援にあたるようになった。また，体育は得意であったことから，教師はクラスの友達の前で体育のモデルとして指名することやリーダー的な役割を与えるような配慮を行った。

(3) 家庭での支援

基礎的な語彙力を高めるために，家庭での会話をするように心がけること，文章の内容（意味）が理解できるような本を毎日読んでいくことを続けていった。Ａ児が読むことに負担があるようであれば，保護者が読み聞かせを行った。ここでの本は，教科書ではなくＡ児にとって興味がある，読みたいと思う本を図書館から借りるようにして，毎日の生活の中に「読む」ことを続けていくようにした。

学校での学習も家庭でサポートするようにした。その際，国語は，段落ごとに読んで文全体および単語の意味を確認すること，漢字は，学年より下の漢字も含めて意味を理解させて書いて覚えることを丁寧に行っていった。国語だけではなく，理科，社会の教科書では，学校で学習する部分を読み（もしくは読み聞かせ），単語の意味を理解しているか，内容を理解しているか前もって予習をしておくようにした。

音読の宿題も，Ａ児の負担が重いようであれば，保護者とＡ児と交代で読んでいくなどしてその量を減らし，その代わり，文の意味理解ができているかの確認を丁寧にするように心がけてもらった。

(4) 個別支援

　大学の教育相談室では，学習の中でもＡ児が苦戦をしている漢字の読みと書字の指導を行った。心理アセスメントの結果から，形の全体をとらえるよりも部分をとらえることが得意であることが明らかになった。そこで，画数の多い漢字は，へんとつくりに分けたカードを作り，漢字の部分を意識させた。また，単に漢字を何度も視写させるのではなく，Ａ児が使える語彙となるように漢字を熟語の中で使ったものを指導した。苦手な課題であるので，ホワイトボードに熟語の穴埋めの問題を書き，漢字カードを貼ってもらうといったように，Ａ児の好きな体を動かす活動を加えた。

　また，時には，コンピュータの漢字学習ソフトを用いて，2年生時に習った漢字を復習する，熟語をつくるという活動にも取り組み，課題にも変化をもたせた。指導中は，苦手な漢字ではあるが，生き生きと楽しそうに課題に取り組んでおり，指導当初のような気持ちが進まないといった表情はなくなっている。

(5) Ａ児が変化したこと

　学校，家庭，相談室での指導や配慮により，Ａ児はさまざまな面が変化した。まずは，積極的に本を読むようになった。現在は，まだ文字が多いものは選ばないが，自分から進んで本を借りてきて，家庭で読んでいる姿がみられている。漢字を書くことにも抵抗感がなくなりつつあり，「課」という漢字を「言うを書いて，田と木」というように自分から漢字を書きやすくする方略を使いながら書くようになっている。

　授業中では，以前は手遊びが多く，教師の話を聞いていない様子がみられたＡ児であったが，さまざまな配慮を行うことにより授業の内容も理解するようになり，自分から参加できるようになった。どちらかというとクラスでは目立たない存在であったＡ児である

が，体育での活躍などで自信がつき，クラスの中でも自信をもって過ごし，クラスの友達にも A 児の存在が認められてきている。

6 そのほかの支援

　A 児のケースでは，教師も保護者もクラスの友達も A 児の長所を認めてかかわることによって，A 児の強い学習回避や問題行動は起こっていない。二次的学業不振を引き起こさない保護者や教師の予防的な取り組みが重要であることがわかる。しかし，現実には，学習障害の子どもの中には，強い学習回避，自信低下，意欲低下，投げやりな態度だけではなく，問題行動（登校しぶり，不登校，非行など）といった二次的な症状がみられることがしばしばある。このような状況が引き起こされている場合は，学習の支援のみではなく，行動面，社会面，情緒面の問題がどのようにして生じたのかについて理解をする必要がある。この場合は，本人だけではなく，家庭や学校の中での状況を検討し，環境調整を十分行い，子どもが自己肯定感や自己効力感をもてるような取り組みをどのようにしたら行えるかを考えることが第一となる。

 引用・参考文献

海津亜希子（2000）「LD 児の学力におけるつまずき要因の考察——
　　"学習領域スキル別つまずきチェックリスト"を使って」『LD（学習
　　障害）——研究と実践』8，62-82
海津亜希子・佐藤克敏・涌井恵（2005）「個別の指導計画の作成におけ
　　る課題と教師支援の検討——教師を対象とした調査結果から」『特殊

教育学研究』43, 159-171

文部科学省 (2004)「小・中学校における LD (学習障害), ADHD (注意欠陥／多動性障害), 高機能自閉症の児童生徒への教育支援体制の整備のためのガイドライン (試案)」

(https://www.mext.go.jp/a_menu/shotou/tokubetu/material/1298152.htm)

文部科学省 (2012)「通常の学級に在籍する発達障害の可能性のある特別な教育的支援を必要とする児童生徒に関する調査結果について」

(https://www.mext.go.jp/a_menu/shotou/tokubetu/material/1328729.htm)

American Psychiatric Association 編／日本精神神経学会 (日本語版用語監修) 髙橋三郎・大野裕 (監訳) 染矢俊幸・神庭重信・尾崎紀夫・三村將・村井俊哉 (訳) (2014)『DSM-5 精神疾患の診断・統計マニュアル』医学書院

第 17 章

注意欠如・多動症

「授業中，集中ができずに話を聞いていない」「考える前に行動をしてしまいがち」「興味のあることとないことでの取り組みの差が激しい」「何度教えても同じ失敗を繰り返してしまう」。このような子どもに対して叱るだけの指導や「なんでできないの！」とプレッシャーを与えるだけの対応では，問題の解決には至らない。大切なのは，注意欠如・多動症という特性を理解し，「なんでできないのかしら」と教師が自分自身に問いかけ，つまずきの原因を探しながら，特性に応じた支援方法を試みていくことである。本章では注意欠如・多動症の基本的特性と支援方法の基本を解説する。

1 注意欠如・多動症の理解

> 注意欠如・多動症の
> 定義・診断基準

注意欠如・多動症（ADHD：Attention-Deficit/Hyperactivity Disorder）は，年齢や発達に比べ注意力や集中力に欠けたり，多動性・衝動性を示したりする神経発達上の障害であり，それらの困難さによって生活面や学習面での支障をきたしやすくなる。

　文部科学省（2003）は「今後の特別支援教育の在り方について（最終報告）」で表 17-1 のように定義を示しているが，これはアメリカ精神医学会が作成した DSM-Ⅳ（精神疾患の診断・統計マニュアル第 4 版，American Psychiatric Association 編，1996）等に基づくものであり，ADHD（注意欠陥・多動性障害）の用語が用いられている。2013 年には DSM-5 が公開され，表 17-2 で示した診断基準となっている。DSM-5 を日本語訳する際の基本方針の 1 つとして用語はよりわかりやすいものとし，アルファベット病名をなるべく用いないことと示されている（日本精神神経学会精神科病名検討連絡会，2014）。DSM-5 での主な変更点としては，神経発達症（発達障害）群に位置づけられたこと，発症年齢が 7 歳以前であったも

表 17-1　文部科学省による ADHD の定義

　ADHDとは，年齢あるいは発達に不釣り合いな注意力，及び／又は衝動性，多動性を特徴とする行動の障害で，社会的な活動や学業の機能に支障をきたすものである。

　また，7 歳以前に現れ，その状態が継続し，中枢神経系に何らかの要因による機能不全があると推定される。

　（出典）文部科学省，2003。

表 17-2　DSM-5 による注意欠如・多動症の診断基準

A. （1）および／または（2）によって特徴づけられる，不注意および／または多動性─衝動性の持続的な様式で，機能または発達の妨げとなっているもの

（1）不注意：以下の症状のうち 6 つ（またはそれ以上）が少なくとも 6 カ月持続したことがあり，その程度は発達の水準に不相応で，社会的および学業的／職業的活動に直接，悪影響を及ぼすほどである。

　注：それらの症状は，単なる反抗的行動，挑戦，敵意の表れではなく，課題や指示を理解できないことでもない。青年期後期および成人（17 歳以上）では，少なくとも 5 つ以上の症状が必要である。

　(a) 学業，仕事，または他の活動中に，しばしば綿密に注意することができない，または不注意な間違いをする（例：細部を見過ごしたり，見逃してしまう，作業が不正確である）。

　(b) 課題または遊びの活動中に，しばしば注意を持続することが困難である（例：講義，会話，または長時間の読書に集中し続けることが難しい）。

　(c) 直接話しかけられたときに，しばしば聞いていないように見える（例：明らかな注意を逸らすものがない状況でさえ，心がどこか他所にあるように見える）。

　(d) しばしば指示に従えず，学業，用事，職場での義務をやり遂げることができない（例：課題を始めるがすぐに集中できなくなる，また容易に脱線する）。

　(e) 課題や活動を順序立てることがしばしば困難である（例：一連の課題を遂行することが難しい，資料や持ち物を整理しておくことが難しい，作業が乱雑でまとまりがない，時間の管理が苦手，締め切りを守れない）。

　(f) 精神的努力の持続を要する課題（例：学業や宿題，青年期後期および成人では報告書の作成，書類に漏れなく記入すること，長い文書を見直すこと）に従事することをしばしば避ける，嫌う，またはいやいや行う。

　(g) 課題や活動に必要なもの（例：学校教材，鉛筆，本，道具，財布，鍵，書類，眼鏡，携帯電話）をしばしばなくしてしまう。

　(h) しばしば外的な刺激（青年期後期および成人では，無関係な考えも含まれる）によってすぐ気が散ってしまう。

　(i) しばしば日々の活動（例：用事を足すこと，お使いをすること，青年期後期および成人では，電話を折り返しかけること，お金の支払い，会合の約束を守ること）で忘れっぽい。

（2）多動性および衝動性：以下の症状のうち 6 つ（またはそれ以上）が少なくとも 6 カ月持続したことがあり，その程度は発達の水準に不相応で，社会的および学業的／職業的活動に直接，悪影響を及ぼすほどである。

　注：それらの症状は，単なる反抗的態度，挑戦，敵意などの表れではなく，課題や指示を理解できないことでもない。青年期後期および成人（17 歳以上）では，少なくとも 5 つ以上の症状が必要である。

(a) しばしば手足をそわそわ動かしたりトントン叩いたりする。またはいすの上でもじもじする。

(b) 席についていることが求められる場面でしばしば席を離れる（例：教室，職場，その他の作業場所で，またはそこにとどまることを要求される他の場面で，自分の場所を離れる）。

(c) 不適切な状況でしばしば走り回ったり高い所へ登ったりする（注：青年または成人では，落ち着かない感じのみに限られるかもしれない）。

(d) 静かに遊んだり余暇活動につくことがしばしばできない。

(e) しばしば "じっとしていない"，またはまるで "エンジンで動かされているように" 行動する（例：レストランや会議に長時間とどまることができないかまたは不快に感じる；他の人達には，落ち着かないとか，一緒にいることが困難と感じられるかもしれない）。

(f) しばしばしゃべりすぎる。

(g) しばしば質問が終わる前に出し抜いて答え始めてしまう（例：他の人達の言葉の続きを言ってしまう；会話で自分の番を待つことができない）。

(h) しばしば自分の順番を待つことが困難である（例：列に並んでいるとき）。

(i) しばしば他人を妨害し，邪魔する（例：会話，ゲーム，または活動に干渉する；相手に聞かずにまたは許可を得ずに他人の物を使い始めるかもしれない；青年または成人では，他人のしていることに口出ししたり，横取りすることがあるかもしれない）。

B. 不注意または多動性―衝動性の症状のうちいくつかが 12 歳になる前から存在していた。

C. 不注意または多動性―衝動性の症状のうちいくつかが 2 つ以上の状況（例：家庭，学校，職場；友人や親戚といるとき；その他の活動中）において存在する。

D. これらの症状が，社会的，学業的，または職業的機能を損なわせているまたはその質を低下させているという明確な証拠がある。

E. その症状は，統合失調症，または他の精神病性障害の経過中にのみ起こるものではなく，他の精神疾患（例：気分障害，不安症，解離症，パーソナリティ障害，物質中毒または離脱）ではうまく説明されない。

（出典）American Psychiatric Association 編 , 2014。

のが12歳以前に変更されたこと，成人を対象とした診断の基準が加えられたことが挙げられる。なお，DSM-5より，自閉スペクトラム症（ASD）と注意欠如・多動症（ADHD）の両方の診断基準を満たす場合，両方の診断が与えられるべきであるとされた。また，家庭や学校など「2場面以上」で同じ症状が存在していることも診

断基準の 1 つとされる。

　WHO（世界保健機関）による ICD-11（国際疾病分類第 11 版）においても Attention deficit hyperactivity disorder として神経発達症（発達障害）群に位置づけられ，DSM-5 との多くの共通性がみられる。今後，ICD-11 の日本語訳が整う中で文部科学省が示す用語・定義等が診断基準に基づいた記述に改定されていくと考えられる。

注意欠如・多動症の基本症状

　注意欠如・多動症の基本症状としては，**不注意，多動性，衝動性**が挙げられる。
　不注意とは，**注意力と集中力に欠ける状態**であり，注意を向けるべき対象に注意が向きにくかったり，注意を一定時間持続することが難しかったりする。一方で，注意欠如・多動症の人はいわゆる過集中を示すことがあり，興味・関心のあることに没頭すると注意の切り替えの悪さを示すこともある。

　注意を向けるべき対象に注意が向けられないと，そこで必要な情報を得ることができず，結果，やるべきことがわからなくなってしまい，生活や学習に支障をきたすことになりやすい。また，注意を一定時間持続することが難しい状況は，時間的に長い活動や退屈で繰り返しが多い活動，本人の興味・関心が向かない活動であることが多く，そのような状況ではやるべきことを最後までやりとげることが難しくなる。

　多動性とは，**動きが多く，じっとしていられない状態**であり，そわそわとして落ち着きがない状態である。身体の動きとしての多動性だけでなく，おしゃべりが止まらないといった会話での症状が出ることもある。しかし，単なるおしゃべりという状態ではなく，話題があちこちに飛びやすいといった特徴がある。

　衝動性とは，**考える前に行動してしまう状態**である。後先を考え

ずに行動してしまうので，結果，周囲や本人が困ってしまう状況になってしまいがちである。すぐに報酬をほしがったり，満足を先延ばしにできなかったりするといった衝動性が現れることもある。

持続的な精神的努力を要する課題に対して取り組みが不十分であることは，周囲の人たちからは怠惰，無責任，非協力的ととらえられてしまうことがある。注意欠如・多動症の基本特性をとらえたうえでの教育・支援が求められる。

また注意欠如・多動症は技術や知識の欠如ではなく，それらの知識を用いて，計画を立てたり，系統立てて考えたりするといった，行動を管理する「実行機能」の欠如であり，新奇な刺激・場面では注意欠如・多動症の問題はあまり大きくならないとも述べられている（バークレー，2000）。つまり，学校行事や参観日の場面，新年度早々の場面などでは，いつもより活動や学習に参加できることも少なくない。

注意欠如・多動症の原因・出現率

注意欠如・多動症の基本症状の原因としては「**中枢神経系に何らかの機能障害**」が推定されており，神経伝達物質であるドーパミンやノルアドレナリンなどの受容体やそこでの再取り込みにかかわる遺伝子に異常があるのではないかという指摘もあるが，このような障害を引き起こす原因は現在の段階ではまだ解明されていない。

注意欠如・多動症の症状は，一般的にはさまざまな生物学的要因を基盤に，生活環境，養育や教育といった環境要因との関連によって現れ，とりわけ行動統制が要求される状況下においてその困難さが生じるのではないかと考えられる。

出現率としては，DSM-5によると子どもの約5％および成人の約2.5％に注意欠如・多動症が生じていることが示されている（American Psychiatric Association編，2014）。文部科学省（2012）

によれば，知的発達に遅れはないものの学習面，各行動面で著しい困難を示すとされた児童生徒の割合として，Ａ：学習面で著しい困難を示す 4.5％，Ｂ：「不注意」または「多動性－衝動性」の問題を著しく示す 3.1％，Ｃ：「対人関係やこだわり等」の問題を著しく示す 1.1％ と報告されている。また，DSM-5 によると，男女比としては女性より男性に多く，小児期で 2：1，成人期で 1.6：1 とされ，女性は男性よりも主に不注意の特徴を示す傾向があると報告されている（American Psychiatric Association 編，2014）。

注意欠如・多動症の
併存症，経過・予後
幼児期早期にみられる不注意や衝動性を注意欠如・多動症の症状として区別することは困難であり，多くの場合，症状は小学校の年齢期あたりで同定されていく（American Psychiatric Association, 2013）。

注意欠如・多動症の経過・予後に関して，宮本（2000）は，注意欠如・多動症の不注意，多動性，衝動性といった中心症状は，成長とともに自然に改善する傾向があり，大きく動き回る多動性は 8〜10 歳までにはある程度落ち着くことが多いが，常に身体が動いているような落ち着かない状態はその後も持続することがあると述べている。また，大人になっても残存しやすい症状は，不注意の症状である。それによって忘れ物をしたり，活動に集中できなかったりすることがある。予後に関しては，症状が残っても症状に対する対応策を習得することによって，社会に適応できるようになることもある。

一方で，注意欠如・多動症は周囲の理解と支援の有無によっても症状の経過に影響が出てくるといわれている。幼い頃からの失敗経験や注意・叱責体験のみが繰り返されてしまうことによって，本人の気持ちの中に反発心が大きくなってしまい，併存障害が生じるこ

とがある。反抗挑発症は、不注意と多動性・衝動性が混合して存在する注意欠如・多動症の子どもの約半数、不注意が優勢に存在する注意欠如・多動症の子どもの約4分の1に併発しており、素行症は年齢や状況にもよるが、不注意と多動性・衝動性が混合して存在する子どもまたは青年の約4分の1に併発している（American Psychiatric Association 編，2014）という指摘もある。しかし、素行症等の原因がすべて注意欠如・多動症ではなく、また注意欠如・多動症が必ずしも素行症等を示していくわけではないことには留意しておく必要がある。そして、支援にあたっては、「診断名」に対して支援をするのではなく、その人が抱える困難さの1つひとつに対して、原因を見極めながら支援していくことが大切である。

2 注意欠如・多動症への治療・教育的支援

> 注意欠如・多動症への
> 医学的対応

注意欠如・多動症に対しては**薬物治療**による効果があることが知られており、現在、メチルフェニデート徐放錠（コンサータ®）、アトモキセチン（ストラテラ®）、グアンファシン徐放錠（インチュニブ®）、リスデキサンフェタミンメシル酸塩（ビバンセ®）の4種類が使用できる。

「コンサータ®」（薬剤名）はメチルフェニデートを主成分とする徐放錠である。注意欠如・多動症治療薬の中では中枢刺激薬という分類となる。徐放錠とは、成分が錠剤からゆっくりと放出される薬のことで、メチルフェニデート徐放錠の場合、効果はおよそ12時間続く。そのため、薬への依存・乱用例は少ないといわれる。「ストラテラ®」（薬剤名）として処方されるアトモキセチンは、選択的

なノルアドレナリントランスポーターの阻害薬であり，前頭前野のノルアドレナリン，ドーパミンの濃度を高めることで前頭前野の機能を高める。アトモキセチンは報酬系に作用せず，非中枢刺激薬に分類され，効果の発現が4週間から8週間とやや時間がかかる。「インチュニブ®」（薬剤名）として処方されるグアンファシン徐放錠は，効果が半日間持続する。前頭前野のノルアドレナリンα2A受容体という部位を刺激することで，脳内の情報を伝達するシグナル伝達を増強すると考えられている。非中枢刺激薬に属する。「ビバンセ®」（薬剤名）は2019年12月に発売された小児注意欠如・多動症患者（6歳以上18歳未満）への薬である。リスデキサンフェタミンメシル酸塩ドーパミン／ノルアドレナリン遊離促進・再取り込み阻害薬であり，「コンサータ®」に続く中枢刺激薬である。

それぞれの薬剤は，効果が出現するまでの時間や効果の強さ，効果の持続時間や副作用などが異なっており，患者の状況や薬物への反応性に応じて使い分けられる。

薬物療法によって注意欠如・多動症の症状の改善がみられるようになることは指摘されているが，薬物療法によってすべての注意欠如・多動症の子どもの症状が改善されるわけではなく，また，障害そのものが完治するわけではない。大切なのは薬物療法によって**症状の改善**がみられている間に，**生活習慣**を整えることであり，教育的支援や家庭での支援を同時並行させていくことが重要であると多くの医師たちが述べている（たとえば，原，2003など）。

注意欠如・多動症への教育的支援

(1) 注意欠如・多動症の人におけるルールの守りにくさ

注意欠如・多動症の人は基本症状として抱える不注意，多動性，衝動性によって，注意を向けるべき対象に注意が向けられず，そこで必要な情報を得ることができず，やるべき

ことがわからなくなってしまうことがある。また，時間的に長い活動や退屈で繰り返しが多い活動，本人の興味・関心が向かない活動である状況では，注意を一定時間持続することができず，やるべきことを最後までやりとげることが難しくなる。結果として，注意欠如・多動症の人は学習や集団生活においてルールが守れないことが多くなってしまう。

　ルールが守れない理由を考えてみると，大きくは2つのタイプに分けることができるのではないかと思われる。1つは「ルールがわからなくて守れない」タイプで，もう1つとしては「わかってはいるけど守れない」タイプである。

　バークレー（2000）が述べているように，注意欠如・多動症の困難さは技術や知識の欠如ではなく，それら知識を用いて，計画を立てたり，系統立てて考えたりするといった，行動を管理する「実行機能」の欠如であるため，注意欠如・多動症の人のルールの守れなさを考えた場合，「**わかってはいるけど守れない**」タイプとしてとらえることができると考える。

　つまり，「何をすべきか」「何をしてはいけないのか」がわかってはいるが，いざ，そのような場面になったときには守るべきルールが意識からなくなってしまい，いつも同じような失敗を繰り返してしまうと考えられる。

⑵　注意欠如・多動症の人への支援の基本

　このようにルールが「わかってはいるけど守れない」ことが多い注意欠如・多動症の人への支援の基本としては，「何をすべきかを事前に明確に提示し，本人の集中力に合った活動量と時間において，達成感を積み上げさせる」ことである。

　そのためには，①守るべきルールを事前に思い出させる，②始まりと終わりを明確に提示する，③行動の契約を結ぶ，④上手な交換

条件を結ぶ，などの支援が必要である。

　①**守るべきルールを事前に思い出させる**　　行動を起こす前に守るべきルールを忘れていないかどうかを確認することが重要である。その際，「できるよね？」などの声かけではなく，本人の**注意**をこちらに向けさせたうえで，具体的に「何をすべきか」「何をしてはならないのか」を子どもに伝えて，行動する前に**ルールを思い返すきっかけ**を与えることが望ましい。そして，ルールを守る意識が持続するように，ルールが守れたか守れなかったかを子どもが活動した後に確認することを，少し多めに行う必要がある。

　時として注意欠如・多動症の人は，こちらが事前に思い出させる前に行動を起こしてしまうことがある。しかし，本人との付き合いを深めていく中で，ある程度，本人の行動について予測がつくようになることがある。そのように予測がついたときにまずルールを思い返すきっかけを与えることから始めるのがポイントである。

　②**始まりと終わりを明確に提示する**　　何をすべきかをわかりやすく伝えることを前提として，そのうえで大切なのが，やるべきことの始まりと終わりを明確に伝えることである。

　「では，始め！」「はい，どうぞ」といった一言ではあるが，この一言が活動を始めるきっかけとなり，本人を活動へと向かわせることができる。仮に，教師からの指示を聞き逃してしまっても「はい，どうぞ」の一言で「何かしなきゃ」という気持ちになることもある。

　一方で，活動にすぐに飽きてしまったり，なかなか活動に気持ちを向けることができなかったりする子どもに対しては，その**活動に取り組む時間と量**を事前に伝えることが必要である。つまり，その活動が「いつ終わるのか」という時間的ゴールや「どのくらいの量か」という活動的ゴールを事前に伝えることで活動への見通しをもたせ，持続的な活動を促すことが大切である。

Episode ① ゴールを本人の集中力に合わせて明確に示す

　小学３年生のＡ君はめんどうくさいと思ったことに対しては，集中力を持続することができず，なかなか学習や活動に参加できなくなってしまう。漢字練習ではいつもやる気がなくなってしまい，雑な文字で早く終わりにしようとしたり，途中でやめてしまったりする。そこで担任教師は「Ａ君，漢字練習する時は，本当は１行全部書いてもらいたいけど，丁寧に書けば１文字だけでいいよ」と伝えた。するとＡ君はすぐさま漢字練習にとりかかり，１文字ずつを丁寧に書き上げ「先生！できたぞ！」と本人も満足そうに報告した。完璧を目標として「できない」を積み上げるより，できる目標から「できた」を積み上げることがまずは大切と思われる。

　また，全体の活動量が多かったり，時間が長かったりする場合には，一度に全部の活動をやるように指示するのではなく，「まずはここだけやって」と本人の集中力に合わせて活動量を制限したり，時間や活動量の全体を何回かに分けて取り組ませることが有効なことがある。

　③行動の契約を結ぶ　　注意欠如・多動症の人と「何をすべきか」「何をしてはならないか」の約束を結んでいくことは重要であるが，「その約束が守れた場合にはどのような結果が返ってくるのか」までを含めて約束をしていくことが行動の契約を結ぶことである。

　「○○したら△△できる」と後述する「交換条件」のように行動の契約を結んでいく方法もあるが，図17-1のように「ポイントゲット表」を作成する方法もある。このようなポイントゲット表では，まず本人が達成できる目標を具体的に設定することが重要である。具体的というのは，本人も支援者もその目標ができたかどうかを評

図17-1　ポイントゲット表

○○くんのポイントゲット

とうこう・あさのかい

◇カバンをしまう・・・・・・・・・・・・・2ポイント
◇みんなといっしょにあいさつ・・・・・3ポイント

じゅぎょう

◇みんなといっしょにあいさつ・・・・・3ポイント
◇ふでばこのじゅんび・・・・・・・・・・・2ポイント
◇ノートのじゅんび・・・・・・・・・・・・2ポイント
◇きょうかしょのじゅんび・・・・・・・・2ポイント
◇きょうしつで1じかんべんきょう・・・5ポイント
◇ほけんしつでべんきょう・・・・・・・・1ポイント

きゅうしょく

◇じぶんでじゅんび・・・・・・・・・・・・3ポイント
◇かたづける・・・・・・・・・・・・・・・3ポイント

そうじ

◇そうじをする・・・・・・・・・・・・・・5ポイント

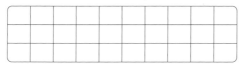

10ポイントゲットで，きゅうしょくおかわり！
20ポイントゲットで，パソコン20ぷんかん！
30ポイントゲットで，パソコン30ぷんかん！

価しやすいということである。そのためには，「いつ，どのように
すればよいか」が目標の中に記述されることが望ましい。目標のレ
ベルに応じてポイントの重みづけを行ってもよい。そして目標が達
成されたならば，どのような結果が返ってくるかを表の中に表記す
ることが望ましい。

　④上手な交換条件を結ぶ　　勝手に何かをやり始めてしまったり，

または勝手にやめてしまったりするなど，集団でのルールを守ることができない子どもに対しては，やりたいこと，やりたくないことを他者に伝えるようにさせることが大切である。

本人の思いを言葉にさせることが「勝手にルールを無視する」ことを防ぐ第一歩である。つまり，本人がやりたいことを他者に伝え，**交換条件**を結べるように導いていくのである。

はじめのうちは，子どもがすでに何かを勝手にやり始めたり，やめてしまったりした後からでもかまわないので「何をしたいか（何をしたくないか）」を尋ね，他者に伝えることを学ばせることが必要である。

そのうえで，本人の要求を上手に引き出し，とらえながら交換条件を提示することによって，徐々にこちらのペースやルールで活動させるのである。「○○したいならば，まず△△をしてからね」「○○したくないならば，とりあえず，ここだけやってからおしまいにして」などとまずは本人の気持ちを受けとめ，そのうえでこちらのルールや約束を提示するのである。

この際，できるだけ**ポジティブな交換条件**が望ましい。「○○しないと△△できない」といったネガティブな交換条件だと，その子どもとかかわる機会においてネガティブな状況が増えてしまう。

(3) 叱り方・二次的障害の防ぎ方

一方で，子どもが望ましくない行動，特に子ども本人や周囲の人が危険な状況になってしまう行動に対しては，決して「何しているの！」「なんでそんなことをするの！」といった叱り方ではなく，毅然と「○○はやってはいけません」と具体的に**やってはいけない行動**を伝えることが必要である。あわせて，「何をしたいの？」と本人の気持ちを確認することが必要である。発達障害のある子どもたちはわざと望ましくない行動をするというよりは，何かやりたい

ことがあるが，そのやり方がふさわしくないことが多い。したがって，本人のやりたいことを確認することができれば，そのやり方を教えることができ，適切な行動へと導くことが可能になる。

二次的な障害を防ぐためには，まず，①結果だけでなく，本人の頑張りをほめる。ほめるタイミングを逃さないためにも，子どもの目標を常に頭に入れておく。②ほめることができる場面を設定する。③みんなの前でほめる。しかし，叱るときはできるだけ個別的に叱る。④本人の苦手なことには，本人から援助を求められるように指導すると同時に，適切な援助をする，などの支援が大切である。

Episode ②　上手な交換条件

　小学1年生のB君は，授業中，少しでも「やりたくない」「わからない」と思ってしまうと，離席することがある。最近は「座りなさい」と指示しても机に戻らないことが増えてきた。そこで，担任教師は方法を少し変えることにした。離席をして教室の後ろにいたB君のそばに行って，担任教師はポケットからあるキャラクターのシールをチラッと見せた。するとB君は「見せて！見せて！」と要求。すかさず担任教師は「見たいんなら，席着いて問題1つやってよ！」。B君はすぐさま机に戻って問題をやり始めた。

　本人の「〇〇したい」という要求を上手に引き出したり，とらえたりしながら，こちらの条件を提示し交換条件を結び，少しずつこちらのペースで活動させることが重要である。

注意欠如・多動症への組織的な支援に向けて

注意欠如・多動症の子どもに限らず，何らかの配慮を必要とする子どもへの支援にあたっては，担任教師だけが1人で抱え込んで対応するのではなく，学校全体としての**支援体制**を構築したうえで対応することが必要である。その際，本人への支援方法・かかわ

り方を統一することが望ましい。

　時には，保護者との連携をとりながら，必要に応じて医療機関や療育機関へつなげることが必要となる場合もある。その際，保護者に子どもの症状を理解してもらうことが必要となるが，いたずらに「注意欠如・多動症」の診断名を出すことは望ましくない。診断はあくまでも医師によってなされるべきである。

　医師以外の支援者が保護者らと連携をとりながら子どもの症状の理解，望ましい支援の方向性を確立するためには，何よりも日頃の状態を「良いことも悪いことも」含めて保護者に報告することである。とかく何かトラブルが生じたときにのみ保護者に報告することが多くなりがちであるが，トラブルのみが報告されては保護者も子どもの症状をとらえようという気持ちにはなりにくくなってしまう。大切なのは，普段から，本人が頑張ったことも含めて報告することである。特に，どのような支援をすればうまくできるかを報告して学校と家庭での支援方法を共通化したり，トラブルに対しては何が原因でトラブルになってしまい，今後，どのように支援するかの方向性を伝えたりすることを通して，保護者との連携を図っていくことが重要である。

 引用・参考文献

齊藤万比古（1999）「反抗挑戦性障害」『精神科治療学』14(2)，153-159。

杉山登志郎（2006）「子ども虐待と発達障害——第4の発達障害としての子ども虐待」『小児の精神と神経』46(1)，7-17

日本精神神経学会　精神科病名検討連絡会（2014）「DSM-5病名・用語翻訳ガイドライン（初版）」『精神神経学雑誌』116(6)，429-457

バークレー，R.A.／海輪由香子訳／山田寛監修（2000）『バークレー先生のADHDのすべて』ヴォイス

原仁 (2003)「ADHD——中枢刺激剤の効果と限界」杉山登志郎・原仁『特別支援教育のための精神・神経医学』学習研究社

宮本信也 (2000)「通常学級にいる軽度発達障害児への理解と対応——注意欠陥多動障害・学習障害・知的障害」『発達障害研究』21 (4), 262-269

文部科学省 (2003)「今後の特別支援教育の在り方について (最終報告)」

文部科学省 (2012)「通常の学級に在籍する発達障害の可能性のある特別な教育的支援を必要とする児童生徒に関する調査結果について」https://www.mext.go.jp/a_menu/shotou/tokubetu/material/1328729.htm (2020 年 5 月 5 日閲覧)

American Psychiatric Association 編／髙橋三郎・大野裕・染矢俊幸訳 (1996)『DSM-IV 精神疾患の診断・統計マニュアル』医学書院

American Psychiatric Association 編／髙橋三郎・大野裕・染矢俊幸訳 (2004)『DSM-IV-TR 精神疾患の診断・統計マニュアル (新訂版)』医学書院

American Psychiatric Association 編／日本精神神経学会 (日本語版用語監修) 髙橋三郎・大野裕 (監訳) 染矢俊幸・神庭重信・尾崎紀夫・三村將・村井俊哉 (訳) (2014)『DSM-5 精神疾患の診断・統計マニュアル』医学書院

World Health Organization (1992) *The ICD-10 Classification of Mental and Behavioral Disorders: Clinical Descriptions and Diagnostic Guidelines*, World Health Organization. (融道男・中根允文・小見山実・岡崎祐士・大久保善朗監訳〔2005〕『ICD-10 精神および行動の障害——臨床記述と診断ガイドライン (新訂版)』医学書院)

World Health Organization (2019) *The ICD-11 International Statistical Classification of Diseases and Related Health Problems*. (https://icd.who.int/en/)

第**18**章　自閉スペクトラム症

　　勉強は特に問題はない，クラスで問題を起
こすわけでもない，だけどなんとなく友達と
うまくいかなかったりクラスの中で浮いてし
まったり……。近年，発達障害という言葉が
学校でもよく聞かれるようになった。本章で
は，発達障害の一種である自閉スペクトラム
症について紹介する。自閉スペクトラム症の
子どもたちは，自分がほかの友達とちょっと
違っていることをよく自覚している。本章が
そんな自閉スペクトラム症の子どもたちの悩
みを理解する一助になることを願っている。

1 自閉スペクトラム症を含む発達障害について

　2004 年に制定された**発達障害者支援法**や 06 年の学校教育法改正,
07 年度から始まった特別支援教育などによって,**高機能自閉症**や**ア
スペルガー障害（症候群）**という言葉が教育現場でも頻繁に聞かれ
るようになった。発達障害という範疇に含まれるこれらの障害は,
外見的に障害のあることが周囲には理解されにくく,また診断も簡
単ではない,という特徴をもっている。また,発達障害者支援法制
定までは,これらの発達障害は日本では障害として認められておら
ず,ちょっと変な人,人付き合いの苦手な変わった人,などのよう
に性格や人間性の問題と誤解されていることも多かった。

　また,表記上も高機能自閉症,自閉症スペクトラム,広汎性発達
障害,アスペルガー障害,自閉性障害などがあり,それぞれの厳密
な意味を区別することなく使用されている例も少なくなかった。ア
スペルガー障害や自閉性障害,広汎性発達障害は医療現場で使用さ
れる名称であり,アスペルガー障害や自閉性障害は広汎性発達障害
に含まれるものである。高機能自閉症や自閉症スペクトラムなどは
教育や福祉の現場でよく用いられており,自閉症スペクトラムは自
閉性障害の障害の程度の多様性を意味するものである。高機能自閉
症とアスペルガー障害については,「臨床的に区別するべき」とい
う考え方と,「ほぼ同義語であり実際の対応に重要な意味はないの
で区別しない」という考え方がある。本章では,特に明記しない限
り,DSM-5 の診断基準に基づき高機能自閉症やアスペルガー障害
を包含した自閉スペクトラム症（ASD：Autism Spectrum Disor-
der）という表記を用いることとする。

文部科学省が 2004 年に出したガイドライ
ンによると，「高機能自閉症とは，3 歳位
までに現れ，他人との社会的関係の形成の
困難さ，言葉の発達の遅れ，興味や関心が狭く特定のものにこだわ
ることを特徴とする行動の障害である自閉症のうち，知的発達の遅
れを伴わないものをいう。また，中枢神経系に何らかの要因による
機能不全があると推定される」（文部科学省，2004）と記されている。
知的障害を伴わない自閉症という意味であり，自閉症の主要な症状
である対人関係を構築できない等の社会性の障害や他者との意思交
流のために言語や非言語を使えないコミュニケーションの障害，想
像力や柔軟な思考の障害をもっているとされている。また，DSM-
Ⅳ-TR では，アスペルガー障害は知的障害を伴わない自閉症で，
臨床的に著しい言語の遅れがないもの，とされていた（American
Psychiatric Association 編，2004）。しかし，アスペルガー障害のあ
る人は，言語を流暢に使いこなすものの言語学でいうところの語用
論の障害，つまり文脈を理解して実際に話された言葉に含まれる意
味を理解すること等が難しく，高機能自閉症と臨床的には同一とみ
なされる。DSM-5 では，高機能自閉症や自閉性障害，アスペルガ
ー障害といった呼称を自閉スペクトラム症に統一している。アスペ
ルガー障害がなくなるのではないか，と親の会や当事者から危惧の
声も上がったが，DSM-Ⅳ-TR でアスペルガー障害や自閉性障害，
広汎性発達障害などと診断された人は，DSM-5 でも自閉スペクト
ラム症と診断されるべき，とされている。

カナーとアスペルガー

高機能自閉症とは，自閉症のある人のうち
で知的障害の伴わないものを指すが，この
自閉症という概念は，1943 年にアメリカの精神科医カナー（L.
Kanner）が明らかにした。カナーはアメリカの精神医学雑誌に 11

人の早期幼児自閉症と名づけた症例を報告した。この11の症例とその理解は，現代でも通用する自閉症概念であり，以後の自閉症研究の出発点となるものであった。これよりカナーは自閉症研究の先駆者といわれている。カナーに遅れること1年，1944年にはアスペルガー（H. Asperger）がドイツの精神医学雑誌に，今日でいうアスペルガー障害の症例を報告した。このアスペルガーの論文は，当時ドイツが第2次世界大戦の敗戦国であったこともあり，ほとんど脚光を浴びることはなかった。後年，イギリスのウィング（L. Wing）により再評価がなされ，カナーとアスペルガーの報告例に連続性が認められることから，**自閉症スペクトラム概念**が提唱されるようになった。アスペルガーは，論文の投稿先がドイツであったことから，敗戦国の事情で掲載が遅れたため，1944年の発表となったが，実際は自分の投稿のほうが早く，自閉症発見の第一人者は自分であると主張していた。

| 診　断 | 自閉スペクトラム症の最終的な診断については，子ども病院や発達外来などで経験の |

ある児童精神科医によりなされるべきものである。精神医学的な臨床診断だけではなく中枢神経系の検査（EEGやMRI）や尿検査，血液検査，視力や聴覚検査，さらには染色体検査などまで必要になる場合も少なくない。最終的には医師の診断に委ねなければならないが，学校現場において最終診断に至る前段階の臨床診断ができる判定方法がいくつか開発されているので紹介しておく。代表的なものとしてCARS 2（Childhood Autism Rating Scale, 2nd ed. : 小児自閉症評定尺度，第2版）がある。2歳以上を対象とし，行動観察と保護者等からの情報を総合して判断するようになっている。およそ20分という短時間で判断できることや特別な用具を必要としないことから利便性に優れている。対象児の，年齢やIQ，コミュニ

ケーション能力などから，標準版か高機能版の評定用紙を選択することができる。保護者用の質問用紙も参考にしながら，合計得点の算出により自閉スペクトラム症の重症度がわかるようになっている。また，PARS-TR（Parent-interview ASD Rating Scale-Text Revision：親面接式自閉スペクトラム症評定尺度テキスト，改訂版）も，3歳以上を対象とし，57項目について保護者等に評定してもらい，自閉スペクトラム症の可能性や重症度を把握することができるようになっている。評定項目としては，①対人関係に関するもの，②コミュニケーション能力に関するもの，③こだわり行動に関するもの，④常同行動に関するもの，⑤適応困難特性に関するもの，⑥感覚の過敏性に関する6領域にわたっている。CARS 2，PARS-TRともに，比較的廉価で買い求めることができ，確定診断の前の自閉スペクトラム症特性の把握に適している。また，いずれも最終診断に至る前提診断であり，これらの診断評価をもとに専門医師の診察を受けることになる。

そのほかには，ウィングらの作成したDISCO（Diagnostic Interview for Social and Communication Disorders：社会性・コミュニケーション障害診断法）やラター（M. L. Rutter）によるADI-R（Autism Diagnostic Interview, Revised：自閉症診断面接法，改訂版）などがある。

2 障害特性

対人関係を構築する困難さ

自閉スペクトラム症の子どもは，周囲には変わった人とか自己中心的，1人でいることを好む，対人関係を上手に築くことがで

きない，などの印象を与えていることが多い。これらの対人関係上の困難さは社会性の障害と考えられており，人の気持ちを理解したり適切に反応することができなかったり，人と一緒に感じたり行動する能力に欠けるというようなふるまいとして現れる。友達関係においては，ゲームや役割行動などで仲間と対等な関係で遊ぶことが難しく，集団に加わることができなかったりするときにはいじめの対象になることも少なくない。これは，単に対人関係における人間関係構築の能力に障害があるだけではなく，社会性の問題として，対人関係を構築するスキルを獲得していないことが原因であると思われる。つまり，一般には幼少時からの友達との交流を通じて経験上対人関係におけるルールやスキルを学び身につけて成長していくが，自閉スペクトラム症のある子どもは知的な障害がないにもかかわらず，これらの経験値を積み上げていき，みずからのスキルとすることが困難なのである。

　この対人関係構築のためのスキル未獲得は，友情を恋愛感情と勘違いしたり，逆に明らかに悪意をもっている他者を見破れないなどの要因にもなっている。ボランティアの女子学生が親切にしてくれたことに対してそれを女子学生の好意と勘違いするケースや，いじめのケースによくみられる「ぱしり（使い走り）」や窃盗などの強要をいじめる側の悪意と理解できなかったりする場合などがそうである。

　また，人の表情からその人の感情や気持ちを読み取ることも苦手とされているが，まったく他者の感情が読み取れないわけではない。この場合の感情や気持ちは喜怒哀楽などではなく，その場面や状況・前後関係などから総合的に情報を収集して判断する他者の心情のことであり，**社会的文脈**を読み取る能力に依拠している。つまり，単に他者の気持ちが読み取れないのではなく，他者の立場や視点を

推測し，他者がおかれている状況などを前後のコンテキストから判断することに困難があるのである。いわゆる心の理論（次項参照）の障害と深く関係しており，他者のおかれている状況が理解できないがゆえに，結果的にその場の雰囲気にそぐわないような言動をすることがある。相手の反応をみながら自分の行動をモニターしてチェックする**セルフモニタリング**や，モニタリングに基づいて相手の反応にふさわしい反応を行う**セルフプレゼンテーション**能力の欠如でもある。

心 の 理 論

心の理論については多くの著作があるが，田実（2006）によれば，バロン-コーエン（S. Baron-Cohen）やフリス（U. Frith）らが，心の理論障害説を提唱したとしている。認知理論の考え方で，人が言葉や動作などで表す自分の心の状態を表象というが，具体性に富む**一次的表象**と抽象的な**二次的表象**（目的・意図・知識・信念・思考・疑念・推測・ふり・好みなど）のうち，自閉スペクトラム症のある子どもは，一次的表象は理解できるが自己や他者の二次的表象を理解することが難しい。それゆえに他者の心に関する理論が正常に発達していない，つまり二次的表象の認知（自己や他者が考えることについて考えるという**メタ認知**）メカニズムの障害が自閉スペクトラム症の社会性障害の原因であると説明しようとする考え方である。

コミュニケーションの弱さ

言語，非言語を問わず，コミュニケーション行動の弱さは自閉スペクトラム症のある子どもにとって，対人関係構築の障害と同様，広義の社会性の障害である。つまり，言語や非言語をコミュニケーションの手段や相互行動のために効率的に用いることができない弱さであり，その弱さはこれらの行動スキルを経験したり学んだりする社会経験の蓄積と活用に問題があるためと考えられている。

具体的な特性を以下に述べることとする。

　自閉スペクトラム症の言語コミュニケーションの特徴として，言語学でいう「**語用論（pragmatics）**」の障害がある。「語用論」とは，「音声論（phonology）」「意味論（semantics）」「統語論（syntax）」と並んで，表出言語についてその意味的側面を表しており，主に言語運用能力を意味している。「意味論」が言葉の文字通りの意味を研究するのに対して，「語用論」は，意味論のように言葉と意味の1対1対応の考え方ではなく，言外の意味や会話に含まれている意味をその会話が用いられた状況・コンテクスト（文脈・前後関係）によって判断する研究である。たとえば，教室でよくみられる教師の声かけに「今から黒板に大切なことを書きますから，ノートを開いて前を向きなさい」という指示がある。この場合，教師が子どもに要求している内容は「ノートを開いて前を向きなさい」だけではなく「ノートを開いて前の黒板を見て書いた内容をノートに写しなさい」である。言語は省略の文化であり，できるだけ少ない発語で多くの意味内容をもたせようとするが，そのためには自明の内容はできるだけ省略する，もしくはすべてを言語化せず限定した表現をしたり1つの表現で複数の意味をもたせることが多く，それゆえ語用論は研究分野として成立している。この教師の発言では，「ノートを開くこと」は「書くこと」という自明の内容を含んでおり，さらに「前を向く」という表現には黒板を見るという自明のかつ異なる意味も包含している。発達障害のない子どもに対する指示であるならば，このような省略された内容や同時に異なる内容を指し示している指示であっても，語用論の能力を駆使して（無意識に！）瞬時に教師が伝えたかった内容を理解してしまう。しかし，自閉スペクトラム症のある子どもの場合は語用論の障害があるので，意味論的に**文字通りの字義理解**をしてしまい，本来教師が伝えたかった

「黒板を見て書いた内容をノートに写しなさい」という指示は理解されずじまいになってしまう。その結果，教師は「この子は言うことを聞いていない」あるいは「言うことが通じない」と感じてしまうことになる。そのほかにも，親しみのこもったからかい半分の冗談を言葉に添えられた親愛の情と理解できずにそのまま受け取ってしまうことや，「どう思う？」などのように質問の背景状況や文脈を総合的に理解していないと答えられないような抽象的な問いかけに対する理解が難しい。

　これらは語用論の障害によって言語の理解面で言語コミュニケーションの障害がみられる例であるが，表出面においても語用論の障害による言語コミュニケーションの障害がみられる。たとえば**プロソディ**といわれる話し言葉全体の流れ，いわゆる声のトーンや抑揚，アクセント，リズム，メロディなどであるが，正しい言葉を使っているにもかかわらずこのプロソディがコンテクストに合致していないために聞き手に違和感を感じさせる話し方をする場合がある。本来疑問文だと語尾が上昇するアクセントで話す（例：今日は朝ご飯食べた？）が，同じように相手に尋ねている場面であるのにもかかわらず平叙文のような抑揚で話す（例：今日は朝ご飯食べた）場合や平坦なアクセントでの紋切り調言葉などがそうである。あるいは，教科書のような正しい日本語は話すが，若者らしいちょっとくだけた表現や流行語を巧みに交えて話すことが難しい場合もあり，いつも堅い表現や話し方になる。これらは日本語として文法が間違っているわけではなく内容も正しいのに，語用論の障害から状況や話し相手の違いなどに合わせた最も適切な表現や言葉を選択して使うことが難しいためであり，その結果どこか奇妙な印象を与える話し言葉となっている場合が多い。そのほかにも，自分の気持ちや感情，痛みなどの表現が十分に相手に伝わるように適切にできなかったり，

場面を理解しない不適切なユーモアなども特徴的である。

　コミュニケーションとしての言語行動からみてみると，言語・非言語を問わず，相互行動の不成立は往々にして目立つようである。通常であれば，田実（2006）が指摘しているように，会話という言語相互行動が成立するためにはいくつかのステップが必要とされているが，自閉スペクトラム症のある子どもの場合，それらのステップをふまえずにいきなり話し始めたり，相手が嫌悪感を示しているにもかかわらず自分の話したいことを話し始めることがある。さらには，このような言語行動が繰り返し行われると反復的で強迫的な言語となり，通常の相互にやりとりする言語行動であるコミュニケーション行動から大きく逸脱することになってしまう。

| 認知の独自性 |

自閉スペクトラム症のある子どもたちは，一種独特な認知能力をもっている，といわれている。まずよく指摘されていることは**知識の統合化**といわれている問題である。自分や周囲の人たちの経験したことを新規な場面においてその場面にふさわしいような行動として適用したり，応用して自分の行動を調整する能力を知識の統合化という。自閉スペクトラム症のある子どもたちは，はじめて経験する事柄や事象であっても，自分の過去の経験や他者から見聞きした経験のうち最も望ましい経験を記憶から引き出してきて対応したり，臨機応変にそれらの経験を統合して新たな自分の言動をつくり出したりする知識の統合化を苦手としている。これは思考の柔軟性とも関連があり，経験値の積み上げによる臨機応変な対応ができないがゆえに，予期せぬ変化があったときや失敗した後などの対応に苦慮することとなる。

　ほかにも言語能力との関連で，自分の言葉が周囲に与える影響を理解できないことや，**抽象的理解の困難さ**も挙げられている。心の理論でいう誤信念課題（他者が自分とは異なる感情や考え方，表象な

どをもつということを理解する能力）にみられるように，自閉スペクトラム症の子どもは場の雰囲気を読めないことが多い。社会的常識の発達とも関連してくるが，無神経な発言やデリカシー，配慮に欠けた（しかし事実を示している）言動をとることがある。たとえば，身体的特徴などで低身長で悩んでいる男の子に「背が低いね」と正面切って堂々と悪びれずに言ってみたり，同じように肥満傾向の女の子に「君，太ってるね」などと無神経に言ってしまうことがある。小学校の低学年くらいまでなら許される言動であるかもしれないが，高学年から中学，高校になってくると，このような相手の心情を顧みない発言はトラブルのもとになってしまう。自閉スペクトラム症の子どもが成長するにつれ，問題が顕在化してくる1つの所以である。あるいは，言語理解との関連でやんわりした否定語の理解が困難な場合もある。私たちは人に用事を頼んだとき，相手が忙しそうにしていて「またあとでね」とか「今度ね」と対応されると，これは断りの表現に近いかまったく断られているか，と理解するであろう。しかし，自閉スペクトラム症の子どもたちは「あとってどれくらい？」とか「今度って明日？」などと聞いてしまう。

　想像力については，想像力そのものは大変豊かな世界を有している場合が多いように思われるが，遊びの場面で自分のその想像の世界を他者と共有する，つまり**想像的な遊び**を一緒に楽しむことができなかったり，逆に他者の想像的な遊びに入っていけないこともある。これは読書の嗜好にも反映しており，自閉スペクトラム症の子どもたちが好む本の内容は知識を得やすい図鑑や事典，クイズ集，などがほとんどであり，小説などのフィクションや想像的なストーリーには関心を示さないことが多い。

　一方で，非常に**特異的な記憶力**をもっている自閉スペクトラム症の例も多い。特に長期記憶といわれているずっと以前の記憶であり，

誰も覚えていないようなことを細部まで覚えていたり，0歳の乳幼児期のことを覚えていて周囲を驚かせることがある。これは，記憶容量がとてつもなく大きくて普通なら覚えていないようなことを覚えている，と考えるよりも，自分の興味や関心の範囲がかなり限局化していてその範囲内での出来事に対してはよく覚えている場合や，視覚イメージで写真のように直観的に記憶することが得意な場合であると考えられている。また，青年期になって過去の出来事，それも嫌な出来事を脈絡もなく**フラッシュバック**のように思い起こしてパニックに陥ったり，過去の出来事の記憶に強迫的にこだわり「あのときはどうして……だったのか」などといつまでも思い悩んだり周囲に文句を言うようなケースもある。

行動上問題となりがちな特性

自閉スペクトラム症の子どもたちのほとんどに**強迫的なこだわり行動**や**反復行動**，融通の効かなさなどの行動特徴がみられる。たとえば，対象となるものはさまざまであるが，自分の興味や関心があるものに対して，そのものを収集するだけでなく関係のある情報やデータまでも集めることがあり，特異的な情報量を記憶していることもある。自閉スペクトラム症のある青年を主人公にした映画『レインマン』で，主人公が飛行機に乗ることを嫌がり，過去の飛行機墜落事故についてその詳細（日付，機種，航空会社，路線など）を延々と語る場面などはその象徴である。また，ルールへの固執や段取り・手順の固定化という面もみられ，社会のルールや規則を一度身につけると頑固にそれを守り続けて，一般的にこれくらいはいいじゃないのという社会通念などは通用しない。段取りや手順も，自分で決めた儀式的といってよい行動上の制約をもっており，環境や場面が変わってもそれにこだわり，いつも通りに行おうとする。このようなこだわりは，周囲からすれば堅苦しく大変なことのよう

Episode こだわることにこだわる？

　A君は，教室に入る際に右足で一歩踏み出した後，その右足を引いて元に戻し，次に左足で同じような行動をしてから右足から教室に入る，という儀式的なこだわり行動をもっていた。あるとき，筆者と話に興じていて，筆者も意図的にいつもより話を熱心に聞いていたところ，A君は教室に入る際のいつもの儀式的なこだわり行動をせずに教室に入り自分の席に座ったことがあった。筆者はそのことに気づいていたが，何も言わずにいたが（心の中では驚きつつ），授業が始まる直前にA君はふっと思い出したように，教室から一度外へ出て再度入室の儀式的行為を行った。この様子から，A君はこだわり行動に儀式的にこだわっているというよりも，こだわり行動を行うことにこだわっているのではないかと考えるようになった。事実，A君は学年が進むにつれ，入室の際の儀式的行為へのこだわりは薄れていき，別のこだわり行動が出現するようになった。

　こだわり行動は，ときに周囲には迷惑な行動となることもあるが，自閉スペクトラム症のある子どもたちには，こだわり行動にこだわることで精神的な安定を得ているという側面がある。拙速にこだわり行動を消去しようとせず，こだわり行動のメカニズムへの理解を心がけることが大切なのではないだろうか。

に思われることもしばしばであるが，本人にはむしろこのようなこだわりや儀式的行為，反復行為などを日常と変わりなく行うことで精神的な安定を得ているのである。実際，周囲がこのような行動に介入しようとすると，変化に対する非常な抵抗を示すことが多くあり，ひどい場合にはパニック様行動となることもある。

　そのほかに，自閉スペクトラム症の子どもたちは運動面において非常に**不器用**な印象を与えることが多い。特にボールを使った運動や，単に走るのではなく走りながら手を回すような**協調運動**が苦手

である。手先も器用ではなく，細かい作業や文字を正確に書いたり枠の中に収まるように書くのは苦手なことが多い。極端に目立って運動能力が劣るわけではないが，バランスの悪さもあり，学校の体育の授業等には苦手意識をもつ子どもも多い。

そのほかの特性 自閉スペクトラム症の子どもたちは，**感覚の過敏性**があることが指摘されている。感覚過敏は，聴覚・視覚・味覚・触覚・痛覚等において，普通よりそれぞれの感覚刺激に対する受容レベルが異なることであり，非常に敏感に感覚刺激を受容する場合と，逆に受容の閾値が高く非常に鈍感となる場合がある。聴覚や視覚，味覚，触覚などは敏感であることが多く，聴覚ではちょっとした特定の物音や急に起こる音，人混みのような雑然とした音などに敏感である。味覚では味や口中での食感に対して非常に敏感，触覚では触れられることを異常に嫌がり，服や下着，靴下を嫌がることも多い。これらの敏感さは往々にして加齢とともに改善されていく傾向がある。逆に熱さや冷たさに対する感覚が普通よりも鈍くなっており，痛みなどの感覚も鈍感であるケースもある。そのため，怪我の程度に対して相応の痛みを訴えなかったり，暑い日でも平気で何枚もの洋服の重ね着をしてみたり，非常に我慢強いように思われることもあるが，この鈍感さは病気や怪我などの自覚が遅れることにつながるので日常からの周囲の観察が必要となってくる。

そのほかでは，学校現場でよくみられるのは自分だけの「マイルール」の適用である。たとえば，教師の発問に際して答えがわかっていようがいまいがおかまいなしに一番に挙手し，手を挙げたら絶対に当ててほしい，当てなければダメだと考える場合や，順番待ちゲームなどで自分がやりたい場合は自分が先にやってもよい，などと自分勝手に考える場合などがある。

3 具体的対応と支援

本人や保護者への支援　知的障害を伴わない自閉スペクトラム症の
ある子どもは，小学校入学くらいまでは大
きく目立つことなく過ごしているが（特に女児の場合），加齢に伴
って集団生活上のトラブルが目立つようになったり，パニックを起
こすようになることが多い。学級や社会での失敗経験，叱責経験が
増え，自分はダメなんだと思い込み，保護者もうちの子どもは何度
言ってもわからない，などの自己否定感，自己卑下感をもつように
なることが多い。

　そこで自閉スペクトラム症についての正しい理解を深めることで，
不安感を軽減し，健全な**セルフエスティーム（自尊心）**を養う支援
が必要となる（第8章も参照）。基本は叱るよりほめることであり，
ほめられるような行動を見逃さない，あるいはつくっていくことに
なる。

　応用行動分析（ABA）の考え方では，問題となったり叱られたり
する行動の場合も，その行動の引き金となる前提条件があり，その
行動の結果現れる行動がある（ABC分析）といわれている。つまり，
問題となる行動のみに焦点を当てるのではなく，その行動が出現し
た理由や前提条件等は何か，その行動の結果いつも周囲がどのよう
な反応行動を起こしているか（例：叱る）などをスモールステップ
で分析し，考えるものである。その結果，本人も問題行動を起こさ
ないためにどのような行動が望ましくなく，どのような行動をすれ
ばよいかが明確になるので，むやみに叱られることなく，かえって
望ましい行動をしたときにほめられる機会が増えてくることになる。

また，保護者も，子どもの望ましい行動を積極的に見つけていくことで，子どもを見直し，自分の子育てに対する自信を回復する機会にもなる。このように本人や保護者にとって小さなほめ言葉をかけられたり認められる経験は，セルフエスティームを育てることになると思われる。

学級や学校での支援の考え方

自閉スペクトラム症に限らず，発達障害のある子どもたちが在籍している学校では，担任教師個人だけの支援に頼ってはならない。教師には転勤があり，担任が替われば支援内容も変わるようでは困るからである。基本的には学年あるいは学校全体で支援を考え，共通理解を図ることが望ましい。特に管理職の理解と支えは重要であろう。専門家からのさまざまなアドバイスやサポートが必要なときには受けられるように，普段からの学校としてのネットワークづくりも大切である。

　佐藤（2004）は，自閉スペクトラム症の子どもが多く在籍している小・中学校の担任教師が，保護者を傷つける言葉として次のような言葉を紹介している。学校や教師の考え，都合などを前面に出し「できない」と言ったり，「学校も困っています」「私は専門家ではないですから」「ほかのお子さんもいますので」「忙しいので」などである。これらの言葉から逆に，学級や学校でできる支援の基本的な考え方として大切なことは，自閉スペクトラム症のある子どもを積極的に理解しようとする姿勢や態度であるということがわかる。教師が積極的に学び理解が進むなら，自閉スペクトラム症の子どもを受け容れて支援することが可能になり，その担任教師の姿勢や考え方はクラスのほかの子どもたちにも伝わり，受容的な温かいクラスになることと思う。また忘れてならないのは，担任教師を精神的にも具体的にもさまざまな面で**学校が支える**ことの大切さである。

昨今は教師のメンタルヘルスも大きな問題となっていることからも，個人ではなく**教師集団**で対応することがとても重要であると考えている。

最　後　に

あたりまえのことだが，自閉スペクトラム症をはじめとする発達障害のある子どもたちにかかわる私たちは，「自閉スペクトラム症のA君」という先入観的な見方はすべきではない。まずあるがままのA君を認め，そのうえで自閉スペクトラム症という障害があることを理解すべきである。いわゆるレッテル貼りや色眼鏡でみることなく，目の前にいる子どもを深く理解するという接し方，考え方で自閉スペクトラム症の子どもたちや保護者に寄り添う者でありたいと思っている。

 引用・参考文献

佐藤暁（2004）『発達障害のある子の困り感に寄り添う支援──通常の学級に学ぶLD・ADHD・アスペの子どもへの手立て』学習研究社

田実潔（2006）「自閉症」菅野敦・宇野宏幸・橋本創一・小島道生編『特別支援教育における教育実践の方法──発達障害のある子どもへの個に応じた支援と校内・地域連携システムの構築』ナカニシヤ出版

文部科学省（2004）「小・中学校におけるLD（学習障害），ADHD（注意欠陥／多動性障害），高機能自閉症の児童生徒への教育支援体制の整備のためのガイドライン（試案）」

American Psychiatric Association編／髙橋三郎・大野裕・染矢俊幸訳（2004）『DSM-Ⅳ-TR 精神疾患の分類と診断の手引（新訂版）』医学書院

American Psychiatric Association編／日本精神神経学会（日本語版用語監修）髙橋三郎・大野裕（監訳）染矢俊幸・神庭重信・尾崎紀夫・三村將・村井俊哉（訳）（2014）『DSM-5 精神疾患の診断・統計マニュアル』医学書院

事項索引

●さ　行

人名索引

●編者紹介

小林正幸（こばやし まさゆき）
東京学芸大学名誉教授

橋本創一（はしもと そういち）
東京学芸大学特別支援教育・教育臨床サポートセンター教授

松尾直博（まつお なおひろ）
東京学芸大学総合教育科学系教授

教師のための学校カウンセリング〔改訂版〕
*Theory and Practice of School Counseling
for Teachers*, 2nd ed.

ARMA
有斐閣アルマ

2008 年 8 月 31 日　初　版第 1 刷発行
2021 年 9 月 10 日　改訂版第 1 刷発行
2024 年 1 月 30 日　改訂版第 2 刷発行

編　者	小　林　正　幸
	橋　本　創　一
	松　尾　直　博
発行者	江　草　貞　治
発行所	株式会社　有　斐　閣

郵便番号 101-0051
東京都千代田区神田神保町 2-17
https://www.yuhikaku.co.jp/

印刷・大日本法令印刷株式会社／製本・大口製本印刷株式会社
© 2021, Masayuki Kobayashi, Souichi Hashimoto, Naohiro Matsuo.
Printed in Japan
落丁・乱丁本はお取替えいたします。
★定価はカバーに表示してあります。

ISBN978-4-641-22170-3